南阳师范学院教材建设资助项目

教师口语实训教程

主　编　杨晓瑜
副主编　罗相娟
　　　　宋琼花

河南大学出版社
HENAN UNIVERSITY PRESS
·郑州·

图书在版编目(CIP)数据

教师口语实训教程/杨晓瑜主编. -- 郑州:河南大学出版社,2024.6. -- ISBN 978-7-5649-5949-4

Ⅰ.H193.2

中国国家版本馆CIP数据核字第2024L4Q077号

责任编辑	屈琳玉
责任校对	林方丽
封面设计	马　龙

出版发行	河南大学出版社		
	地址:郑州市郑东新区商务外环中华大厦2401号	邮编:450046	
	电话:0371-86059715(高等教育出版分社)		
	0371-86059701(营销部)	网址:hupress.henu.edu.cn	
排　版	郑州市今日文教印制有限公司		
印　刷	河南大美印刷有限公司		
版　次	2024年6月第1版	**印　次**	2024年6月第1次印刷
开　本	787 mm×1092 mm　1/16	**印　张**	13.75
字　数	318千字	**定　价**	42.00元

(本书如有印装质量问题,请与河南大学出版社营销部联系调换)

前　言

　　1993年,国家教委颁布了《师范院校"教师口语"课程标准》,将"教师口语"的学科性质界定为"研究教师口语运用规律的一门应用语言学科",是在理论指导下培养学生在教育、教学等工作中口语运用能力的实践性很强的课程,是培养师范类各专业学生教师职业技能的必修课。

　　进入21世纪,教育部大力推进地方本科高校向应用技术、职业技术类型转变。应用型大学坚守应用型与实践型人才培养服务区域经济社会高质量发展的定位,参照教师的职业特点和要求,建立科学合理的专业、课程体系,重组人才培养结构和流程,对标经济社会发展和产业进步开发课程,探索工作过程导向的课程改革,优化整合专业基础课程、核心课程、技能应用和实践课程,强化实训、实习环节,更加重视综合职业能力和创新能力的培养。

　　《教师口语实训教程》是2022年南阳师范学院教材建设资助项目,其编撰依据培养应用型师范人才的总体要求,以立德树人为主线,坚持思想性与专业性相统一,以发展和养成高校师范类学生教师职业能力为出发点和终结点,在教材的内容和表达形式方面进行新的尝试与探讨,将关注的重心放在师范生教学技能的实践训练上,即通过可操作的实训与指导,切实提高师范生的教师口语表达技能。

　　本教材突出了应用性、科学性、时代性和师范性;在语言理论和教育理论指导下,形成融知识和训练为一体的教材体系,构建了基础训练、综合训练和职业训练三位一体的知识结构和能力结构,符合教育对象的认知规律和语言训练规律;理论更系统,体例更完整,纲目更清晰,操作更方便。

　　根据学科特点、方言差异和学生接受能力等因素,教材内容在确保充足的实训基础上力求繁简适度,使用者可根据实际情况灵活运用,科学运用。如有些章节留给学生课下自学,有些内容可设计问题、课堂归纳总结,有些练习可分组进行、集中评议等。

　　本教材的编写能够顺利进行,得益于南阳师范学院教务处和河南大学出版社的支持与指导,他们对本书提出了诸多宝贵意见,并付出了艰辛的劳动,在此表示衷心的感谢!在教材编写的过程中,我们本着对教材负责的态度,博采众长,参阅并引用了一些专家、学者的精彩论述和观点。同时,根据普通话训练与案例讲述的实际需求,对选用的许多经典作品和案例做了删节与改动。由于来源较广,难以一一注明作者、来源等具体信息,在此,我们谨向有关作者和单位表示诚挚的歉意和谢意!

本教材编写任务的分工如下:主编杨晓瑜,负责前言、绪论、中编和上编第一章的编写及统稿;副主编宋琼花,负责上编第二章的编写;副主编罗相娟,负责下编的编写。

尽管付出了诸多努力与汗水,但由于编者水平与经验有限,教材中难免有不妥与疏漏之处,诚望专家、同人与读者予以批评指正。

编者

2024 年 2 月

目 录

绪 论 ……………………………………………………………………………（ 1 ）

上编　普通话语音训练

第一章　普通话语音 …………………………………………………………（ 9 ）
　第一节　普通话语音概述 ……………………………………………………（ 9 ）
　第二节　发声技能 ……………………………………………………………（ 13 ）
　第三节　声　母 ………………………………………………………………（ 25 ）
　第四节　韵　母 ………………………………………………………………（ 31 ）
　第五节　声　调 ………………………………………………………………（ 37 ）
　第六节　语流音变 ……………………………………………………………（ 42 ）

第二章　普通话水平测试 ……………………………………………………（ 51 ）
　第一节　普通话水平测试概述 ………………………………………………（ 51 ）
　第二节　普通话水平测试流程 ………………………………………………（ 53 ）
　第三节　测试评分标准分析 …………………………………………………（ 59 ）

中编　口语表达综合训练

第三章　有声语言 ……………………………………………………………（ 73 ）
　第一节　重　音 ………………………………………………………………（ 73 ）
　第二节　停　连 ………………………………………………………………（ 76 ）
　第三节　语　速 ………………………………………………………………（ 82 ）
　第四节　语　调 ………………………………………………………………（ 87 ）

第四章　态势语 ………………………………………………………………（ 92 ）
　第一节　态势语概述 …………………………………………………………（ 92 ）
　第二节　态势语的运用 ………………………………………………………（ 95 ）

第五章　口语表达的基本方式 ………………………………………………（104）

第一节 朗　读	(104)
第二节 交　谈	(115)
第三节 演　讲	(132)
第四节 复　述	(144)
第五节 评　述	(150)

下编　教师职业口语训练

第六章　教学口语 (159)
- 第一节　教学口语概说 (159)
- 第二节　导入语 (162)
- 第三节　讲授语 (168)
- 第四节　提问语 (173)
- 第五节　应变语 (178)
- 第六节　结束语 (183)

第七章　教育口语 (188)
- 第一节　教育口语概说 (188)
- 第二节　启迪语 (189)
- 第三节　激励语 (194)
- 第四节　批评语 (198)
- 第五节　表扬语 (203)
- 第六节　说服语 (208)

参考文献 (214)

绪　论

一、教师口语的含义及特点

(一) 口语的含义及特点

口语,即口头语言,是通过口、舌等发音器官的综合运动诉诸人的听觉器官,并借助辅助手段表情达意,进行交际的语言形式。口语是人类社会发展至今,被运用得最广泛、最直接、最快捷,也最受欢迎的沟通交际形式。

口语是相对于书面语而言的,主要有以下特点:

1. 音声性。口语是有声语言,它凭借语音传情达意,音声性比较明显。人们利用声音的停连、轻重音的对比、语调的抑扬、语速的快慢、音色的变化等手段,充分表达自己的思想感情。同书面语表达相比,口语表达显得更亲切、更生动。

2. 直接性。口语表达往往是即时甚至面对面进行的,交流双方无论是陈述见解,还是抒发内心的喜怒哀乐,都可以直接被对方了解和感知,并得到相应的反馈。交流双方要抓住直接性特点,了解听话人对话语内容的理解程度,及时调整和补充谈话内容,适当改变表达方式,使听话人能够同步理解和接受。

3. 灵活性。由于口语对语境的依赖性强,交流速度快,环境提供的信息量大,听众对象又常常就在眼前,因此句式变化丰富,多采用短句、自然句、省略句,结构比较松散;词语社会化,上口入耳,通俗易懂;语气变化多,停顿多。

4. 敏捷性。口语,无论是原发的还是再生的,都要求在思维的反应、语言的组织、语流的形成等方面做到敏捷。说话人只有保持积极的思维、敏锐的反应,才能使语言顺畅连贯。交流对象就在面前,语音流速很快,思维反应稍一迟钝,就可能出现言迟语塞、言差语错的现象。

5. 动作性。口语表达往往可以借助言语动作(即态势语)作为辅助手段,更好地表情达意,甚至起到无声胜有声、锦上添花的效果。这种辅助性的表达手段,是书面语表达不具备的。当然,言语动作要少而精,要与谈话内容相符,易于理解,还要得体、自然、大方;否则,就会起到画蛇添足,甚至适得其反的作用。

(二) 教师口语的含义及特点

教师口语,指教师在工作中所使用的口语,它包括教师职业用语及教师交际用语。教师口语首先存在于口语范畴内,它具有一般口语亲切自然、灵活生动、简洁易懂的特点,同时,教师职业及教师身份的特殊要求,决定了教师口语是一种建立在一定学识基础上的综合性的高级口语。其特点是:

1. 规范性。教师口语必须是全民通用的、经过规范的标准化口语。教师应该也必须会讲一口标准流利的普通话,这既是教学形式之一,也是教师素质的体现。

2. 科学性。教师口语所表达的是科学的内容,决定了表述的科学化。这种口语是建立在对学科知识的透彻理解与熟练把握的基础上的,每堂课都有固定的学科内容,教师必须按照教学方案进行讲述,要求精确、严谨、符合逻辑。

3. 艺术性。教学是一种艺术,教师应该以形象的、蕴含情感的、美的口语来引起学生的注意与兴趣。教师口语要化抽象为形象,化逻辑为诗意,富于激情,娓娓动听,精彩生动,具有很强的感染力与审美价值。

4. 双向性。教育与教学活动不是教师单方面的活动,而是一种以教师为主导的师生双边活动,这决定了教师口语必定是教师与学生双向交流的口语,因此应注重双向的沟通与互动。

二、教师口语能力构成要素

教师口语能力是指教师在从事教育教学活动时运用口语表达实现预设目标的能力,是教师必备的职业技能之一。其构成要素有以下几点:

(一) 丰富的知识基础

教师口语作为一种职业口语,是多种知识信息的载体。教师要具备良好的口语水平,首先要具备广博、雄厚的知识基础。

教师口语的知识储备主要包括三个部分。一是学科专业的知识,即教师所从事教学的某个学科的知识。学科知识越丰富,教师在这个领域中的道路才走得越宽,走得越远。二是教学论的知识,即教师如何把学科知识转化成传授给学生的知识。这主要是方法的问题,它是决定教学效率的一个重要因素。三是教育学、心理学的知识,主要就是教育教学的原则和原理。这三方面的知识是一名教师必须具备的,也是教师口语特征的最基本表现。

(二) 良好的思维品质

语言和思维的关系是不可分割的,口语表达就是把思维转化为有声语言的过程,因此思维品质直接影响口语表达的效果。教师口语能力与思维品质有着密不可分的关系,良好的思维品质会反映在教师口语表达的各个层面上。

1. 思维的条理性和缜密性。这是指在口语表达中思路系统,语脉清晰,说话内容集中,表达严谨、周密,语意连贯,语句完整、简明,有逻辑性与说服力。只有如此,口语表达时才能目标明确、主次分明、前后有序。思维的条理性和缜密性是口语表达者思维品质的体现。

2. 思维的敏捷性和应变性。思维的应变性是指说话者善于根据对象、场合、情境，对说话中出现的各种问题，做出随机应变的反应和灵活机动的处理。思维的敏捷性是指思维总是在瞬间完成或以远远快于行动的速度进行，表现在口才上就是能够对事物迅速地进行分析、综合、比较、分类、抽象、概括和具体化。

3. 思维的评估性和批判性。评估性是指听话人能够正确地评断对方话语的内涵，不仅要把握其表层含义，而且要善于捕捉弦外之音和不见于表象的真意。批判性是指在正确洞察评估对方话语的真意后，予以准确、恰当的批驳。思维的评估性和批判性反映了口语表达者思维的深度。

4. 思维的广泛性。这是指口语表达者善于运用发散性思维，以话题为中心向四周展开联想、辐射，从而使话语的语域开阔，既博论恢宏、滔滔不绝，又紧扣题旨。思维的广泛性是口语表达者思维广度的反映。

（三）健康的心理素质

口语表达能力与心理素质有着密切的关系，尤其体现在语言调控能力方面。具备健全的心理素质，懂得心理沟通的技巧，是师生口语交际获得成功的前提条件。

1. 教师要具有坚定的自信心、稳定的情绪和较强的心理调控能力。教师应具备一种良好的心理状态——沉稳自信，处变不惊。这样才能使学生以教师为楷模，做到临场讲话不紧张，面对突发事件从容自若。

2. 教师要具有克服胆怯、自卑、患得患失等心理障碍的能力。有些人不善于口语表达，有些人口语表达时结结巴巴，主要还是心理问题。有的老师准备一节课的内容结果 10 分钟就说完了，这也是心理问题在作祟。

（四）较强的语言运用能力

1. 口语基本能力

口语基本能力是教师口语表达的必要条件。口语基本能力主要包括规范的普通话和口语的基本技巧。口语基本技巧主要有语音技巧、表达技巧、修辞技巧、态势语等，还包括口语表达的基本形式，如复述、描述、解说、评述等。要掌握教师口语常用语体的基本表达规律，并把口语的基本理论知识转化为口语表达的能力。

2. 语言倾听能力

有资料表明，在人们日常的言语活动中"听"占 45%，"说"占 30%，"读"占 16%，"写"占 9%。倾听是为了了解对方，是为了使自己的说话内容更有针对性。在教师口语能力中倾听能力尤为重要。善于倾听不仅表现出对学生的尊重，更重要的是通过倾听可以更好地了解学生。

3. 语言调控能力

教师的工作对象是具有思想的活生生的人。因此，教师在从事教育教学活动的过程中，必须随时了解学生的思想，在倾听的基础上，及时调控自己的语言，使得表达更有针对性，从而更好地实现教育教学的目标。这种语言调控能力是一名好教师所必备的,是建立在语言倾听能力基础上的高层次口语能力。

4．语言风格

教师口语风格,是指教师在运用语言从事教育教学活动的过程中所表现出来的特点,以及由此而形成的特有的言语气氛和格调。一名教师经过一个时期的实践探索后,会逐步形成具有鲜明个性的言语特点和特有的言语格调。这是教师口语能力成熟的标志。

三、教师口语能力的训练内容

教师口语训练主要包括普通话语音训练、口语表达综合训练、教师职业口语训练三个方面,三者紧密相连,是一个由基础训练到提高再到深化的过程。

首先,普通话语音训练是口语表达的基础。普通话是教师职业语言的基础。《师范院校"教师口语"课程标准》明确规定,该课程的教学目的是使学生"能用标准或比较标准的普通话进行口语交际;初步掌握运用教师职业语言进行教育教学的基本技能,并能对中小学生和幼儿的口语进行指导"。由此可见,在进行教师口语的训练过程中,首先要完成普通话的训练,使学生能够顺利通过国家普通话水平测试,取得将来上岗所需的等级证书,这是从事教师职业必要的前提条件。

其次,口语表达综合能力是必要的阶梯。口语表达综合训练是普通话训练成果的实际应用,是实现提升教师职业口语能力的必要阶梯,它为教师职业口语训练提供必要的准备。在整个教师口语训练中,口语表达综合训练起着承上启下的作用。因此,教师口语训练要重视口语表达综合能力的训练和提升,使学生能够用普通话很好地进行一般性的口语交流,达到较高的口语交际水平,具有较为出众的口才。

最后,教师职业口语能力的培养与提高是终极目标。教师职业口语训练是整个教师口语训练的归宿,它体现了一般交际口语的专门化和职业化的过程。通过训练,使学生的思维能力、快速选词组句能力、口头语言的表达能力得到提升。教师职业口语训练既要符合口语交际的一般规律,又要体现鲜明的职业特色。

四、教师口语训练的原则

(一) 以练为主,讲练结合

教师口语训练必须突出一个"练"字。"练"是口语课教学最重要的原则,也是获得口语表达技能的先决条件。"练"就是进行语言实践,利用一切机会多说多听,采取多种形式,主动地、反复地进行练习。"练"要有科学的理论做指导,要遵循口语表达训练的基本规律。学生在学习时应注意把理论与实践紧密结合,使二者同步发展。

(二) 以听促说,听说配合

听与说两者关系极为密切。听是说的基础,听好才能说好。把听与说相结合,既能培养听话的能力,又能促进说话能力的增强。听话能力是指对口语的接受能力。听话训练要注重专注、记忆、理解、反应、品评等能力的培养。听说兼备,以听促说,是提高口语表达能力的重要途径之一。

(三) 多举并行,深度融合

随着科技的发展,现代化视听媒体为教师口语技能训练提供了先进的教学手段。教学过程中,教师要适时借助录音、视频、投影、网络等各类材料与手段,把传统的言传身教教学方式与现代教学技术结合起来,丰富教学内容和形式,提高学生的学习兴趣和热情,以取得理想的训练效果。

(四) 课内课外,相辅相成

教师口语训练不仅仅是在课堂上,还需要与课外活动结合起来。课内教学应采用朗读、背诵、复述、演讲、对话等多种形式,尽可能为学生提供较多的练习机会。同时,还应组织学生积极参加能够锻炼口头表达能力的活动,如故事会、朗诵会、演讲赛、论辩赛等。这样,不仅可以使课内的训练内容得到巩固,而且可以使大家相互交流,相互促进,共同提高,使学生的口语水平有一个质的飞跃。

上编　普通话语音训练

第一章　普通话语音

第一节　普通话语音概述

一、普通话

(一) 普通话的定义

普通话是以北京语音为标准音,以北方话为基础方言,以典范的现代白话文著作为语法规范的现代汉民族共同语。其中,"普通"二字的含义是"普遍"和"共通"的意思。

普通话"以北京语音为标准音"是就整个语音体系而言的,这是汉语历史发展的必然结果。几千年来,汉民族政治、经济、文化的中心大都在北方,以北京语音为标准音的"官话"传播到全国各地。新中国成立以后,北京成为我国的首都,北京语音的影响进一步扩大。普通话语音不包括北京语音基本体系以外的土音成分,更不是具体的任意一个北京人口头上的任意一句北京话口音。

"以北方话为基础方言",指的是词汇的标准。北方话词汇是普通话词汇的基础和主要来源,它在我国使用人口最多、通行面最广,使用人口占说汉语总人数的70%以上,分布面积占我国总面积的3/4。普通话的词汇中不包括北方话中的土语俚语,它比北方话更纯净,同时又吸收了其他方言以及外语中富有生命力和表现力的词语,因而更为丰富。

"典范的现代白话文著作为语法规范",指普通话的语法标准。现代白话文是以北京方言为基础的。在典范的现代白话文著作里,书面语是经过作者反复推敲加工、比较成熟的语言,具有普遍性、确定性和稳固性,不但语法有明确的规范性,词汇有广泛的通用性,而且文字简练明白,修辞恰当,逻辑性强。

由此可见,这个定义从语音、词汇、语法三个方面明确规定了普通话的标准。

(二) 学习普通话的意义

普通话是汉民族的共同语,是规范化的现代汉语。《中华人民共和国宪法》第十九条规定:国家推广全国通用的普通话。

推广和普及普通话不仅是文化建设的紧迫任务,而且关系到人们的政治生活和经济生活,具有丰富而深远的意义。首先,推广普通话可以进一步消除方言隔阂,促进社会交往,有利于民族融合和国家统一安定,增强中华民族的凝聚力,是一个现代化国家所必须完成的社会历史使命;其次,普及普通话可以营造良好的语言环境,促进商品流通和人员交流,是加快社会主义建设步伐、促进经济发展的基础性工程;再次,普及普通话是提高中文信息处理水平、加速科技进步的先决条件,是传声技术现代化和信息处理技术在全国范围内普及的必要前提;最后,普及普通话有利于提高人民群众特别是广大青年的思想文化修养,有利于培养能够与世界科技研究接轨的高科技人才。

二、普通话语音

语音是由人的发音器官发出来的具有一定意义的声音,是语言的物质外壳,是语义的载体,是语言中最活跃的因素,也是普通话与方言差异最明显的地方。

(一) 语音的属性

1. 物理属性

语音是一种物理现象,是物体振动的结果,是由人的声带和口腔器官的振动而产生的。因此,语音同别的声音一样,也具有音色、音高、音强、音长四个要素。它们有规律结合的结果可以表达各种复杂的意思和丰富的思想感情。

(1) 音高

音高指声音的高低。音高,取决于发音体振动的频率,发音体在单位时间内振动快,次数多,频率较大,声音就高,反之声音则低。语音的高低和声带的长短、厚薄、松紧有关。音高的变化带来声调的不同,从而造成意义不同。

(2) 音强

音强指声音的强弱。音强,取决于发音体振动幅度的大小,与发音时用力的大小有关,振幅大,声音就强;振幅小,声音就弱。音强在普通话中有区别语音轻重的作用。

(3) 音长

音长指声音的长短。音长,取决于发音体振动时间的长短。语音的长短是由气流的输出和停止来调节的。发音时间长,音长就长,反之则短。音长在普通话中也表现为轻声和变调,在语句感情表达上也有一定作用。

(4) 音色

音色指声音的特色。音色是声音的个性、品质,是一种声音区别于其他声音的本质特征。音色,取决于发音体的音波振动形式(波形)。造成不同音色的条件主要有三个,即发音体不同、发音方法不同、发音时共鸣器形状不同。

①发音体不同

不同的人有不同的音色,是由他们的声带等发音体不同所形成的。钢琴和风琴的发音体不同,声音也不同。同样,张三与李四说同一句话时的音色不同,就是由于两人的声带等发音体不同。

②发音方法不同

例如,同一把提琴发音,用弓拉和用指弹,音色就不同。语音中 g 和 h 的音色不同,是由于前者用爆破方式发音,后者用摩擦方式发音。

③发音时共鸣器形状不同

同样是拉弦乐器,二胡与小提琴的音色不同,主要是由于发音时共鸣器的形状不同。口腔、鼻腔就是人发音的共鸣器,在发音时,不断调整口腔的形态就发出不同的音。人的共鸣腔由于唇、舌、腭的活动而能灵活自如地改变其形状和大小,从而发出不同的音色。

在实际语言里,语音是音高、音强、音长、音色的统一体,它们往往互相影响。

2. 生理属性

语音是人类通过发音器官振动和调节产生的声音。人的发音器官根据功能可分为动力器官、振动器官和共鸣器官三个部分。

(1) 动力器官

也就是呼吸器官,主要包括肺和气管。肺是产生气流的动力站,气管是气流的通道。肺部呼出的气流,首先经过支气管、气管,然后到达喉头,作用于声带、口腔、鼻腔等器官,从而发出各种各样的声音。

(2) 振动器官

也叫发声器官,主要包括喉头和声带。喉头和声带是发音体,当气流从肺和气管呼出时,就振动声带产生声音。喉头是由四块软骨构成的圆筒,圆筒的中部附着声带。声带是两片富有弹性的肌肉薄膜,两片薄膜中间的空隙是声门,声音就是气流通过声门时冲击声带产生的。人的声带可以放松,也可以拉紧。放松时发出的声音较低,拉紧时声音较高。

(3) 共鸣器官

主要包括咽腔、口腔和鼻腔。口腔和鼻腔是发音体的共鸣器,是调节声音、形成各种音素的重要器官。口腔的活动可以改变口腔共鸣器的形状。咽腔是个三岔口,下连喉头,前通口腔,上连鼻腔。鼻腔和口腔靠软腭和小舌隔开,软腭和小舌上升时口腔畅通,这时发出的音,叫作口音;软腭和小舌垂下时,口腔被堵塞,气流从鼻腔呼出,这时发出的音主要在鼻腔中共鸣,叫作鼻音。在口腔中还有一系列器官对发口音起关键作用,主要有舌头、唇、齿、齿龈、硬腭、软腭、小舌等,其中舌头被用得最多,它与口腔不同部位接触能造成不同的共鸣腔,从而调节出多种多样的语音来。

人体发音器官具体如图 1-1 所示:

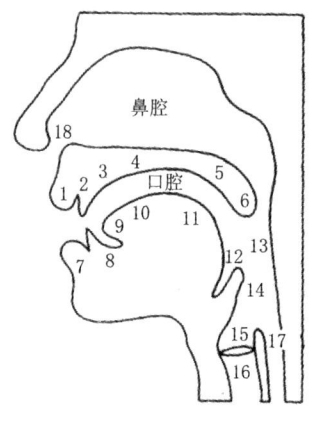

图 1-1 人体发音器官图

在发音过程中,发音器官的每一部分各司其职又互相协调。发音时,肺部产生的气流是引起声带振动的基本前提,因此是人类发出声音的动力源;声带被气流冲击是发出声音的根本原因,可以看作人类语音的发声源;咽腔、口腔和鼻腔通过形状的改变对声带发出的声音进行调节,构成了人类语音的调音器。人类就是在这些发音器官的配合下才发出各种声音来,任何发音器官发生病变都会对说话产生影响。

3. 社会属性

语音的表意功能是一定社会赋予的,音意的结合是人们在长期的语言实践中约定俗成的,这是语音社会属性的体现。语音的社会属性是语音区别于其他声音的重要标志,是语音的本质特征。

此外,我国方言复杂,每一种方言都有自己独特的语音系统。比如,有的方言前后鼻音不分,有的方言平翘舌音不分,有的方言 n、l 不分,等等,这些都是由语音的社会属性决定的。

(二) 语音的基本概念

1. 音节

音节是语音的自然单位,是听觉上能够自然感觉到的最小语音片段。一般说来,一个汉字就是一个音节。例如,成语"一蹶不振"是四个音节。

2. 音素

音素是从音节中分析出来的最小的语音单位。一个音节可以由一到四个音素组成,每一个音素具有不同的音色。例如,成语"一蹶不振"中,"一"(yī)只有一个音素 i(y 不是音素,只起隔音作用),"蹶"(jué)包括三个音素(j、ü、ê),"不"(bù)包括两个音素(b、u),"振"(zhèn)包括四个音素(z、h、e、n)。

3. 元音

元音是音素的一种。发音时气流在口腔中不受明显阻碍,呼出气流较弱,发音器官肌肉均衡紧张,声带颤动,声音响亮清晰,都是乐音。

4. 辅音

辅音是音素的一种。发音时气流在口腔中明显受到阻碍,呼出气流较强,发音器官对气流构成阻碍的部分肌肉紧张,大部分辅音发音时声带不颤动。

5. 发音部位

指发辅音时,口腔对呼出的气流构成阻碍的部位。普通话中 22 个辅音音素的发音部位共有 7 类,即双唇阻、唇齿阻、舌尖前阻、舌尖中阻、舌尖后阻、舌面阻和舌根阻。

6. 发音方法

指发辅音时,呼出气流破除发音部位所构成阻碍的方法。普通话中辅音音素的发音方法可分为 5 种,即塞音、擦音、塞擦音、鼻音和边音。

第二节 发声技能

口语交际过程中,人们都希望自己语音准确,声音清晰响亮、圆润甜美,并具有一定的魅力。但在现实生活中并非人人都能做得到,很多人声音干涩,语调平淡,语音不准。因此掌握一些发声技能是非常必要的。这些技能主要体现在呼吸调节、共鸣控制和吐字归音三个方面。

一、呼吸调节

日常呼吸是一种自动的生理活动,可以无意识地进行。而语音发声则有情感的参与,要受意识的控制。为了保护嗓子胜任工作,必须有良好的呼吸状态,这是解放喉头、保护声带的主要方法。正确的呼吸方法不仅能使发音器官肌肉的负荷减轻,同时也使各发音器官肌肉与下腹肌肉之间的协调动作得到保证。

生活中常见的呼吸方式有三种:

(1) 胸式呼吸,又称浅呼吸。主要靠提起上胸、扩大胸腔的前后左右径来吸气,外部标志是吸气时耸肩。在用胸呼吸的过程中,只利用一部分肌肉,没有坚固的发音基础,吸气肤浅,运气量小,由此产生的声音往往窄细、轻飘,缺乏弹性。

(2) 腹式呼吸,又称深呼吸。主要靠降低横膈、扩大胸腔的上下径来吸气。这种呼吸方式吸气较深,吸气量较大。外部标志是吸气时腹部放松外突,这是腹肌在发声时不能起到应有作用的原因,它很容易造成音色沉闷、浑浊,也不适宜高音用声。

(3) 胸腹式呼吸。这种呼吸动用了所有的吸气肌肉群、呼气肌肉群,呼吸器官也参与呼吸运动。具体说,吸气时,借助胸部呼吸肌肉群的力量使肋骨提高与扩展从而扩大胸腔;同时横膈膜收缩下降增加胸部容积,胸腔得到了全面的扩大。这样,吸气全面,气沉肺底,便于持久使用;增强呼吸的稳劲感,有利于对气息的控制;气息流动感强,容易产生坚实、响亮、优美的音色。这是一种最科学、最理想的呼吸方法。

胸腹式呼吸的正确坐姿是肩垂背直,身躯微向前倾,小腹略收,舒服放松地坐于椅子前端,两脚自然着地。正确站姿是膝盖绷直,一脚前出半步,身体重心落前脚掌,后脚自然跟上,两肩两手自然下垂,或两手轻合于身前,胸部自然挺起,小腹微收。口诀是"气息下沉,喉部放松,不僵不挤,声音贯通",还有"吸气一大片,呼气一条线;气断情不断,声断意不断"。

◆ **技能训练**

1. 吸气训练

训练要领:

(1)扩展两肋:双肩放松,双臂可以自由活动,从容地扩展两肋,增大胸腔的前后左右径,增大气息容量。

(2)吸气要深:要有吸向肺底的感觉,此时横膈肌下降,胸腔容量增大。

(3)小腹内收:吸气的同时,腹部肌肉应向小腹的中心位置(丹田)收缩。气息集中于丹田,就是用小腹的收缩感达到控制气息的目的。

以上动作在吸气过程中应同时进行,获取吸气的综合感受。吸气时以小腹作为气息的支撑点,腹肌向丹田收缩,扩展两肋,使腰部有满胀感,用小腹肌肉拉住横膈膜,使人有舒展长高的感觉。吸气要做到快、静、深。

训练方法:

(1)站立式:全身放松,双手叉腰,作深呼吸。体会两肋扩展、横膈下降及小腹内收的感觉。

(2)坐式:坐在椅子的前端,上身略向前倾,闭上眼睛,意念上将气息沿着后背缓缓吸入体内,体会两肋展开的过程。

(3)闻花香:有点儿贪婪地闻一股可人的花香,体验气息的深入、自然、柔和。

(4)抬重物:意念上准备抬起一件重物,先要深吸一口气,然后憋足一股劲。这时,腰部、腹部的感觉与胸腹联合式呼吸吸气最后一刻的感觉相似。

(5)半打哈欠:不张大嘴地打哈欠,进气最后一刻的感觉同有控制的胸腹联合呼吸中吸气最后一刻的感觉相似。

2. 呼气训练

训练要领:

(1)呼气要平稳:呼气时要将体内的气流拉住,均匀平稳地呼出,并能根据感情的变化,自如地变换呼气状态。

(2)呼气要有控制:呼气时,呼气肌肉群工作的同时,吸气肌肉群应该持续不断地进行工作,利用腹肌向丹田收缩的力量控制住气流。这样,呼气才能持久。

(3)呼气要有变化:"气乃情所致",气、声、情三者的关系是以情运气,以气托声,以声传情。呼气发声时,要有积极的精神状态,要在理解、感受的基础上使感情运动起来,要随着表达内容的不同和感情的差异,调节呼气的强弱、快慢。

3. 换气训练

有时气已呼完,但还要继续说话,容易出现句尾干涩或声嘶力竭的现象,这就需要学会在说话过程中换气。气息补得及时,才会用得从容,才能持久地发挥气息的动力作用。

训练要领:

(1) 要句首换气,即一句话结束后不要马上进气,而是在下句开始前进气。

(2) 要换气到位,即每次换气都应吸到肺底,不能时浅时深。

(3) 要留有余地,即吸气应适度,并非越多越好。一般吸到七八分满即可,使用中的气息应有所储存,不要彻底用完时才换气,否则会让人感到声嘶力竭。

训练方法:

(1) 模拟练习:模拟生活中的叹息——"唉",吆喝牲口的声音——"吁",大笑声——"哈哈哈"。

(2) 吹灰尘:想象桌边有灰尘,要把它吹下去又不至于尘土飞扬,得用均匀、轻缓、有控制的气息去吹。体验靠腹肌收缩往外送气流的感觉。需要注意的是:喉部要放松,让气息缓慢而均匀地流出,尽力拉长呼气时间,争取超过 30 秒。

(3) 轻吹蜡烛:点着蜡烛后,深吸一口气,然后对着火焰轻轻吹去,不要将火焰吹灭,气要轻而匀,使火焰向外方倾斜,并努力用自己的气使它保持住倾斜状态。这是检验出气量是否均匀的一个好方法。

(4) "数红旗":一口气说完气息绕口令《数红旗》。气沉丹田,气要吸满,开始说时保持吸气的最佳状态;中间不换气,要说得快、说得清,有一定的音量。

广场上,飘红旗,看你能数几面旗:一面旗,两面旗,三面旗,四面旗,五面旗,六面旗,七面旗,八面旗,九面旗,十面旗,十面旗,九面旗,八面旗,七面旗,六面旗,五面旗,四面旗,三面旗,两面旗,一面旗。

4. 节奏训练

呼吸的节奏可以有多重变化,掌握的变化越多,使用时就会越自如。

训练方法:

慢吸慢呼:深吸长呼,即先轻松自如地将气息从口鼻同时吸入肺底,控制两秒钟后将气息从容呼出口外。

5 秒钟吸气,10 秒钟呼气,重复 3 遍;

5 秒钟吸气,15 秒钟呼气,重复 3 遍;

5 秒钟吸气,20 秒钟呼气,重复 3 遍;

5 秒钟吸气,25 秒钟呼气,重复 3 遍。

慢吸快呼:慢吸气后一口气说又多又快的话。

5 秒钟吸气,3 秒钟呼气,重复 3 遍;

5 秒钟吸气,2 秒钟呼气,重复 3 遍;

5 秒钟吸气,1 秒钟呼气,重复 3 遍。

快吸快呼:张嘴瞬间将气吸到位,急而不促、快而不乱、长而不喘。

1秒钟吸气,控制2秒钟,快速呼气,重复3遍。

快吸慢呼:快速吸气到位,然后慢慢将气呼出。

1秒钟吸气,控制2秒钟,用15秒呼气,重复3遍;

1秒钟吸气,控制2秒钟,用20秒呼气,重复3遍;

1秒钟吸气,控制2秒钟,用25秒呼气,重复3遍;

1秒钟吸气,控制2秒钟,用30秒呼气,重复3遍。

5. 综合训练

训练要领:

综合运用两肋开、横膈降、小腹自然内收等呼吸要领。

训练方法:

(1) 压腹数数:平躺在床上,吸足一口气,然后在腹部压上一摞书,开始数数:1、2、3、4、5……50。

(2) "狗喘气":先做几次深呼吸,然后做几次快速的浅呼吸,使肌肉群兴奋起来。接着,用小腹(不是胸腔)快速收缩、扩张的方式喘气(与狗喘气相似),先慢后快,直至快而均匀地"喘"起来。

(3) 气息操:双目微闭,站立为宜。心中默念口令,共十节:快吸快呼——慢吸慢呼——快吸慢呼——慢吸快呼——深吸浅呼——浅吸深呼——鼻吸鼻呼——口吸口呼——鼻吸口呼——口吸鼻呼。

(4) 气声数数:先吸足一口气,屏息数秒,然后用低微、均匀并带有气息的声音(如说悄悄话那样)数1—100,中间不换气。

二、共鸣控制

发音体之间的振动现象叫作共鸣。人体发声的共鸣指喉部的声带发出的声音,经过声道共鸣器官,引起它们的共振而扩大,变得震荡、响亮,圆润有弹性,刚柔适度,形成各种不同的声音色彩。这样的声音传送得远,可塑性大。

(一) 共鸣类型

直接引起语音共鸣的主要是声带上方的咽、口、鼻三腔,此外,胸腔和头腔也有共鸣作用。说话用声是以口腔共鸣为主,以胸腔共鸣为基础。共鸣器又可分为高、中、低三区共鸣。

高音共鸣区即头腔、鼻腔共鸣。高音共鸣有助于音量和声音力度的增加,使声音高亢、明亮、丰满、悦耳,给人铿锵有力感。

中音共鸣区就是咽腔、口腔共鸣。这里是语音的制造场,是人体中最灵活的共鸣区,它使声音清晰,给人亲切、真挚感。

低音共鸣区主要是胸腔共鸣。它使声音浑厚、深沉,给人苍劲宽厚感。

在实际的发音过程中,三种共鸣方式互相配合,根据需要,各有侧重。例如,适用于教师的最佳共鸣方式是：以口腔共鸣为主,因为口腔是发出各种不同语音的"主要部门",又兼有美化和扩音的职能；以胸腔共鸣为基础,胸腔同时是气息的容器；以鼻腔共鸣为"预备队员",令其随时听候调遣。教师口语除了个别谈话外,大部分时间是在教室中使用的。特定的空间和对象要求教师的口语表达首先要具备合理的响亮度,也就是适当的音量,才能让学生听得真切。教师口语表达中的音量不宜过大过高,应以中音区共鸣为主,这样,教师讲课不吃力,学生听起来也不感到疲劳。授课音量也不宜过小过低,应让教室中最后一排的学生听清,又不令前排的同学感到刺耳。同时,授课音量还要时有变化,不宜过平,这样才能唤起学生的注意力,也能显示教学内容的层次性。

(二) 共鸣控制训练的注意事项

(1) 脊背挺直而舒展,颈要正,不前探,不后挫；放松颈部肌肉,保持咽道通畅；两肩自然下垂。

(2) 胸部不要故意挺出,要自然放松,吸气不要过满,八成就行。

(3) 下颌放松,活动灵便,适当打开口腔,上下槽牙之间保持一定距离。

(4) 声带发出的声音,要像一条带子,下与气息相连,从小腹抽出,垂直向上,经过咽部,成为一束声流,沿着上颚中线向前,冲击上颚前部,流出口外。

好的用声者使用在声带上的能量只占总能量的1/5,而4/5的力量用在控制发音器官的形状和运动上面。科学控制共鸣器官,可以做到高音不喊,低音不散。若为了追求声音洪亮,一味加大发声力度加强声带的振动,不仅效果不佳,还容易造成声带充血,声音嘶哑。

很多人存在"发音偏前"的问题,是说话时口腔开合度不够所致。解决的办法是,说话时一定要把口腔打开,特别是口腔后部要扩张,这可以通过略微压低舌头前部、将"舌高点"推后来实现,口腔形状有点类似于呕吐时的情形。只有把口腔后部和咽喉部张开,才能把声音"立"起来,使之更有力度和磁性。另外,口腔的大小要和声带的松紧配合恰当,发高音时,口腔的开度要随着声带的紧张度的增加逐渐扩展；发低音时,口腔开度不宜太大,共鸣腔的肌肉不要因发低音而放松,口腔要起控制气流和造成音响的作用。不论发高音还是发低音,共鸣腔的肌肉都要保持均衡紧张,以造成韧性较强的共鸣器,这样才能产生响亮而优美的音色。

◀ **技能训练**

教师口语发声中所运用的共鸣方式有其自身特点,即以口腔共鸣为主、以胸腔共鸣为基础、以微量的鼻腔共鸣为辅助。

1. 口腔共鸣训练

训练要领：

提、打、挺、松：通过提颧肌、打开牙关、挺软腭、松下巴四个步骤,合理扩大口腔容积,使口腔形成"前紧后松,上提下松"的感觉。

训练方法：

(1) 提起颧肌反复咀嚼,以加强两腮的咬劲儿。然后保持后槽牙上抬的感觉发音：ga、

ka、ha、jia、qia、xia,感觉音节像橄榄一样在上下槽牙之间。每咀嚼一次,发一个音。

(2) 用半打哈欠状打牙关,挺软腭,一挺一松,体会挺起软腭的感觉。然后保持软腭挺起的状态发音:gǎo、kǎo、hǎo。

(3) 按"提、打、挺、松"的要领,从容发 ai、ei、ao、ou、ba、bi、bu、pa、pi、pu、ma、mi、mu,体会声束冲击硬腭前部的感觉。

(4) 唇齿贴近,提高声音亮度。收紧双唇,使其贴近上下齿。先作单音训练,然后扩展为词句。练习时,气要跟上。

高——贵——高贵,刻——苦——刻苦,荷——花——荷花。

2. 胸腔共鸣训练

训练要领:

颈部和脊背自然伸直,胸部自然放松,吸气不要过满,否则不利于胸腔调节。

训练方法:

(1) 加强胸腔共鸣训练。以自己感觉最舒适的音高和降低声音之后的音高,交替发出 a、i、u、e、o,a、i、u、e、o(带点为低音)。

(2) 加强胸腔响点训练。用较低的声音弹发 ha 音,感觉声音像从胸部发出,体会胸部的响点。由低到高一声声地弹发,再由高到低,体会胸部响点的上移和下移。

(3) 体会声音冲击的范围。发元音 a、i 或 ü,由低到高,再由高到低,使声音冲击的位置沿着硬腭中线前后滑动,这个滑动的区域就是声音冲击的运动范围。

3. 鼻腔共鸣训练

训练方法:

(1) 哼鸣练习。双唇关闭,口腔内部打开,大声发鼻音 m,不要除阻,双唇始终关闭。先发短音,后发长音,反复练习。

(2) 交替发口音 a 和鼻音 ma:a——ma——a——ma——a——ma。

发音时软腭上挺,堵住鼻腔通道,体会口腔共鸣。发鼻音时,软腭下垂,打开鼻腔通道。反复练习,体会软腭上挺或下垂的不同感觉。

(3) 适度使用鼻腔共鸣。

并非只有鼻音音节才需要鼻腔共鸣,非鼻音音节同样需要适量的鼻腔共鸣。一般情况下,a 的舌位低,鼻腔共鸣弱,鼻腔共鸣时软腭下降幅度可稍大些。i、u 舌位高,口腔通道窄,气流容易进入鼻腔,因此,软腭不可下降过多。

练习:大妈 下架 匹敌 笔记 祝福 出租

4. "三腔"共鸣综合训练

训练方法:

(1) 拔音练习:由本人的最低音拔向最高音发 a、i、u,体会共鸣状态的变化。

(2) 绕音练习:上绕音由低到高螺旋形向上发 a、i、u,气息要拉住,小腹逐渐收紧;下绕音由高到低螺旋形向下发 a、i、u,气息要托起,小腹逐渐放松。

(3) 夸张四声练习：选择韵母音素较多的成语或词句，运用共鸣技能做夸张四声的训练。调——虎——离——山，木——已——成——舟，风——调——雨——顺，笑——容——可——掬。

(4) 大声呼唤练习：假设一个目标在 80～100 米处，大声呼唤，注意控制气息，注意延长音节，体会"三腔"共鸣。如：老——刘——等——一——等。姐——姐——早——点——回——家。小——伟——，快——回——来——！

三、吐字归音

吐字归音是我国传统说唱艺术理论中在咬字方法上运用的一个术语。它把一个音节的发音过程分成出字、立字和归音三个阶段。出字是指声母和韵头（介音）的发音过程，立字是指韵腹（主要元音）的发音过程，归音是指音节发音的收尾（韵尾）过程。掌握吐字和归音是发音正确的重要环节，也可以使字音圆润饱满、干净利索、悦耳动听、准确清晰、明亮流畅、富有表现力。

（一）吐字归音的要求

1. 出字要准确有力

出字是对字头的处理。字头的发音对于整个字音的清晰、响亮起着关键作用。出字，要求部位准确、弹发有力。出字的关键是要把握声母的发音部位和发音方法，并迅速与韵头（介音）结合。声母是字头的主力，是音节的排头兵。整个音节中，只有它的气流最强，用力最大。零声母音节，出字也要有一定的力度，也只有出字弹射有力，字音才能真切。

2. 立字要圆润饱满

韵腹也即字腹，它在整个音节中发音最响，音程最长，乐音最丰满。所以，只要把字腹发饱满、响亮，这个音就算立起来了，也才会达到字正腔圆、字字有力的效果。这里关键是要口腔开合适度，松紧相宜。

3. 归音要到位完整

归音是对字尾的处理。字尾收得恰当与否，对于字音的完整清楚起着重要作用。一个字音是否准确、清晰，关键在音节的一头一尾上。字尾归音不完整，音节界限便不清楚，字音就不会清晰。归音趋向要鲜明，发音适度，干净利落，既不可拖泥带水留尾巴，也不可唇舌位置不到家。要避免出现吃字倒字丢字现象。这里关键是对韵尾的处理，口腔从开到闭，肌肉由紧渐松，声音由强到弱，要做到既轻又准，弱收到位。

开尾音节（即没有字尾的音节）以字腹结尾，归音时应保持字腹的口形，声音不停口形不停。

总之，一个音节的发音过程要有头有尾，应具备所谓"枣核形"的特点——声母、韵头为一端，韵尾为一端，韵腹为核心；字的中间发音动程大、时间长；字的两头发音动程小，所占时间也短。吐字时，不仅要有头有尾、不含混，而且要连接得好，浑然一体，就能收到清晰圆润，颗粒饱满，音色优美的效果，具体口形如图 1-2 所示。

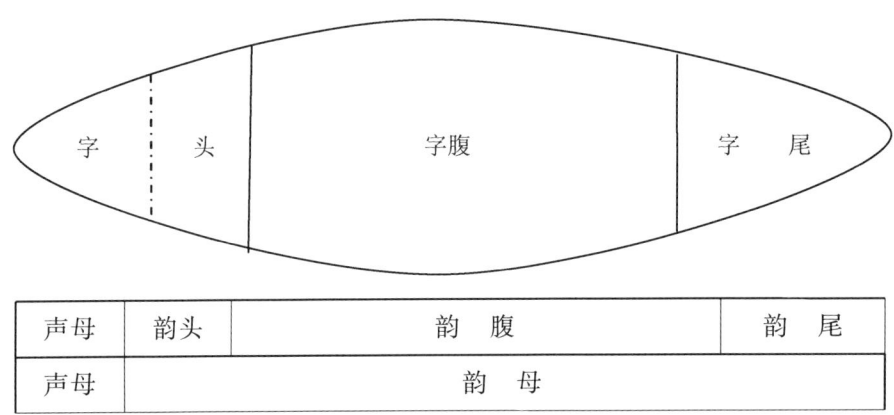

图1-2 "枣核形"发音图

(二) 吐字归音的方法

1. 喷崩法:咬字时吸足气流,双唇紧闭,然后让气流爆破将字音吐送出来。练习 b、p 声母的字,可用此法。
2. 弹舌法:咬字时利用舌头的弹力,将字弹吐出来。练习 d、t 声母的字,可用此法。
3. 开喉法:吐字时口腔后部尽量打开,蓄足气流,吐送有力。
4. 展唇法:凡 ai、ei、uai、uei 韵母的字,归音应微展唇角,唇形扁平。
5. 聚唇法:凡 ai、iao、ou、iou 韵母的字,归音应聚唇。
6. 抵舌法:凡是收前鼻音的音节,字尾收音时,舌尖抵住上齿龈。
7. 穿鼻法:凡发后鼻音的音节,收音时,气流穿过鼻孔,舌根与小舌要有接触感。

有些人口语表达不清晰,主要有以下几种情况:第一,发音器官的运动不到位造成语音含混;第二,尾音不清晰;第三,音节与音节之间发生再拼合现象;第四,发音的力度太弱,声音飘忽,语音朦胧。这些问题大多可以通过吐字归音的训练得以解决或改善。

◀ 技能训练

训练要领:
出字要准确有力,立字要圆润饱满,归音要干净利索。
训练方法:
1. 口腔训练操
(1) 唇的练习
①喷:双唇紧闭阻住气流,然后突然打开爆发出 b 或 p 音。
②咧:双唇紧闭并用力向前噘起,然后突然用力向嘴角两端咧开,反复进行。
③撇:双唇紧闭噘起,然后向左、向右撇,交替进行。
④绕:双唇紧闭噘起,然后顺、逆时针各转 360 度,交替进行。
(2) 舌的练习
①刮:舌尖抵住下齿背,舌体用力,然后用上门齿沿着舌面往后刮,将嘴撑开。

②抵:先将力量集中于舌尖,抵住上齿龈阻住气流,然后突然打开,爆发出 d、t 音,反复进行。

③咬:先微张嘴,舌头后缩,舌根抬起抵住软腭,阻住气流,然后突然打开,爆发出 g、k 音,反复进行。

④顶:双唇闭合,用舌尖用力顶左、右内颊,交替进行。

⑤绕:双唇闭合,舌头在唇齿之间顺、逆时针环绕 360 度,交替进行。

⑥立:双唇微张,舌尖抵住下齿背,以舌中线为轴向左、向右翻立 90 度,交替进行。

⑦弹:嘴巴张大,舌尖连续轻弹上齿,使舌头放松灵活。

2. 声韵拼合练习

下面是普通话 21 个声母和韵母 a(开口音)、i(齐齿音)、u(合口音)的拼合练习。首先,出字时要有一定的力度,并且要弹动轻快;其次,立字发音时要注意唇形,开口音唇形自然,不能太大;齐齿音的唇形稍咧开,合口音的唇形比较圆且小,这两种音立字发音时口腔内部不能太扁、太挤,以免影响发音的饱满度。

ba pa ma fa da ta na la ga ka ha zha cha sha ra za ca sa

bi pi mi di ti ni li ji qi xi

bu pu mu fu du tu nu lu gu ku hu zhu chu shu ru zu cu su

3. 声韵拆分练习

b—a—ba p—a—pa b—ai—bai p—ai—pai b—an—ban p—an—pan b—ang—bang p—ang—pang

自主训练与巩固

一、发声技能评析。

1. 怒发冲冠,凭栏处、潇潇雨歇。抬望眼,仰天长啸,壮怀激烈。三十功名尘与土,八千里路云和月。莫等闲,白了少年头,空悲切!靖康耻,犹未雪。臣子恨,何时灭!驾长车,踏破贺兰山缺。壮志饥餐胡虏肉,笑谈渴饮匈奴血。待从头、收拾旧山河,朝天阙。

【评析】开头"怒"字要突然爆发,气足势强;"莫等闲,白了少年头,空悲切"充满激情,流露真诚;"靖康耻,犹未雪。臣子恨,何时灭"字字有力,表达忧愤;后面几句,豪迈激昂,气冲云霄;"待从头、收拾旧山河,朝天阙"语气坚决,精忠报国。整个朗读要如江河直泻,显出气壮山河之势。

2. 红军不怕远征难,万水千山只等闲。五岭逶迤腾细浪,乌蒙磅礴走泥丸。金沙水拍云崖暖,大渡桥横铁索寒。更喜岷山千里雪,三军过后尽开颜。

【评析】咬准字音,语速放慢,有意识地夸张,尽量找出最佳共鸣效果。声音适当偏后,使之浑厚有力,注意防止"齉鼻音"。

3. 秋天,树叶黄了,枯了,快要脱落了。枯黄的叶子离开了枝头,在风中飞舞着,它对世界还是如此的留恋……假如我是落叶,我愿意很快地落在地上,又很快地被雨水溶化,然后又钻进又黑又香的泥土里,尽情地拥抱这些又大又小、又粗又细的树根,衷心地对它说:"你快生长吧,生长出更多更绿的叶子。我把我自己全部献给你……"

【评析】气随情动,声随情出;气生于情而融于声。比如"我愿意很快地落在地上,又很快地被雨水溶化"句间气连声连,然后大呼吸念读"然后又钻进又黑又香的泥土里,尽情地拥抱这些又大又小、又粗又细的树根"一句,句间也是气连声连,语速渐快。这样能更好体现"我"奉献的真诚之情。

4.在无数蓝色的眼睛和红色的眼睛之中,
我有着一双宝石般的黑色的眼睛,
我骄傲,我是中国人!
在无数白色的皮肤和黑色的皮肤之中,
我有着大地般黄色的皮肤,
我骄傲,我是中国人!
我是中国人——
黄土高原是我的胸脯,
黄河流水是我沸腾的血液,
长城是我扬起的手臂,
泰山是我站立的脚跟。
我是中国人——
我的祖先最早走出森林,
我的祖先最早开始耕耘,
我是指南针、印刷术的后裔,
我是圆周率、地动仪的子孙。
在我的民族中,
不光有史册上万古不朽的
孔夫子、司马迁、李自成、孙中山,
还有那文学史上万古不朽的
花木兰、林黛玉、孙悟空、鲁智深。
我骄傲,我是中国人!
我是中国人——
在我的国土上,
不光有雷电轰不倒的长白雪山、黄山劲松,
还有那风雨不灭的井冈传统、延安精神!
我是中国人——
我那黄河一样粗犷的声音,

不光响在联合国的大厦里,
大声发表着中国的议论,
也响在奥林匹克的赛场上,
大声高喊着"中国得分",
当掌声把五星红旗送上蓝天,
我骄傲,我是中国人!
我是中国人——
那长城一样巨大的手臂,
不光把采油钻杆钻进外国人预言打不出石油的地心,
也把通信卫星送上
祖先们梦里也没有到过的白云,
当五大洲倾听东方声音的时候,
我骄傲,我是中国人!
我是中国人,
我是莫高窟壁画的传人,
让那翩翩欲飞的壁画与我们同往。
我就是飞天,
飞天是我们,
我骄傲,我是中国人!

【评析】控制共鸣,对声音实行扩大与美化。要使声音洪亮厚实,就要找准胸腔共鸣点,以扩大音量,增加重低音;要使声音高亢、悦耳,就要注意尽量提高上口盖,适度打开口腔,实行高音区共鸣。该诗总的基调为激昂、高扬,但注意切莫通篇"高昂",要根据诗意灵活变化,比如每一诗节最后"我骄傲,我是中国人"就应有所不同;同时舒缓或急快的语速要与之和谐相配。

二、体会下列语境中的呼吸调节。

小龙是你的弟弟,只有四岁。这天你回到家里,妈妈正在厨房做饭……

1. 小龙在屋里玩,你放下书包,说:"小龙,你过来,我给你讲个故事。"
2. 小龙没在屋,你边找边喊:"小龙,小龙……"
3. 小龙经常到邻院去玩,你隔墙喊:"小龙,小龙……"
4. 跑到院外,忽远忽近地喊:"小龙,小龙……"忽然看到远处的大河,脑子里闪过一个可怕的念头,喊:"小龙,小龙……"转身向家里跑,边跑边喊:"妈妈,妈妈,小龙……小龙……不见了。"

三、朗读下面的语段。

1. 黄河远上白云间,一片孤城万仞山。羌笛何须怨杨柳,春风不度玉门关。
2. 两个黄鹂鸣翠柳,一行白鹭上青天。窗含西岭千秋雪,门泊东吴万里船。

3. 上善若水。水善利万物而不争,处众人之所恶,故几于道。居善地,心善渊,与善仁,言善信,政善治,事善能,动善时。夫唯不争,故无尤。

4. 我不去想是否能够成功,既然选择了远方,便只顾风雨兼程;我不去想能否赢得爱情,既然钟情于玫瑰,就勇敢吐露真诚;我不去想身后会不会袭来寒风冷雨,既然目标是地平线,留给世界的只能是背影;我不去想未来是平坦还是泥泞,只要热爱生命,一切都在意料之中。

5. 你从雪山走来,春潮是你的风采;你向东海奔去,惊涛是你的气概。你用甘甜的乳汁,哺育各族儿女;你用健美的臂膀,挽起高山大海。我们赞美长江,你是无穷的源泉;我们依恋长江,你有母亲的情怀。你从远古走来,巨浪荡涤着尘埃;你向未来奔去,涛声回荡在天外。你用纯洁的清流,灌溉花的国土;你用磅礴的力量,推动新的时代。我们赞美长江,你是无穷的源泉;我们依恋长江,你有母亲的情怀。啊,长江!

四、绕口令练习。

1. 吃葡萄不吐葡萄皮儿,不吃葡萄倒吐葡萄皮儿。

2. 调到大岛打大盗,大盗太刁投短刀。推打顶挡短刀掉,踏盗得刀盗打倒。

3. 八百标兵奔北坡,炮兵并排北边跑。炮兵怕把标兵碰,标兵怕碰炮兵炮。

4. 哥挎瓜筐过宽沟,赶快过沟看怪狗。光看怪狗瓜筐扣,瓜滚筐空哥怪狗。

5. 三山撑四水,四水绕三山。三山四水春常在,四水三山四时春。

6. 一个胖娃娃抓了三个大花活河蛤蟆,三个胖娃娃只抓了一个大花活河蛤蟆,抓一个大花活河蛤蟆的三个胖娃娃,真不如抓了三个大花活河蛤蟆的一个胖娃娃。

7. 出东门,过大桥,大桥底下一树枣儿;拿着竿子去打枣儿,青的多,红的少。一个枣,两个枣,三个枣,四个枣,五个枣,六个枣,七个枣,八个枣,九个枣,十个枣;九个枣,八个枣,七个枣,六个枣,五个枣,四个枣,三个枣,两个枣,一个枣。这是一个绕口令,一气儿说完才算好。

8. 天上看,满天星;地下看,有个坑;坑里看,有盘冰。坑外长着一老松,松上落着一只鹰,松下坐着一老僧,僧前放着一部经,经前点着一盏灯,墙上钉着一根钉,钉上挂着一张弓。

说刮风,就刮风,刮得男女老少难把眼睛睁。刮散了天上的星,刮平了地上的坑,刮化了坑里的冰,刮倒了坑外的松,刮飞了松上的鹰,刮走了松下的僧,刮乱了僧前的经,刮灭了经前的灯,刮掉了墙上的钉,刮翻了钉上的弓。

这是一个星散、坑平、冰化、松倒、鹰飞、僧走、经乱、灯灭、钉掉、弓翻的绕口令。

五、综合训练。

1. 报菜名:蒸羊羔儿、蒸熊掌、蒸鹿尾儿、烧花鸭、烧雏鸡、烧子鹅、卤煮野鸭、酱鸡、腊肉、松花小肚儿、凉肉、香肠、什锦酥盘儿、熏鸡、白肚儿、清蒸八宝鸭、江米酿鸭子、罐儿焖鸡、罐儿焖鸭、山鸡、兔脯、菜蟒、银鱼、清蒸哈什蚂、烩鸭丝儿、烩鸭腰儿、烩鸭条儿、清拌鸭丝儿、焖白鳝、焖黄鳝、豆腐鲇鱼、锅烧鲤鱼、清蒸甲鱼、抓炒鲤鱼、抓炒面鱼、软炸虾仁儿、软炸鸡、炸白虾、炝青虾、炸面鱼、炝竹笋、氽银鱼、熘黄菜、芙蓉燕菜、炒虾仁儿、烩虾仁儿、烩银丝儿、烩海参、烩鸽蛋、炒蹄筋儿、蒸南瓜、酿冬瓜、炒丝瓜、酿倭瓜、焖鸡掌、焖鸭掌、熘鲜蘑、熘鱼肚、熘鱼骨、醋熘鱼片、三鲜木樨汤、红丸子、白丸子、苏造丸子、南煎丸子、干炸丸子、三鲜丸子、四喜丸子、葱花丸子、豆腐丸子、一品肉、马牙肉、红焖肉、白片肉、樱桃肉、米粉肉、坛子肉、炖肉、大肉、松肉、烤肉、酱肉、酱豆腐肉、烧羊肉、烤羊肉、涮羊肉、五香羊肉、煨羊肉、氽三样儿、爆三样儿、清炒三样儿、白煨杂碎儿、三鲜鱼翅、栗子鸡、红烧活鲤鱼、板鸭、童子鸡。

2.报花名：我的邻居张伯伯是位老花匠，昨天他带我到他的花圃去参观。一走进那花圃，一股浓郁的香气扑鼻而来，真是沁人心脾，令人心醉。那五颜六色的花草多美呀，我都不知道该去欣赏哪一种才好。它们有的花朵盛开，有的含苞待放，有的果实累累，有的却是枝繁叶茂等待来春重新开放。这里有：红牡丹、白牡丹、粉红牡丹、芍药、玫瑰、蔷薇、朱槿、米兰、昙花、樱花、桂花、茶花、金银花、金芙蓉、金乌花、月光花、鸡冠花、凤仙花、杜鹃花、喇叭花、玉簪花、玉兰花、玉蝉花、燕子花、蝴蝶花、天女花、八仙花、海棠花、海桐花、蜡梅花、石榴花、石楠花、石菖蒲、十样锦、夹竹桃、美人蕉、美人樱、虞美人、洋绣球、晚香玉、百里香、满天星、一品红、千日红、月月红、满堂红、紫丁香、紫茉莉、紫罗兰、紫藤萝、水浮莲、子午莲、菖蒲莲、并蒂莲、西番莲、半支莲、半边莲、仙人掌、仙人鞭、仙人球、仙客来、春兰、蕙兰、剑兰、珠兰、君子兰、一叶兰、夏菊、翠菊、洋菊、墨菊、藤菊、千日菊、佛头菊、金鸡菊、延命菊、万寿菊……哎呀！天哪！数也数不尽，看也看不完。我在这美丽的花园里，简直忘记了现在是夏天，秋天，冬天还是春天，一年四季各式各样的花都在我的眼前出现了。

3.《海燕》（高尔基）

4.《我用残损的手掌》（戴望舒）

第三节　声　母

声母是音节的一个组成部分，不同方言区的人如果发不准普通话声母，就可能造成词的混淆或误解而影响口语交际。

一、声母的定义和作用

汉语语音的传统分析方法把一个音节分为声和韵两部分。声就是声母，是汉语音节中开头的辅音。普通话有21个辅音声母。它们有两套读音，一套是本音，即声母的本来音值，是根据声母的发音部位、发音方法发出的音，当声母和韵母相拼时要用本音；另一套是呼读音，因普通话声母发音时大多声带不振动，声母大多不响亮，因此为了便于呼读和教学，在辅音的本音后面拼上某一个元音构成呼读音。

声母的作用有三点：(1)区分词义。这是声母的主要作用。汉语两个音节的韵母与声调都相同，而声母不同，意思就不一样。(2)区别音节的清晰度。声母发音部位比较紧张，发音短促、有力，并且在音节的开头，发声干脆利落，在语流中能使音节界限区别明显，字字清晰可辨。(3)增强音节力度和亮度。声母发音时蓄气充足,弹射有力,并与韵头迅速结合,能使整个音节的力度和亮度增强。

二、声母的分类

普通话的声母大都由辅音充当,辅音发音时,气流在口腔中遇到阻碍,这些阻碍可以从发音部位和发音方法两方面进行分析。

(一) 根据发音部位分类

普通话声母按发音部位可以分为7类。

(1) 双唇音:b,p,m。上下唇形成阻碍发出的音。下唇向上运动与上唇接触,双唇闭拢成阻。

(2) 唇齿音:f。上齿与下唇内缘形成阻碍发出的音。上唇微抬,稍露出上齿,下唇向上,唇缘线与上(下)门齿靠拢、接触成阻。

(3) 舌尖前音(也叫平舌音):z,c,s。舌尖与上齿背或下齿背形成阻碍发出的音。舌尖平伸,与上齿门背或下齿门背接触或接近成阻。

(4) 舌尖中音:d,t,n,l。舌尖与上齿龈形成阻碍发出的音。舌尖向前上方抬起与上门齿龈接触、抵住成阻。

(5) 舌尖后音(也叫翘舌音):zh,ch,sh,r。舌尖与硬腭前部(即上齿龈和硬腭交接处)形成阻碍而发出的音。舌体稍向后缩,舌尖向上方翘起,与硬腭前部接触或接近成阻。

(6) 舌面音:j,q,x。舌面与硬腭前部形成阻碍而发出的音。舌尖向下前伸抵住下齿背,舌面向上抬起,接触或接近硬腭前部成阻。

(7) 舌根音:g,k,h。舌根与软腭、硬腭交接处形成阻碍发出的音。舌体后缩,舌根隆起与硬腭和软腭交界处接触或接近成阻。

(二) 根据发音方法分类

普通话声母的发音方法可以从三个方面来分析:发音时构成阻碍和消除阻碍的方式;声带是否颤动;除阻后气流的强弱如何。

1. 根据阻碍的方式分类

根据成阻和除阻的不同方式,可以将21个声母分成5类。

(1) 塞音:b,p,d,t,g,k。发音时,发音部位的某两个部分完全闭塞,使气流受阻,然后突然分开,气流迸裂而出,形成具有爆发色彩的音。

(2) 擦音:f,h,x,sh,r,s。发音时,上下发音部位接近,形成窄缝,然后气流从窄缝中挤出,形成摩擦音。

(3) 塞擦音:j,q,zh,ch,z,c。发音时,上下发音部位开始完全闭塞,气流把阻碍部位冲开窄缝,然后从窄缝中挤出,形成塞擦音。

(4) 鼻音:m,n。发音时,软腭下垂,鼻腔通路打开,口腔中形成阻碍的两部分完全闭合,气流不能从口腔通过,转从鼻腔流出,发出鼻音。

(5) 边音:l。发音时,舌尖和上腭的某一点接触,舌头两边留有空隙,气流从舌头两边通过,形成边音。

2. 根据声带是否振动分类

根据发音时声带是否振动,呼出的气流是否带有乐音,可以将 21 个声母分为清音、浊音两类。

(1) 浊音:m,n,l,r。气流振动的同时振动声带而发出的较响亮的声音。

(2) 清音:除 4 个浊音外,其余 17 个声母全是清音。气流受阻时声带不振动而发生的不响亮声音。

3. 根据气流的强弱分类

根据除阻后呼出气流的强弱,可以把塞音和塞擦音再分为送气音和不送气音两种。

(1) 送气音:p,t,k,q,ch,c。除阻后有较强的气流喷吐而出的音。

(2) 不送气音:b,d,g,j,zh,z。除阻后呼出气流短促而微弱的音。

三、声母的发音训练

声母的发音取决于发音部位和发音方法的紧密配合。

(一) 双唇音

1. b、p:双唇、清、塞音。发音时,双唇紧闭,软腭上升,堵塞鼻腔,然后突然打开,声带不颤动。b 送出气流不显著,p 有显著气流送出。例如:

笔 波 班 泵 编 笨 瞟 破 璞 撇 盆 翩
版本 辨别 臂膀 报备 评判 偏僻 枇杷 评聘

2. m:双唇、浊、鼻音。发音时,双唇紧闭,软腭下降,堵塞口腔气流,气流振动声带从鼻腔通过。例如:

玫 慢 目 妙 萌 莽 焖 麦 咪 码 鸣 眸
迷茫 美满 卖萌 明媚 磨灭 描摹 密码 命脉

(二) 唇齿音

f:唇齿、清、擦音。发音时,下唇靠近上齿,形成窄缝,气流从唇齿间摩擦发音,声带不振动。例如:

乏 富 霏 放 帆 粉 枫 否 扶 范 份 妃
防范 防腐 非凡 防风 奋发 佛法 分赴 肺腑

(三) 舌尖前音

1. d、t:舌尖、清、塞音。发音时,舌尖顶住上齿龈,软腭上升,堵住鼻腔通道,然后突然打开,声带不颤动。d 送出气流不显著,t 有显著气流送出。例如:

短 瞪 顿 得 搭 逮 兑 藤 团 颓 踢 棠
督导 奠定 调度 颠倒 淘汰 推脱 图腾 坍塌

2. n:舌尖、浊、鼻音。发音时,舌尖抵住上齿龈,软腭下降,打开鼻腔通道,气流振动声带,从鼻腔通过。例如:

  弄　拟　年　嫩　能　女　乃　凝　涅　暖　耐　诺
  呢喃　恼怒　袅娜　忸怩　黏腻　拿捏　泥泞　能耐

3. l:舌尖、浊、边音。发音时,舌尖顶住上齿龈,软腭上升,堵塞鼻腔通路,气流振动声带,从舌尖两边通过。例如:

  例　录　络　垒　鸾　莲　瘤　蜡　氯　抡　靓　掠
  联络　琉璃　凌乱　理疗　履历　轮流　邻里　连累

4. z、c:舌尖前、清、塞擦音。发音时,舌尖平伸,抵住上齿背,软腭上升,堵塞鼻腔通路,声带不振动,气流冲开一条窄缝,摩擦成声。z 送出气流不显著,c 有显著气流送出。例如:

  姿　纂　崽　樽　醉　赃　皴　翠　裁　舱　凑　糙
  栽赃　宗族　自尊　罪责　措辞　猜测　仓促　璀璨

5. s:舌尖前、清、擦音。发音时,舌尖接近上齿背,气流从窄缝中摩擦成声,声带不颤动。例如:

  臊　赛　酸　隼　髓　鹭　腮　诵　诉　搜　撒　桑
  搜索　琐碎　诉讼　速算　随俗　松散　色素　撕碎

(四) 舌尖后音

1. zh、ch:舌尖后、清、塞擦音。发音时,舌头上翘,抵住硬腭前部,软腭上升,堵塞鼻腔通路,气流冲开一道窄缝,摩擦成声。zh 送出气流不显著,ch 有显著气流送出。例如:

  抓　赚　兆　妆　炸　烛　肠　蠢　喘　揣　筹　岔
  斟酌　珍珠　周转　郑重　传承　惆怅　戳穿　橱窗

2. sh、r:舌尖后、擦音。发音时,舌尖上翘,接近硬腭前端,留出窄缝,气流从缝间挤出,摩擦成声。sh 声带不颤动,r 声带颤动。例如:

  审　摄　税　孺　曙　衰　韧　阮　染　惹　锐　润
  设施　盛世　烧伤　神兽　容忍　柔韧　仍然　软弱

(五) 舌面音

1. j、q:舌面、清、塞擦音。发音时,舌面前部抵住硬腭前部,软腭上升,堵塞鼻腔通路,声带不颤动,气流冲开一条窄缝,摩擦发音。j 送出气流不显著,q 有显著气流送出。例如:

  将　就　届　诀　绞　珺　狙　缺　泉　琴　晴　琼
  简介　禁忌　奖金　决绝　确切　欠缺　侵权　牵强

2. x:舌面、清、擦音。发音时,舌面前部接近硬腭前部,留出窄缝,软腭上升,堵塞鼻腔通路,声带不颤动,气流从窄缝中摩擦成声。例如:

  霄　炫　羞　翔　匈　锡　杏　辖　馨　蟹　靴　巡
  选修　戏谑　歇息　血腥　喜讯　闲暇　宣泄　欣喜

（六）舌根音

1. g、k：舌根、清、塞音。发音时,舌根抵住软腭,软腭后部上升,堵塞鼻腔通路,声带不颤动。气流冲破阻碍,爆发成音。g送出气流不显著,k有显著气流送出。例如：

轨 膏 卦 肝 裹 汞 坤 咳 刊 恐 阔 旷
灌溉 尴尬 杠杆 感官 坎坷 宽阔 困苦 旷课

2. h：舌根、清、擦音。发音时,舌根接近软腭,留出窄缝,软腭上升,堵塞鼻腔通路,声带不颤动,气流从窄缝中挤出,摩擦发音。例如：

轰 沪 滑 焕 馄 踝 猴 凰 鹤 黑 皓 痕
呵护 混合 互换 辉煌 挥霍 憨厚 划痕 航海

自主训练与巩固

一、词语对比训练。

祠堂—池塘　支援—资源　宗旨—终止　粗布—初步　赏识—丧失
酥油—输油　商业—桑叶　摘花—栽花　催产—摧残　树立—肃立
暂时—战时　新春—新村　复员—互援　废话—会话　理发—理化
黄泥—黄鹂　放荡—晃荡　水牛—水流　女客—旅客　闹灾—涝灾
南宁—兰陵　内线—泪腺　浓重—隆重　留念—留恋　篱笆—泥巴
鱼刺—鱼翅　仿造—仿照　自动—制动　增订—征订　近似—近视
搜集—收集　申诉—申述　从来—重来　男女—褴褛　欢腾—翻腾
纷乱—昏乱　分配—婚配　公费—工会　无奈—无赖　老路—恼怒

二、读准下列成语。

悲欢离合　背井离乡　百发百中　包罗万象　杯水车薪　博学多才
旁敲侧击　扑朔迷离　旁征博引　披星戴月　盘根错节　鹏程万里
绵里藏针　貌合神离　漠不关心　门庭若市　妙手回春　门可罗雀
粉墨登场　风驰电掣　纷至沓来　釜底抽薪　防微杜渐　飞扬跋扈
道貌岸然　独具匠心　颠沛流离　雕虫小技　呆若木鸡　洞天福地
叹为观止　通情达理　泰然自若　异曲同工　甜言蜜语　谈笑风生
弄巧成拙　南辕北辙　拈轻怕重　内忧外患　宁缺毋滥　奴颜婢膝
良师益友　流连忘返　龙腾虎跃　乐不思蜀　劳燕分飞　雷厉风行
根深蒂固　肝胆相照　沽名钓誉　冠冕堂皇　高屋建瓴　诡计多端
脍炙人口　狂风暴雨　刻舟求剑　克己奉公　苦口婆心　口若悬河
呼风唤雨　豪情壮志　赫赫有名　厚此薄彼　含沙射影　海誓山盟
鞠躬尽瘁　金科玉律　家喻户晓　焦头烂额　紧锣密鼓　截然不同
群龙无首　前赴后继　黔驴技穷　浅尝辄止　棋逢对手　取长补短
循序渐进　相辅相成　销声匿迹　欣喜若狂　喜笑颜开　栩栩如生

招摇过市	郑重其事	珠圆玉润	真知灼见	咫尺天涯	直言不讳
赤胆忠心	踌躇满志	触类旁通	神魂颠倒	盛气凌人	设身处地
如法炮制	任人唯贤	融会贯通	如释重负	弱不禁风	容光焕发
罪魁祸首	载歌载舞	责无旁贷	赞不绝口	纵横驰骋	在劫难逃
藏龙卧虎	沧海桑田	风餐露宿	促膝长谈	操之过急	参差不齐
肆无忌惮	所向披靡	丧权辱国	塞翁失马	损兵折将	三教九流

三、朗读下列文段。

1. 清明时节雨纷纷,路上行人欲断魂。借问酒家何处有?牧童遥指杏花村。

2. 寒蝉凄切,对长亭晚,骤雨初歇。都门帐饮无绪,留恋处,兰舟催发。执手相看泪眼,竟无语凝噎。念去去,千里烟波,暮霭沉沉楚天阔。多情自古伤离别,更那堪,冷落清秋节!今宵酒醒何处?杨柳岸,晓风残月。此去经年,应是良辰好景虚设。便纵有千种风情,更与何人说?

3. 曲曲折折的荷塘上面,弥望的是田田的叶子,叶子出水很高,像亭亭的舞女的裙。层层的叶子中间,零星地点缀着些白花,有袅娜地开着的,有羞涩地打着朵儿的,正如一粒粒的明珠,又如碧天里的星星,又如刚出浴的美人。微风过处,送来缕缕清香,仿佛远处高楼上渺茫的歌声似的。这时候叶子与花也有一丝的颤动,像闪电般,霎时传过荷塘的那边去了。叶子本是肩并肩密密地挨着,这便宛然有了一道凝碧的波痕。叶子底下是脉脉的流水,遮住了,不能见一些颜色;而叶子却更见风致了。

4. 从明天起,做一个幸福的人,喂马,劈柴,周游世界。从明天起,关心粮食和蔬菜。我有一所房子,面朝大海,春暖花开。从明天起,和每一个亲人通信,告诉他们我的幸福,那幸福的闪电告诉我的,我将告诉每一个人。给每一条河、每一座山取一个温暖的名字,陌生人,我也为你祝福,愿你有一个灿烂的前程,愿你有情人终成眷属,愿你在尘世获得幸福。我只愿面朝大海,春暖花开。

5. 你见,或者不见我,我就在那里,不悲不喜。你念,或者不念我,情就在那里,不来不去。你爱,或者不爱我,爱就在那里,不增不减。你跟,或者不跟我,我的手就在你手里,不舍不弃。来我的怀里,或者,让我住进你的心里,默然相爱,寂静欢喜。

6. 如果有来生,要做一棵树,站成永恒。没有悲欢的姿势,一半在尘土里安详,一半在风里飞扬;一半洒落阴凉,一半沐浴阳光。非常沉默、非常骄傲。从不依靠、从不寻找。如果有来生,要化成一阵风,一瞬间也能成为永恒。没有善感的情怀,没有多情的眼睛。一半在雨里洒脱,一半在春光里旅行;寂寞了,孤自去远行,把淡淡的思念统统带走。从不思念、从不爱恋;如果有来生,要做一只鸟,飞越永恒,没有迷途的苦恼。东方有火红的希望,南方有温暖的巢床。向西逐退残阳,向北唤醒芬芳。如果有来生,希望每次相遇,都能化为永恒。

四、绕口令练习。

1. 稀奇稀奇真稀奇,蟋蟀踩死老母鸡,气球碰坏大机器,蚯蚓身长七丈七,八十岁的老头儿躺在摇篮里。

2. 太阳从西往东落,听我唱个颠倒歌。天上打雷没有响,地下石头滚上坡;江里骆驼会下蛋,山里鲤鱼搭成窝;腊月酷热直流汗,六月爆冷打哆嗦;姐在房中头梳手,门外口袋把驴驮。

3. 红粉墙,黄粉墙,粉墙上面画凤凰。红粉墙画上黄凤凰,黄粉墙画上红凤凰。红黄粉墙真堂皇,好似天上飞着一对真凤凰。不知是红黄粉墙画上了黄红凤凰,还是黄红凤凰飞上了红黄粉墙。

4. 尖塔尖,尖杆尖。杆尖尖似塔尖尖,塔尖尖似杆尖尖。有人说杆尖比塔尖尖,有人说塔尖比杆尖尖。不知到底是杆尖比塔尖尖,还是塔尖比杆尖尖。

5. 四是四,十是十,十四是十四,四十是四十。要想说对四,舌头碰牙齿;要想说对十,舌头别伸直;要想说对十和四,多多练习四和十。谁说十四是时事,就打谁十四;谁说四十是事实,就打谁四十。

6. 兰兰提个竹篮,到南边挂蓝门帘的线店买蓝线。楠楠拦住兰兰,不让兰兰去南边挂蓝门帘的线店买蓝线。兰兰和楠楠争得难解难分,我劝了楠楠又劝兰兰。楠楠和兰兰都不听我的劝,弄得我左右都为难。

7. 七巷一个漆匠,西巷一个锡匠。七巷漆匠偷了西巷锡匠的锡,西巷锡匠拿了七巷漆匠的漆,七巷漆匠气西巷锡匠偷了漆,西巷锡匠讥七巷漆匠拿了锡。请问漆匠和锡匠,谁拿谁的锡,谁偷谁的漆。

8. 山上住着三老子,山下住着三小子,山腰住着三哥三嫂子。山下三小子,找山腰三哥三嫂子,借三斗三升酸枣子;山腰三哥三嫂子,借给三小子三斗三升酸枣子。山下三小子,又找山上三老子,借三斗三升酸枣子;山上三老子,还没有三斗三升酸枣子,只好到山腰找三哥三嫂子,给山下三小子借了三斗三升酸枣子。过年山下三小子打下酸枣子,还了山腰三哥三嫂子两个三斗三升酸枣子。

第四节 韵 母

韵母是汉语音节的重要组成部分,普通话的清晰响亮、优美动听,与韵母发音的准确到位紧密相关。发音时再加上声调,就可使音节充实而响亮,饱满而挺拔,形成抑扬顿挫的音乐美。

一、韵母的定义和作用

我国传统音韵学中,把一个音节声母后面的部分叫韵母。例如,"gāo děng yuàn xiào(高等院校)"中的 ao、eng、uan、iao 就是韵母。韵母主要由元音构成,但并非所有的韵母都是由元音构成的,有的韵母也包含辅音。因此,韵母可由单元音构成,如 a、o、e、i、u、ü;也可由复合元音构成,如 ai、ei、ao、ou;还可以由元音带上辅音构成,如 en、eng、in、ing。

韵母的作用:(1)区别词义。音节中如果声母、声调都相同,韵母不同,意思就不一样,因此韵母有区别词义的作用。不同方言区的人如果发不好普通话韵母,就有可能混淆词义,影响交际。(2)使音节饱满响亮。音节中声音最响亮的就是韵母中的主要元音,也叫韵腹。主要元音的开口度较大,共鸣丰满,增强了音节的"拉开立起"之势;韵腹带上声调,使音节充实而响亮,饱满而挺拔,形成抑扬顿挫的音乐美。

二、韵母的分类

普通话共有39个韵母,可以从两个不同角度进行划分,一是根据韵母的构成成分,二是根据韵母开头元音的发音口型。

(一)按构成成分划分:韵母可以分为单韵母、复韵母和鼻韵母三类。单韵母由一个元音构成;复韵母由两个或三个元音构成;鼻韵母由元音和鼻辅音 n 和 ng 构成,进而可细分为前鼻韵母和后鼻韵母。

(二)按开头元音的发音口型划分:汉语传统的音韵学还将韵母分为开口呼、齐齿呼、合口呼、撮口呼四类,统称为"四呼"。

1. 开口呼:不是 i、u、ü 或不以 i、u、ü 开头的韵母属于开口呼。它们是:-i(前)、-i(后)、a、o、e、ê、er、ai、ei、ao、ou、an、en、ang、eng、ong。

2. 齐齿呼:i 或以 i 开头的韵母属于齐齿呼。它们是:i、ia、ie、iao、iou、ian、in、iang、ing、iong。

3. 合口呼:u 或以 u 开头的韵母属于合口呼。它们是:u、ua、uo、uai、uei、uan、uen、uang、ueng。

4. 撮口呼:ü 或以 ü 开头的韵母属于撮口呼。它们是:ü、üe、üan、ün。

三、韵母的发音训练

(一)单韵母(10个)

单韵母的发音取决于舌位的高低、前后和唇形的圆展。发音时,舌位、唇形的开口度维持发音状态始终不变,没有动程,具体要领如表1-1所示。

表1-1 单韵母(单元音)发音要领简表

舌位前后			舌面元音				舌尖元音		卷舌元音
			前		央	后	前	后	央
唇形			展	圆	展	圆			
舌位高低 (口腔开闭)	高(闭)		i	ü		u			
	半高(半闭)				e	o	-i[前]	-i[后]	
	中(中)								er
	半低(半开)		ê						
	低(开)				a				

1. 舌面单韵母：a、o、e、ê、i、u、ü

(1) a：央、低、不圆唇元音。发音时，口腔打开，舌自然放平，舌尖接触下齿龈，舌面中部偏后微微隆起，双唇自然展开。例如：

擦 码 答 岔 纱 爬 拿 霸 蜡 罚 飒 砸
拉萨 打岔 沙发 奔拉 打靶 马达 喇叭 麻辣

(2) o：后、半高、圆唇元音。发音时，口腔半闭，舌头后缩，后舌面升至半高程度，嘴唇拢圆。例如：

博 颇 莫 佛 钵 魔 魄 播 默 波 摸 跛
叵测 泼墨 磨破 婆婆 磨墨 破损 剥夺 模仿

(3) e：后、半高、不圆唇元音。发音时，口腔半闭，舌头后缩，后舌面升至半高程度，嘴角向两旁展开。o 和 e 的区别只在嘴唇的圆扁，其他情况相同。例如：

乐 摄 撤 涩 核 特 辙 呢 泽 测 鸽 渴
特色 折射 车辙 隔热 割舍 色泽 可乐 歌德

(4) ê：前、半低、不圆唇元音。发音时，口腔半开，舌头前伸，前舌面升至半低程度，嘴角向两旁展开。普通话里只有叹词"欸"的韵母是由这一韵母充当的。

(5) i：前、高、不圆唇元音。发音时，口腔开度很小，舌头前伸，前舌面上升接近硬腭，气流的通路狭窄但不发生摩擦，嘴角尽量向两旁展开成扁平状。例如：

碧 劈 眯 抵 剃 拟 例 激 祺 熙 怡 腻
立即 激励 启迪 谜底 嬉戏 旖旎 提气 霹雳

(6) u：后、高、圆唇元音。发音时，口腔开度很小，舌头后缩，后舌面上升接近软腭，气流通路狭窄但不发生摩擦，嘴角撮圆成一小孔。例如：

捕 璞 穆 浮 赌 秃 弩 禄 糊 盅 窟 诅
鼓舞 赌徒 初步 目录 祝福 朴素 侏儒 瀑布

(7) ü：前、高、圆唇元音。发音时，口腔开度很小，舌头前伸，前舌面上升接近硬腭，但气流通过时不发生摩擦，嘴唇撮圆成一小孔。ü 和 i 发音基本相同，但是唇形要拢圆。例如：

女 氯 狙 渠 旭 宇 嘘 瑜 焗 屡 恤 屈
序曲 旅居 豫剧 女婿 区域 聚居 须臾 语序

2. 舌尖单韵母：-i[前]、-i[后]

(1) -i[前]：前、半高、不圆唇元音。发音时，舌尖前伸，对着上齿背形成狭窄的通路，气流通过不发生摩擦，嘴唇向两旁展开。例如：

此 姿 鸶 紫 辞 寺 梓 赐 嗣 雌 疵 渍
恣肆 赐死 字词 刺字 子嗣 自私 此次 次子

(2) -i[后]：后、半高、不圆唇元音。发音时，舌尖上举，对着硬腭形成狭窄的通路，气流通过不发生摩擦，嘴唇略微展开。例如：

指 驰 室 制 痴 湿 日 值 齿 史 殖 智

支持　时日　市尺　值日　豉汁　日食　指示　制止

3. 卷舌单韵母：er

er：央、中、卷舌元音。发音时，舌面中央升到中间高度，同时舌尖向后卷起，对着硬腭，嘴唇略微展开。这一韵母涉及的字很少，但它可以附着在其他韵母的后面，形成儿化韵，构成儿化音节。例如：

二　而　儿　尔　耳　贰　饵　迩　洱　鸸　珥　铒

儿歌　耳环　而且　儿女　而今　偶尔　诱饵　封二

(二) 复韵母（13个）

发复元音韵母时，舌头、嘴唇和整个共鸣器的形状要逐渐变动。例如发 ai 时，从 a 到 i，舌位逐渐升高，口腔逐渐关闭，中间包括许多过渡音。

复韵母是由两个或三个元音构成的。复韵母的各个成分，在口腔的开度和声音的响亮度等方面是不同的，其中韵腹声音最响亮，是韵母的中心成分。根据韵腹所处的位置，将复韵母分为三种：

1. 前响复韵母：发音时，前面的元音清晰响亮，音值较长，后面的元音轻短模糊。例如：

ai：爱戴　开采　采摘　拍卖　拆台　灾害　海带　奶白
ei：委培　黑煤　配备　蓓蕾　北非　肥美　违背　唯美
ao：号召　懊恼　抛锚　操劳　报告　骚扰　高潮　照抄
ou：抖擞　佝偻　漏斗　丑陋　守候　喉头　豆蔻　收购

2. 后响复韵母：发音时，前面元音轻短模糊，后面元音清晰响亮。例如：

ia：压价　假牙　掐架　加价　酒家　惊讶　下架　画家
ie：结业　贴切　铁屑　趔趄　接界　节烈　歇业　谢谢
ua：刮花　耍滑　花袜　泥瓦　喧哗　变卦　话寡　挂画
uo：阔绰　错落　懦弱　蹉跎　陀螺　硕果　堕落　国货
üe：雀跃　约略　月缺　决绝　喜鹊　肆虐　绝学　戏谑

3. 中响复韵母：发音时，中间的元音清晰响亮，前后元音轻短模糊。例如：

iao：秒表　窈窕　巧妙　疗效　笑料　渺小　脚镣　料峭
iou：优秀　悠久　久留　牛油　求救　旧友　绣球　秋游
uai：怀揣　外快　摔坏　徘徊　拐卖　拽歪　外踝　乖乖
uei：退税　归队　回味　追随　垂危　会徽　荟萃　推诿

(三) 鼻韵母（16个）

1. 前鼻音韵母：8个

前鼻音韵母的韵尾由鼻辅音 n 充当。

(1) an：发音时，先发一个清晰而响亮的韵腹 a，然后逐渐向鼻韵尾 n 过渡。例如：

谈判　烂漫　贪婪　肝胆　坦然　展览　泛滥　惨淡

(2) en：发音时，先发一个清晰而响亮的韵腹 e，然后逐渐向鼻韵尾 n 过渡。例如：

振奋　深沉　门诊　粉尘　本分　认真　愤恨　人参

（3）in：发音时，先发一个清晰而响亮的元音 i，然后逐渐向鼻韵尾 n 过渡。例如：

殷勤　引进　信心　濒临　薪金　辛勤　拼音　民心

（4）ün：发音时，先发一个清晰而响亮的韵腹 ü，然后逐渐向鼻韵尾 n 过渡。例如：

遵循　逡巡　菌群　军训　熏晕　均匀　群运　芸芸

（5）ian：发音时，在发 an 的基础上，前边加一个轻短的韵头 i。例如：

艰险　变迁　片面　底线　简练　鲜艳　年鉴　田间

（6）uan：发音时，在发 an 的基础上，前边加一个轻短的韵头 u。例如：

酸软　贯穿　婉转　专断　换算　传唤　软缎　万贯

（7）üan：发音时，在发 an 的基础上，前边加一个轻短的韵头 ü。例如：

源泉　渊源　轩辕　全权　圆圈　全员　涓涓　拳拳

（8）uen：发音时，在发 en 的基础上，前边加一个轻短的韵头 u。例如：

春笋　温存　军训　混沌　遵循　昆仑　温润　论文

2. 后鼻音韵母：8 个

后鼻音韵母的韵尾由鼻辅音 ng 充当。

（1）ang：发音时，先发一个清晰而响亮的韵腹 a，然后逐渐向鼻韵尾 ng 过渡。例如：

沧桑　帮忙　党章　肮脏　廊坊　烫伤　苍茫　商场

（2）eng：发音时，先发一个清晰响亮的韵腹 e，然后逐渐向鼻韵尾 ng 过渡。例如：

更正　逞能　蒸腾　鹏程　坑蒙　丰登　声称　风筝

（3）ing：先发一个清晰响亮的韵腹 i，然后逐渐向鼻韵尾 ng 过渡。例如：

清醒　零星　叮咛　明镜　酩酊　倾听　评定　晶莹

（4）ong：先发一个清晰而响亮的韵腹 o，然后逐渐向鼻韵尾 ng 过渡。例如：

隆重　葱茏　轰动　通融　空洞　红肿　冲动　农工

（5）uang：在发 ang 的基础上，前边加轻短的韵头 u。例如：

装潢　网状　状况　双簧　狂妄　矿床　惶惶　窗框

（6）ueng：在发 eng 的基础上，前边加一个轻短的韵头 u。例如：

蓊郁　水瓮　渔翁　瓮城　蕹菜　嗡嗡　瑜然　主人翁

（7）iang：在发 ang 的基础上，前边加一个轻短的韵头 i。例如：

洋相　响亮　良将　想象　粮饷　湘江　向阳　两样

（8）iong：实际读音接近单元音 ü，然后逐渐由 ü 元音的发音状态向鼻韵尾 ng 过渡。例如：

汹涌　穷凶　英雄　臃肿　炯炯　应用　窘迫　茕茕

自主训练与巩固

一、分辨下列词语的韵母

分餐—封仓	金山—经商	振奋—整风	勋章—胸章	现款—相框
分管—风光	粉刺—讽刺	浑水—洪水	乡村—香葱	韵脚—用脚
深沉—生成	金蝉—经常	信心—行星	板眼—榜样	晨练—乘凉
贪婪—螳螂	残联—苍凉	沉浸—成精	翻新—方兴	鲜艳—像样
脸盆—凉棚	赶紧—刚劲	奸臣—江城	显现—想象	宽限—狂想
专款—状况	诞辰—当成	翻身—放生	善战—上账	金银—经营
吞并—通病	工运—公用	群仙—穷相	沉积—乘机	绅士—声势
泛滥—放浪	因循—英雄	健谈—姜汤	翻印—放映	频繁—平房
金钱—京腔	山涧—上将	分心—奉行	现金—香精	春分—冲锋
亲信—清醒	健身—降生	金环—惊慌	进言—敬仰	近邻—警铃

二、读准下列成语

提纲挈领	风驰电掣	叱咤风云	浑水摸鱼	饮鸩止渴	舐犊情深
一蹴而就	向隅而泣	面面相觑	缠绵悱恻	喟然长叹	吹毛求疵
未雨绸缪	自怨自艾	商贾云集	载歌载舞	敷衍塞责	草菅人命
良莠不齐	戛然而止	垂涎三尺	含情脉脉	功亏一篑	忍俊不禁
富丽堂皇	砥砺前行	笑逐颜开	摩肩接踵	前赴后继	电闪雷鸣
洗心革面	痴心妄想	根深蒂固	闻风丧胆	锲而不舍	韬光养晦
破釜沉舟	所向披靡	力挽狂澜	英姿飒爽	罄竹难书	气势磅礴
心驰神往	五彩斑斓	如沐春风	重峦叠嶂	姹紫嫣红	披荆斩棘

三、朗读练习

1. 慈母手中线,游子身上衣。临行密密缝,意恐迟迟归。谁言寸草心,报得三春晖?

2. 辛苦遭逢起一经,干戈寥落四周星。山河破碎风飘絮,身世浮沉雨打萍。惶恐滩头说惶恐,零丁洋里叹零丁。人生自古谁无死?留取丹心照汗青。

3. 国破山河在,城春草木深。感时花溅泪,恨别鸟惊心。烽火连三月,家书抵万金。白头搔更短,浑欲不胜簪。

4. 呼喊是爆发的沉默,沉默是无声的召唤。不论激越,还是宁静,我祈求,只要不是平淡。如果远方呼喊我,我就走向远方;如果大山召唤我,我就走向大山。双脚磨破,干脆再让夕阳涂抹小路;双手划烂,索性就让荆棘变成杜鹃。没有比脚更长的路,没有比人更高的山。

5. 美丽的梦和美丽的诗一样,都是可遇而不可求的,常常在最没能料到的时刻里出现。我喜欢那样的梦,在梦里,一切都可以重新开始,一切都可以慢慢解释,心里甚至还能感觉到,所有被浪费的时光,竟然都能重回时的狂喜与感激。胸怀中满溢着幸福,只因你就在我眼前,对我微笑,一如当年。我真喜欢那样的梦,明明知道你已为我跋涉千里,却又觉得芳草鲜美,落英缤纷,好像你我才初初相遇。

6. 寻寻觅觅,冷冷清清,凄凄惨惨戚戚。乍暖还寒时候,最难将息。三杯两盏淡酒,怎敌他、晚来风急!雁过也,正伤心,却是旧时相识。满地黄花堆积,憔悴损,如今有谁堪摘?守着窗儿,独自怎生得黑!梧桐更兼细雨,到黄昏、点点滴滴。这次第,怎一个愁字了得!

四、绕口令

1. 东洞庭,西洞庭,洞庭山上长青藤,青藤上面挂铜铃,风吹藤动铜铃动,风息藤静铜铃停。

2. 一座棚傍峭壁旁,峰边喷泻瀑布长。不怕暴风瓢泼冰雹落,不怕寒风扑面雪飘扬。并排分班翻山盘坡把宝找,聚宝盆里松柏飘香百宝藏。

3. 哥哥弟弟坡前坐,坡上卧着一只鹅,坡下流着一条河。哥哥说,宽宽的河。弟弟说,肥肥的鹅。鹅要过河,河要渡鹅。不知是鹅过河,还是河渡鹅。

4. 会炖我的炖冻豆腐,来炖我的炖冻豆腐,不会炖我的炖冻豆腐,就别炖我的炖冻豆腐。要是混充会炖我的炖冻豆腐,炖坏了我的炖冻豆腐,那就吃不成我的炖冻豆腐。

5. 村里有个顾老五,穿上新裤去卖谷。卖了谷,买来布,外加一瓶老陈醋,背背布,手提醋,老五急忙来赶路。走了一里路,看见一只兔,老五放下布和醋,糊里糊涂去追兔,挂破了裤,没追上兔,回来不见布和醋,满肚子怨气无处诉。

6. 老彭拿着一个盆,路过老陈住的棚。盆碰棚,棚碰盆,棚倒盆碎棚压盆。老陈要赔老彭的盆,老彭不要老陈来赔盆。老陈陪着老彭去补盆,老彭帮着老陈来修棚。

7. 板凳儿宽,扁担长,扁担没有板凳儿宽,板凳儿没有扁担长。扁担要绑板凳儿上,板凳儿不让扁担绑,扁担偏要绑在板凳儿上,不知是板凳儿硬,还是扁担强。

8. 打南边来了个喇嘛,手里提拉着五斤鳎(tǎ)蟆。打北边来了个哑巴,腰里别着个喇叭。南边提拉着鳎蟆的喇嘛要拿鳎蟆换北边别喇叭哑巴的喇叭。哑巴不愿意拿喇叭换喇嘛的鳎蟆,喇嘛非要换别喇叭哑巴的喇叭。喇嘛抡起鳎蟆抽了别喇叭哑巴一鳎蟆,哑巴摘下喇叭打了提拉着鳎蟆的喇嘛一喇叭。也不知是提拉着鳎蟆的喇嘛抽了别喇叭哑巴一鳎蟆,还是别喇叭哑巴打了提拉着鳎蟆的喇嘛一喇叭。喇嘛炖鳎蟆,哑巴嘀嘀嗒嗒吹喇叭。

第五节 声 调

声调是学习普通话的重点和难点。不同的方言区,声母、韵母的发音与普通话的发音存在或多或少的不同,声调的不同是各个方言区都存在的问题。每一个汉字都有其不同的声调,而且许多汉字又是多音字,更增加了掌握的难度。

一、声调的定义和作用

(一) 声调的定义

声调指音节高低升降的变化形式。汉语的音节包括声母、韵母和声调三个部分,一个音节基本上是一个汉字,因此声调也叫字调。

声调同音长、音强都有关系,但它的性质主要取决于音高。音高是语音的物理属性。声带的振动也像其他物体的振动一样,是在气流的冲击下发生的有规则的振动。发音时,音高的变化取决于声带的松紧程度。声带越紧,在单位时间内颤动的次数就越多,声音的频率就越高,声音就越高;声带越松,在单位时间内颤动的次数就越少,声音的频率就越低,声音就越低。在发音过程中,声带可以一直保持同样的松紧度,也可以先松后紧,或先紧后松,这样造成的种种不同的音高变化,就构成了各种不同的声调。

声调的高低不同于音乐中音阶的音高。声调的音高是相对的,不要求音高频率的绝对值。声调的高低常常是随着个人的嗓音条件、说话语境以及性别、年龄的差别而有所不同的。一般而言,女性和儿童由于声带比成年男性要短一些、窄一些、薄一些,他们的声调音高要比成年男性高一些;同一个人情绪紧张、激动时,声带会控制得紧一些,其声调音高要比情绪平稳时高一些。

(二) 声调的作用

1. 区别词义。声调是汉语音节中不可缺少的成分,声调不同,词义就不一样。比如"王"和"汪","刘"和"柳","勾"和"苟"等,都是靠声调加以区别的。

2. 使语言富有节奏感。由于声调有高低升降、曲直长短的变化形式,各种声调的反差就形成了语音的节奏。这种节奏在诗歌中表现尤为明显,如王之涣的五言绝句:

    白日依山尽,黄河入海流。
    欲穷千里目,更上一层楼。

二、调值、调类及调号

(一) 调值

调值也叫调形,指的是声调高低、升降、曲直的变化,也就是声调的实际读法。

普通话有高平调、中升调、降升调和全降调四种形式,要细致而准确地描写汉语的调值,一般都采用"五度标记法"来表示(图 1-3),也就是把音高分成 1、2、3、4、5 度,1 度最低,2 度半低,3 度中调,4 度半高,5 度最高。下图中左侧竖线的数字表示调值的起音度,右侧竖线的数字表示收音度,从左侧到右侧间的横线、斜线、曲线分别表示各类声调的音高变化。

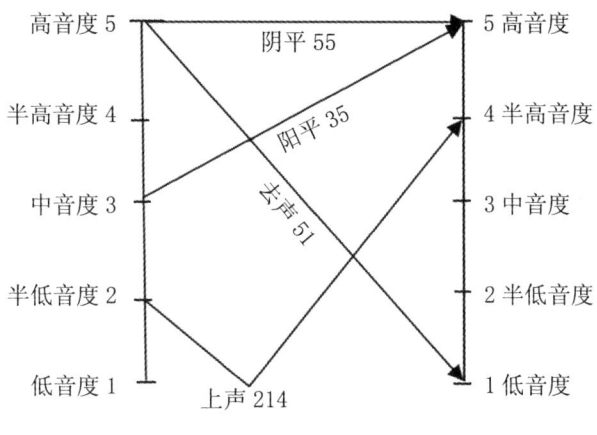

图 1-3 五度标记法

在调值的确定与运用中,应注意两点:一是五度音高是相对的,它不同于乐谱中的哆、来、咪、发、嗦;二是音节升降变化的形式是逐渐滑动的,而不是跳跃式的。

(二) 调类

调类就是声调的分类,是按照调值归纳出来的。调值相同的归为一个调类。普通话有四种不同的调值,也就有四种不同的调类,它们的名称为阴平、阳平、上声、去声。

普通话四类声调的读法如下:

1. 阴平:高平调,调值为 55。声音基本上高而平,由 5 度到 5 度,大体没有升降变化。例如:

诗篇　纷争　鲜花　突击　根茎　嘉宾　端庄　期刊
卑躬屈膝　挖空心思　居安思危　声东击西　休戚相关

2. 阳平:中升调,调值为 35。声音由中音升到高音,由 3 度到 5 度。阳平发音起调略高,逐渐上升直到最高。发好阳平调关键在于起调要保持较高,升高时要直接上升,不要拐弯儿呈曲线上升。例如:

循环　然而　行情　联盟　沿袭　轮流　球迷　停泊
亭台楼阁　急于求成　豪情昂扬　梅兰竹菊　文如其人

3. 上声:降升调,调值为 214。发音时由半低起调,先降到最低,然后再升到半高音,由 2 度降到 1 度升到 4 度。发好上声调关键在于起调要较低,还要能降下来,再扬上去。例如:

拇指　处理　佛塔　允许　里脊　马匹　铁甲　比拟
彼此理解　岂有此理　勇猛果敢　理想美满　有板有眼

4. 去声:全降调,调值为 51。发音时,声音由高音降到最低,由 5 度降到 1 度。发好去声调关键在于起调要高,迅速下降,要干脆,不能拖沓。例如:

配乐　字帖　示范　劣质　虐待　竞赛　借鉴　谢幕
万籁俱寂　胜券在握　面面俱到　变幻莫测　见利忘义

为了方便记忆,我们给它配上如下顺口溜:

阴平高高一路平,阳平从中往上升,

上声降低再扬起,去声从高滑底层。

(三) 调号

标记声调的符号叫调号。普通话的调号是:阴平－、阳平╱、上声∨、去声╲。调号要标在音节的主要元音(韵腹)上,例如:

bān mén nòng fǔ　　liáng shī yì yǒu　　xǐ xiào yán kāi　　gāo péng mǎn zuò
班　门　弄　斧　　良　师　益　友　　喜　笑　颜　开　　高　朋　满　座

有一个顺口溜可以帮助我们标注声调,即:有 a 就找它,无 a 找 o、e,i、u 并列标在后,i 上标调把点抹,轻声不标不算错。

自主训练与巩固

一、四音节成语练习。

(一) 阴＋阳＋上＋去

英明果断　飞檐走壁　挑肥拣瘦　巍峨耸立　中流砥柱　英雄好汉
心直口快　光明磊落　山盟海誓　深谋远虑　风调雨顺　千锤百炼
花红柳绿　开渠引灌　花团锦簇　獐头鼠目　优柔寡断　虚情假意
鞍前马后　逍遥法外　深谋远虑　因循守旧　心怀叵测　激流勇进

(二) 去＋上＋阳＋阴

顺理成章　墨守成规　救死扶伤　破釜沉舟　刻骨铭心　痛改前非
步履维艰　耀武扬威　暮鼓晨钟　调虎离山　弄巧成拙　逆水行舟
奋笔疾书　笑里藏刀　覆水难收　遍体鳞伤　兔死狐悲　弄假成真
妙语连珠　万古流芳　妙手回春　袖手旁观　信马由缰　驷马难追

二、声调辨读。

突然－徒然　春节－纯洁　松鼠－松树　乘法－惩罚　列强－猎枪
裁决－采掘　指示－致使　枝叶－职业　申请－深情　寝室－琴师
籍贯－机关　鲜鱼－闲语　佳节－假借　整洁－政界　牧童－木桶
鸳鸯－远洋　展览－湛蓝　冲锋－重逢　灰白－回拜　肥料－废料
题材－体裁　医务－遗物　艰巨－检举　管理－惯例　竞技－荆棘
同时－同事　通史－通式　痛失－演习－演戏　宴席－沿袭－延禧
同志－通知　统治－童稚　铜制　防止－纺织　仿制　房址－放置
手迹－手机　收集－首级　守纪　诗集－时机　史记　史籍－世纪
礼节－理解－历届－历劫－力戒　抚育－赋予－富裕－负隅－孵育
试验－实验－誓言－食盐－失言　险境－陷阱－仙境－娴静－线径
史诗－事实－时事－失实－失势－石狮－誓师－逝世－试试－实时

实施－史实－适时－世事－失时－矢石－视事－石室－时势－失事

三、朗读练习。

1. 你站在桥上看风景,看风景的人在楼上看你。明月装饰了你的窗子,你装饰了别人的梦。

2. 我打江南走过,那等在季节里的容颜如莲花的开落。东风不来,三月的柳絮不飞。你的心如小小寂寞的城,恰若青石的街道向晚。跫音不响,三月的春帷不揭。你的心是小小的窗扉紧掩。我达达的马蹄是美丽的错误。我不是归人,是个过客……

3. 蜀相祠堂何处寻,锦官城外柏森森。映阶碧草自春色,隔叶黄鹂空好音。三顾频烦天下计,两朝开济老臣心。出师未捷身先死,长使英雄泪满襟。

4. 大江东去,浪淘尽,千古风流人物。故垒西边,人道是,三国周郎赤壁。乱石穿空,惊涛拍岸,卷起千堆雪。江山如画,一时多少豪杰。遥想公瑾当年,小乔初嫁了,雄姿英发。羽扇纶巾,谈笑间,樯橹灰飞烟灭。故国神游,多情应笑我,早生华发。人生如梦,一樽还酹江月。

5. 我说你是人间的四月天;笑响点亮了四面风;轻灵在春的光艳中交舞着变。你是四月早天里的云烟,黄昏吹着风的软,星子在无意中闪,细雨点洒在花前。那轻,那娉婷,你是,鲜妍百花的冠冕你戴着,你是天真,庄严,你是夜夜的月圆。雪化后那片鹅黄,你像;新鲜初放芽的绿,你是;柔嫩喜悦,水光浮动着你梦期待中白莲。你是一树一树的花开,是燕在梁间呢喃,——你是爱,是暖,是希望,你是人间的四月天!

6. 当蜘蛛网无情地查封了我的炉台,当灰烬的余烟叹息着贫困的悲哀,我依然固执地铺平失望的灰烬,用美丽的雪花写下:相信未来。当我的紫葡萄化为深秋的露水,当我的鲜花依偎在别人的情怀,我依然固执地用凝露的枯藤,在凄凉的大地上写下:相信未来。我要用手指那涌向天边的排浪,我要用手掌那托住太阳的大海,摇曳着曙光那枝温暖漂亮的笔杆,用孩子的笔体写下:相信未来。我之所以坚定地相信未来,是我相信未来人们的眼睛,她有拨开历史风尘的睫毛,她有看透岁月篇章的瞳孔。不管人们对于我们腐烂的皮肉,那些迷途的惆怅、失败的苦痛,是寄予感动的热泪、深切的同情,还是给以轻蔑的微笑、辛辣的嘲讽,我坚信人们对于我们的脊骨,那无数次的探索、迷途、失败和成功,一定会给予热情、客观、公正的评定,是的,我焦急地等待着他们的评定。朋友,坚定地相信未来吧!相信不屈不挠的努力,相信战胜死亡的年轻,相信未来、热爱生命。

四、绕口令。

1. 磙下压个棍,棍上压个磙,磙压棍滚,棍滚磙磙。

2. 妈妈骑马,马慢妈妈骂马;舅舅捉鸠,鸠飞舅舅揪鸠;姥姥喝酪,酪落姥姥捞酪。

3. 黄猫毛短戴长毛帽,花猫毛长戴短毛帽,不知短毛猫的长毛帽,比长毛猫的短毛帽好,还是长毛猫的短毛帽,比短毛猫的长毛帽好。

4. 牛牛要吃河边柳,妞妞赶牛牛不走,妞妞护柳扭牛头,牛牛扭头瞅妞妞,妞妞扭牛牛更拗,牛牛要顶小妞妞,妞妞捡起小石头,吓得牛牛扭头走。

5. 青龙洞中龙做梦,青龙做梦出龙洞,做了千年万载梦,龙洞困龙在深洞。自从来了新愚公,愚公捅出青龙洞,青龙洞中涌出龙,龙去农田做农工。

6. 九月九,九个酒迷喝醉酒。九个酒杯九杯酒,九个酒迷喝九口。喝罢九口酒,又倒九杯酒。九个酒迷端起酒,"咕咚、咕咚"又九口。九杯酒,酒九口,喝罢九个酒迷醉了酒。

7. 六十六岁的刘老六,修了六十六座走马楼,楼上摆了六十六瓶苏合油,门前栽了六十六棵垂杨柳,垂杨柳上拴了六十六匹大马猴。忽然一阵狂风起,吹倒了六十六座走马楼,打翻了六十六瓶苏合油,压倒了六十六棵垂杨柳,跑掉了六十六匹大马猴,气坏了六十六岁的刘老六。

第六节 语流音变

在语流过程中,由于受到相邻音节的影响,一些音节的声母、韵母或声调会发生语音的变化,这种现象叫语流音变。普通话中最典型的语流音变类型是变调、轻声、儿化和语气词"啊"的变读。

一、变调

当音节与音节相连时,由于相互影响,使一些音节的声调发生变化,这就是变调。普通话中的变调主要包括上声变调、"一"和"不"的变调。

(一) 上声的变调

当上声在一个词语或句子中的位置不是末尾音节时,往往会受到后面音节的影响发生变调。

1. 上声与上声相连

(1) 两个上声相连,前一个上声的调值由 214 变 24。例如:

影响 岛屿 彼此 赶紧 坎坷 饮水

(2) 上声在原声调是上声的轻声前,调值由 214 变 24。例如:

可以 嘴里 找你 本领 小姐 打扫

(3) 三个上声相连,根据双音节合成词的位置可分为"双单格"和"单双格"两种。"双单格"前两个音节的调值都由 214 变 24;"单双格"第一个音节的调值变 21,第二个音节的调值变 24。例如:

展览/馆 选举/法 保守/党 草稿/纸

搞/展览 好/选举 老/保守 打/草稿

(4) 四个或四个以上的上声相连时,可根据词语意义先分段,再按照两个或三个上声连读时的规律变调。例如:

理想/美满 很有/好感 岂有/此理

李小姐/表演/两场/舞蹈。
请你/给柳伟果/买五把/小雨伞。

2. 上声与非上声相连

上声与阴平、阳平或去声相连,前面上声的调值由 214 变为 21。例如:

上声＋阴平:体操　美观　武装　纺织　广播　指标
上声＋阳平:好评　反而　阐明　点燃　朗读　旅行
上声＋去声:古怪　坦率　广泛　摆布　反映　补救

(二)"一"和"不"的变调

普通话中"一"的声调为阴平,"不"的声调为去声。它们的变调是根据其后面音节的声调而定的。

1. "一"和"不"单念或在句末时念原调。例如:

唯一　第一　六一　始终如一　表里如一
不!　决不!　偏不!　就不!

2. 在非去声前,"一"念去声,"不"仍读原调。例如:

在阴平前:一篇　一般　一只　一张　一堆　一双
　　　　　不说　不吃　不多　不忠　不吭　不烧
在阳平前:一连　一群　一齐　一头　一瓶　一条
　　　　　不红　不和　不明　不来　不灵　不难
在上声前:一桶　一股　一里　一曲　一起　一朵
　　　　　不理　不想　不管　不美　不许　不好

3. 在去声前:"一"和"不"一律变阳平。例如:

一共　一对　一束　一概　一片　一寸
不屑　不问　不够　不必　不用　不像

4. "一"和"不"夹在叠音词中间变为轻声。例如:

想一想　瞧一瞧　唱一唱　练一练　甩一甩　歇一歇
好不好　来不来　坐不坐　美不美　肯不肯　烦不烦

二、轻声

汉语的音节都有固定的声调,但在一定的语境中有些音节失去原来的声调,变成又轻又短的调子,这就是轻声。轻声不是一种独立的调类,因为普通话中没有专门的轻声音节,那些轻读的音节,一般都有它们原来的声调。

(一)轻声的作用

1. 区别词义。例如:

东西 dōngxī(指方向)　　老子 lǎozǐ(道家之祖李聃)
东西 dōngxi(指事物)　　老子 lǎozi(父辈)

2. 区别词性。例如：

{地道 dìdào(名词)　　　　{编辑 biānjí(动词)
{地道 dìdao(形容词)　　　{编辑 biānji(名词)

3. 区别词和词组。例如：

{动静 dòngjìng(词组)：事物的两种状态
{动静 dòngjing(词)：动作或说话声音

(二) 轻声词出现的规律

1. 助词和语气词。例如：

的　地　得　着　了　过　啊　呢　吗　嘛

2. 量词"个"和构词后缀。例如：

个　头　子　们

3. 名词、代词后面表示方位的词。例如：

树上　底下　屋里　北边

4. 动词、形容词后面的趋向动词。例如：

走过来　进去　拖上来　好起来

5. 叠音名词、动词及重叠动词、形容词中第二、四音节。例如：

妞妞　星星　尝尝　谈谈　鼓励鼓励　明明白白

6. 人称代词作宾语，不表示强调的。例如：

快叫他　给你　别怪他　笑我　打他　请求你

7. 一批常用的双音节词，第二个音节习惯上读轻声。例如：

眼睛　灯笼　玻璃　萝卜　知道　苍蝇　侍候　抽屉　馒头　石榴
特务　喜欢　打听　残疾　咳嗽　清楚　老板　痛快　讲究　拉手

(三) 轻声词的读法

轻声的调值不固定，受前一个音节声调的影响而随之变化。

1. 在阴平字后面，轻声音节音高为2度，即半低调。例如：

风筝　包子　哥哥　天上　出息　交情　巴结　胭脂

2. 在阳平字后面，轻声音节音高为3度，即中调。例如：

云彩　脖子　明白　神仙　房子　裁缝　馄饨　螃蟹

3. 在上声字后面，轻声音节音高为4度，即半高调。例如：

晚上　指甲　耳朵　我们　你的　老实　扁担　暖和

4. 在去声字后面，轻声音节音高为1度，即低调。例如：

豆腐　客气　月亮　分量　厉害　骆驼　帐篷　状元

三、儿化

（一）儿化和儿化韵

在普通话中，单韵母中的 er 常附在其他音节的韵母后边，使这个音节发生变化，成为带有卷舌动作的韵母，这种现象叫儿化。

被儿化后的韵母叫儿化韵母，简称儿化韵。

拼写儿化音节时，只需在原音节的韵母后加上字母"r"。例如：

刀儿—dāor　花儿—huār　影儿—yǐngr

值得注意的是这里的"r"，并不是声母，而只表示卷舌的动作符号。

（二）儿化的作用

1. 区别词义。例如：

口：嘴巴　　　　　　　　印：图章
口儿：出入的地方　　　　印儿：痕迹

2. 区别词性。例如：

调：动词　　　　　　　　亮：形容词
调儿：名词　　　　　　　亮儿：名词

3. 区分同音词。例如：

拉练：野营训练　　　　　开伙：办伙食
拉链儿：拉锁　　　　　　开火儿：交战

4. 表示细小、轻微的意义。例如：

木棍—木棍儿　　树叶—树叶儿　　锤子—锤儿　　刀子—刀儿

5. 表示喜爱、温和、亲切的语感。例如：

小孩—小孩儿　　笑脸—笑脸儿　　猴—猴儿　　猫—猫儿

（三）儿化韵的发音规律

由于儿化韵母的韵腹和韵尾是不同的，儿化的发音规律各不一样。

1. 韵母的最后一个音素是 a、o、e、u 的，可直接加卷舌动作。例如：

a—ar　号码儿　豆芽儿　牙刷儿　照片儿　麻花儿
o—or　粉末儿　小道儿　填表儿　火锅儿　面条儿
e—er　风车儿　饭盒儿　唱歌儿　模特儿　打嗝儿
u—ur　汗珠儿　老头儿　曲谱儿　门口儿　抓阄儿

2. 韵尾是 i 或 n 的韵母，儿化时失落韵尾，主要元音后加卷舌动作。例如：

ai—air　窗台儿　瓶盖儿　石块儿　乖乖儿　冒牌儿
ei—eir　宝贝儿　晚辈儿　跑腿儿　墨水儿　走味儿
n—nr　心肝儿　唱片儿　手绢儿　门环儿　汤圆儿

3. 韵母是 i、ü 的,儿化时在原韵母后加卷舌动作。例如:

i—ier　眼皮儿　玩意儿　米粒儿　肚脐儿　小鸡儿
ü—üer　金鱼儿　有趣儿　昆曲儿　毛驴儿　痰盂儿

4. 韵母或韵尾为 ê 以及韵母是—i[前]、—i[后]的,儿化时失去原韵母,加卷舌动作。例如:

—i[前]—ir　咬字儿　挑刺儿　铁丝儿　石子儿　好词儿
—i[后]—ir　没事儿　树枝儿　墨汁儿　戒指儿　锯齿儿
ie—ier　树叶儿　台阶儿　菜碟儿　麦秸儿　小鞋儿
üe—üer　皮靴儿　正月儿　拔橛儿　空缺儿　名角儿

5. 韵尾是 ng 的韵母,儿化时失去韵尾 ng,主要元音鼻化,再加上卷舌动作。例如:

ang—angr　瓜瓢儿　花样儿　镜框儿　秘方儿　光亮儿
eng—engr　门缝儿　灯绳儿　小翁儿　蜜蜂儿　现成儿
ing—ingr　电影儿　铁钉儿　人名儿　花瓶儿　眼镜儿
ong—ongr　小虫儿　胡同儿　抽空儿　香葱儿　蚕蛹儿

四、"啊"的音变

语气词"啊"经常受前面音节末尾音素的影响而产生音变。在不同的语音环境中,"啊"有不同的变化形式。

1. 前一音节的末尾音素是 a、o(ao、iao 除外)、e、i、ü、ê 的,"啊"读作 ya,汉字可写为"呀"。例如:

来的是她呀!(tā ya)

别闯祸呀!(huò ya)

怎么不上课呀!(kè ya)

快喝水呀!(shuǐ ya)

好大的雨呀!(yǔ ya)

赶紧跟他道谢啊!(xiè ya)

2. 前一音节的末尾音素是 u(包括 ao、iao)的,"啊"读作 wa,汉字写为"哇"。例如:

真幸福哇!(fú wa)

加油哇!(yóu wa)

多优秀哇!(xiù wa)

她的普通话说得真好哇!(hǎo wa)

口气可真不小哇!(xiǎo wa)

3. 前一音节末尾是 n 的,"啊"读作 na,汉字写成"哪"。例如:

雨后的空气真清新哪!(xīn na)

这水真甜哪!(tián na)

多好的年轻人哪！（rén na）

打得真准哪！（zhǔn na）

4. 前一音节末尾音素是 ng 的，"啊"读作 nga。例如：

快点帮忙啊！（máng nga）

别出声啊！（shēng nga）

这样行不行啊！（xíng nga）

这花儿真红啊！（hóng nga）

5. 前一音节末尾音素是—i[前]的，"啊"读作[za]。例如：

真是个好孩子啊！（zì [za]）

今天星期四啊！（sì [za]）

你去过几次啊！（cì [za]）

6. 前一个音节末尾音素是—i[后]的或在 er 和儿化韵后边的，"啊"读作[ra]。例如：

多好的女儿啊！（ér [ra]）

要实事求是啊！（shì [ra]）

快点吃啊！（chī [ra]）

多美的樱花儿啊！（huār [ra]）

五、词的轻重格式

在汉语普通话及各方言中，一句话里双音节词或多音节词中的每个音节都有约定俗成的轻重强弱的差别，我们称之为词的轻重格式。通常将短又弱的音节称为轻，长而强的音节称为重，介于二者之间的称为中。

（一）双音节词的轻重格式

1. 中重格式

领域　阅读　货币　溪流　节奏　特色　妥协　晶莹　假如　自卑
跑道　稳步　弹琴　阿姨　跳伞　磁场　曲解　造福　肝炎　工艺

2. 重中格式

听觉　温度　气味　声响　质量　古典　风气　情感　人类　读者
形象　重量　消极　春天　美好　背景　价值　浪漫　况且　传统

3. 重轻格式

清楚　唠叨　力气　痛快　明白　体面　芝麻　利落　儿子　打扮
认识　喇叭　事情　厉害　稳当　葡萄　神气　钥匙　舒服　记号

（二）三音节词的轻重格式

1. 中中重

播音员　东方红　展览馆　唯物论　寄生虫　漂白粉　回旋曲　党支部
科学院　五一节　河南省　交际舞　白兰地　共青团　巧克力　呼吸道

2．中重轻
枪杆子　好家伙　拉关系　小姑娘　胡萝卜　打冷战　背地里　不由得
吊嗓子　洋鬼子　看样子　老大爷　没意思　老伙计　不在乎　两口子
3．中轻重
西红柿　了不起　生意经　动不动　数得着　过不去　冷不防　大不了
保不齐　吃不消　说得来　拎得清　百分比　医学院　电信局　差不多

（三）四音节词的轻重格式
1．中重中重
花好月圆　五光十色　根深蒂固　赴汤蹈火　耳濡目染　轻歌曼舞
丰衣足食　年富力强　无独有偶　天灾人祸　日积月累　心平气和
2．中轻中重
社会主义　清华大学　奥林匹克　慢慢腾腾　大大方方　稀里哗啦
乱七八糟　慌里慌张　噼里啪啦　糊里糊涂　啰里啰唆　坑坑洼洼
3．重中中重
一扫而空　诸如此类　美不胜收　敬而远之　义不容辞　相形之下
惨不忍睹　妙不可言　相形见绌　信口雌黄　狐假虎威　迫不及待

自主训练与巩固

一、指出下列词语的变调情况。
捕捞　处方　导师　法规　反之　检修　奖金　笔端　秉公　酒窝　股东
保持　补偿　否决　采集　手镯　法庭　铁蹄　统辖　体罚　史籍　耍滑
比较　笔迹　处境　堵塞　骨干　雪亮　诅咒　轨道　眼晕　掌舵　拯救
把柄　处理　粉笔　腐朽　感慨　悔改　给予　港口　旅馆　主管　阻挡
打靶场　耍笔杆　管理组　小拇指　海产品　老古板　冷水澡　党小组
纸老虎　古典舞　胆小鬼　虎骨酒　蒙古语　炒米粉　米老鼠　母女俩
老保姆　洗脸水　俩小宝　总统府　女导演　采访者　跑马场　拟草稿
手写体　老两口　水彩笔　孔乙己　撒火种　厂党委　铁脚板　女子组
狗尾草　卷纸筒　管井口　始祖鸟　仿古品　脚底板　广场舞　小九九

二、读下列词语，并指出"一"和"不"的变调情况。
一模一样　一唱一和　一朝一夕　一张一弛　一颦一笑　一板一眼
不枝不蔓　不偏不倚　不卑不亢　不骄不躁　不即不离　不屈不挠
一尘不染　一窍不通　一丝不苟　一成不变　一蹶不振　一毛不拔
不屑一顾　不值一提　不拘一格　不名一文　不赞一词　不堪一击

三、读准下列轻声词语。
窗户　苍蝇　哆嗦　规矩　甘蔗　交情　结实　宽绰　芝麻　耽误　糟蹋

毛糙　能耐　牢靠　模糊　头发　人们　蘑菇　和尚　朋友　舌头　抬举
倒腾　牡丹　搅和　买卖　本事　眼睛　委屈　尺寸　稳当　找你　哪里
快活　困难　戒指　力量　地道　应酬　钥匙　骆驼　爸爸　扫帚　漂亮

四、念准下列词语的儿化韵。

豆角儿　套袖儿　水饺儿　公园儿　纳闷儿　身影儿　竹篓儿　聊天儿
现成儿　门铃儿　露面儿　赶趟儿　树枝儿　小熊儿　麻绳儿　打鸣儿
马驹儿　没谱儿　火星儿　树梢儿　锅底儿　冷门儿　脸盆儿　打滚儿
没词儿　腊八儿　粉末儿　抽空儿　打嗝儿　邮戳儿　瓜秧儿　酒盅儿
打嗝儿　拉链儿　红包儿　合群儿　火罐儿　蒜瓣儿　牙签儿　扇面儿
豆花儿　冒尖儿　出圈儿　拐弯儿　门铃儿　手套儿　大褂儿　跑腿儿
石头缝儿　葡萄干儿　傻大个儿　一丁点儿　小毛孩儿　火腿肠儿
豆腐干儿　一股脑儿　小心眼儿　闹着玩儿　铺盖卷儿　败家子儿
那么点儿　小腿肚儿　饺子馅儿　土豆丝儿　中药丸儿　肚脐眼儿

五、读准下段文字中"啊"的音变。

1. 看啊，多美的一幅画啊！那上面有山啊，水啊，树啊，花儿啊，还有许多小动物呢，有公鸡啊，白鸭啊，猪啊，羊啊，大水牛啊，枣红马啊，还有一只小白兔啊，多热闹啊！

2. 市场里什么品种都有：韭菜啊、香椿啊、萝卜啊、蘑菇啊、竹笋啊、菜花啊、豆腐啊、辣椒啊、茄子啊、豆角啊、西红柿啊、牛羊肉啊、海鲜啊、鸡蛋啊、香肠啊、馒头啊、烧饼啊、油条啊、糖葫芦啊、花生啊、苹果啊、香蕉啊、西瓜啊、饮料啊，真是琳琅满目、应有尽有啊。

3. 人民公园里的植物有碧桃啊、樱花啊、香樟啊、白杨啊、翠柏啊、垂柳啊、合欢啊、银杏啊、桂花啊、玉兰啊、水杉啊、油松啊，还有海棠啊、月季啊、牡丹啊、郁金香啊、玫瑰啊、芍药啊、仙客来啊、菊花啊、君子兰啊、仙人掌啊、绣球啊、睡莲啊，真是数不胜数啊。

六、朗读练习。

1. 一蓑一笠一渔舟，一个渔翁一钓钩。一拍一呼还一笑，一人独占一江秋。

2. 大雪整整下了一夜。早晨，天放晴了，太阳出来了。推开门一看，嗬！好大的雪啊！山川、树木、房屋，全部罩上了一层厚厚的雪，万里江山变成了粉妆玉砌的世界。落光叶子的柳树上，挂满了毛茸茸、亮晶晶的银条儿；冬夏常青的松树和柏树，堆满了蓬松松、沉甸甸的雪球。一阵风吹来，树枝轻轻地摇晃，银条儿和雪球儿簌簌地落下来，玉屑似的雪末儿随风飘扬，映着清晨的阳光，显出一道道五光十色的彩虹。

3. 风铃的声音很美，很悠长，我听起来一点也不像铃声，而是音乐。风铃，是风的音乐，使我们在夏日听着感觉清凉，冬天听了感到温暖。风是没有形象、没有色彩，也没有声音的，但风铃使风有了形象，有了色彩，也有了声音。对于风，风铃是觉知、观察与感动。每次，我听着风铃，感知风的存在，这时就会觉得我们的生命如风一样地流过，几乎是难以掌握的，因此我们需要心里的风铃，来觉知生命的流动、观察生活的内容、感动于生命与生命的偶然相会。有了风铃，风虽然吹过了，还留下美妙的声音。有了心的风铃，生命即使走过了，也会留下动人的痕迹。每一次起风的时候,每一步岁月的脚步,都会那样真实地存在。

4. 一个人真正的魅力,不是你给对方留下了美好的第一印象,而是对方认识你多年后,仍喜欢和你在一起。也不是你瞬间吸引了对方的目光,而是对方熟悉你以后,依然欣赏你。更不是初次见面后,就有相见恨晚的感觉,而是历尽沧桑后,由衷倾诉说:认识你真好!

认识你真好,虽然你不在我身边,却一直在心间。有一种目光不远不近,却一直守望;有一种朋友不惊不扰,却一直陪同。最深沉的爱总是无声,最长久的情总是平淡。每个人心里,都有一道最美丽的风景。距离,让思念生出美丽;懂得,让心灵有了皈依。人生最幸福的事,莫过于认识你,有你暖暖地住在心底。

七、绕口令。

1. 天上日头,嘴里舌头,地上石头,桌上纸头,手掌指头,大腿骨头,小脚趾头,树上枝头,集上市头。

2. 桃子、李子、梨子、栗子、橘子、柿子、槟子、榛子,栽满院子、村子和寨子。刀子、斧子、锯子、凿子、锤子、刨子和尺子,做出桌子、椅子和箱子。

3. 打南来了个瘸子,手里托着个碟子,碟子里装着茄子。地下钉着个橛子,绊倒了这个瘸子,撒了碟子里的茄子,气得瘸子撇了碟子,拔了橛子,踩了茄子。

4. 小姑娘儿,红脸蛋儿,清早起来梳小辫儿,又擦胭脂儿又抹粉儿,画上两片儿红嘴唇儿,粉红袄儿疙瘩襻儿,活里儿活面儿的小坎肩儿,大花儿的裙裤儿真丝绸儿,鹿皮的小靴儿擦红油儿。

5. 小哥俩儿,红脸蛋儿,手拉手儿,一块儿玩儿。小哥俩儿,一个班儿,一路上学唱着歌儿。学造句一串串儿;唱新歌一段段儿;学画画儿,不贪玩儿;画小猫儿,钻圆圈儿;画小狗儿,蹲台阶儿;画只小鸡儿吃小米儿;画条小鱼儿吐泡泡儿;小哥俩儿真用功,读书学习不费劲儿,真是妈妈的一对儿好宝贝儿。

6. 爱一年恨一年缘分啊,你一条我一条友情啊;过一天美一天哲学啊,走两步是两步幸福啊;苍天啊,大地啊,多多恩赐啊;身体好,精神棒,做个好同志啊!

7. 有这么一个人儿,扛着袋面粉儿,拿着个面盆儿,还举着根儿擀面棍儿。到了家进不去门儿,急坏了这个人儿。放下面粉儿、面盆儿、擀面棍儿,打开门儿,抱起面粉儿,扛起面盆儿却忘了那根儿擀面棍儿。你说逗人儿不逗人儿?

8. 进了门儿,倒杯水儿,喝了两口运运气儿。顺手拿起小唱本儿,唱一曲儿,又一曲儿,练完了嗓子练嘴皮儿。绕口令儿,练字音儿,还有快板儿对口词儿,越说越唱越带劲儿。

9. 我们那儿有个王小三儿,在门口儿摆着一个小杂货摊儿,卖的是酱油、火柴和烟卷儿、草纸,还有关东烟儿、红糖、白糖、花椒、大料瓣儿、鸡子儿、挂面、酱、醋和油、盐,冰糖葫芦一串儿又一串儿,花生、瓜子儿还有酸杏干儿。王小三儿,不识字儿,算账、记账他净闹稀罕事儿,街坊买了他六个大鸡子儿,他就在账本儿上画了六个大圆圈儿。过了两天,人家还了他的账,他又在圆圈儿上画了一大道儿,可到了年底他又跟人家去讨账,鸡子儿的事儿早就忘在脑后边儿。人家说:"我们还了账。"他说人家欠了他一串儿糖葫芦,没有给他钱。

第二章　普通话水平测试

第一节　普通话水平测试概述

一、普通话水平测试的性质、内容和范围

"普通话水平测试"(PUTONGHUA SHUIPING CESHI,缩写为PSC),是语言测试机构根据国家语言文字工作委员会(以下简称"国家语委")颁布的《普通话水平测试管理规定》,测查应试人的普通话规范程度、熟练程度,认定其普通话水平等级,属于标准参照性考试,以口试方式进行。

普通话水平测试的内容包括普通话语音、词汇和语法。

普通话水平测试的范围是国家测试机构编制的《普通话水平测试用普通话词语表》《普通话水平测试用普通话与方言词语对照表》《普通话水平测试用普通话与方言常见语法差异对照表》《普通话水平测试用朗读作品》《普通话水平测试用话题》。

二、普通话水平测试的相关规定

1982年,《中华人民共和国宪法》第十九条规定:国家推广全国通用的普通话。

1997年,国家语委颁布了《普通话水平测试等级标准(试行)》。

2001年施行的《中华人民共和国国家通用语言文字法》第十九条规定:凡以普通话作为工作语言的岗位,其工作人员应当具备说普通话的能力。以普通话作为工作语言的播音员、节目主持人和影视话剧演员、教师、国家机关工作人员的普通话水平,应当分别达到国家规定的等级标准;对尚未达到国家规定的普通话等级标准的,分个别情况进行培训。第二十四条规定:国务院语言文字工作部门颁布普通话水平测试等级标准。

2003年,教育部颁布《普通话水平测试管理规定》,加强对普通话水平测试工作的全面管理,促使其规范、健康发展。

三、普通话水平测试等级的确定

《普通话水平测试等级标准(试行)》将普通话水平划为三个级别,每个级别内分两个等次。各等级判定标准如下:

一级甲等　朗读和自由交谈时,语音标准,词语、语法准确无误,语调自然,表达流畅。测试总失分率在3%以内,即97分及其以上。

一级乙等　朗读和自由交谈时,语音标准,词语、语法准确无误,语调自然,表达流畅。偶有字音、字调失误。测试总失分率在8%以内,即92分及其以上但不足97分。

二级甲等　朗读和自由交谈时,声韵调发音基本标准,语调自然,表达流畅。少数难点音(平翘舌音、前后鼻尾音、边鼻音等)有时出现失误。词语、语法极少有误。测试总失分率在13%以内,即87分及其以上但不足92分。

二级乙等　朗读和自由交谈时,个别调值不准,声韵母发音有不到位现象。难点音失误较多。方言语调不明显。有使用方言词、方言语法的情况。测试总失分率在20%以内,即80分及其以上但不足87分。

三级甲等　朗读和自由交谈时,声韵调发音失误较多,难点音超出常见范围,声调调值多不准。方言语调较明显。词语、语法有失误。测试总失分率在30%以内,即70分及其以上但不足80分。

三级乙等　朗读和自由交谈时,声韵调发音失误多,方言特征突出。方言语调明显。词语、语法失误较多。外地人听其谈话有听不懂的情况。测试总失分率在40%以内,即60分及其以上但不足70分。

四、各应试人应达到的等级要求

1. 国家级和省级广播电台、电视台的播音员、节目主持人,普通话水平应达到一级甲等(97分),其他广播电台、电视台的播音员、节目主持人,普通话水平按国家广播电影电视总局的规定执行。

2. 话剧、电影、电视剧、广播剧等表演、配音演员,播音、主持专业和影视表演专业的教师、学生,普通话水平不低于一级乙等(92分)。

3. 公共服务行业的特定岗位人员(如播音员、解说员、话务员等),普通话水平不低于二级甲等(87分)。

4. 国家公务员,普通话水平不低于三级甲等(70分)。

5. 师范类专业以及各级职业学校的与口语表达密切相关专业的学生,普通话水平不低于二级乙等(80分)。

6. 高等学校的教师,普通话水平不低于三级甲等(70分),其中普通话语音教师不低于一级乙等(92分),现代汉语教师和对外汉语教学教师不低于二级甲等(87分)。

7. 中小学及幼儿园、校外教育单位的教师,普通话水平不低于二级乙等(80分),其中语文教师不低于二级甲等(87分)。

8. 报考中小学、幼儿园教师资格的人员,普通话水平不低于二级乙等(80分)。

第二节　普通话水平测试流程

一、普通话水平测试的模式

2007年国家语言文字工作委员会开始在全国开展计算机辅助普通话水平测试工作,即利用计算机辅助普通话水平测试系统,应试者采用上机模式参加测试,通过计算机语音识别系统,对应试人的语音标准程度进行辨识和评测。整个过程由数字化信息采集、计算机辅助网络测评、评测过程网络监控三个环节组成。使用计算机辅助普通话水平测试,是普通话水平测试模式的根本性改革,是测试手段发展进程中的历史性跨越,是语言文字应用水平测试的发展方向。

二、普通话水平测试的流程与注意事项

应试人在参加测试的过程中须注意以下步骤和细节:

（一）信息采集

应试人在测试当天需携带身份证、准考证,进行信息采集。

第一步:身份信息验证

将身份证贴到终端设备相应位置上进行身份信息验证。

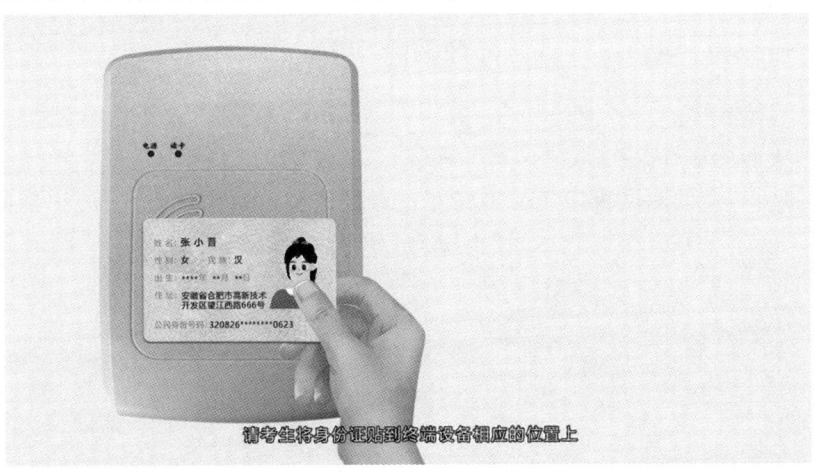

第二步:照片采集

应试人在管理人员指定位置采集照片。

请考生坐到老师指定的位置上采集照片

第三步：系统抽签

系统随机自动分配机器号给应试人，应试人需记住自己的考试机号。

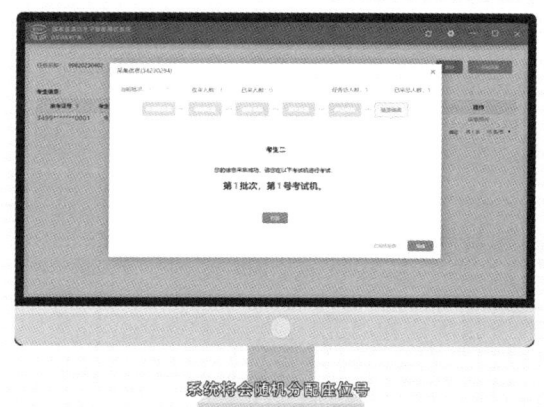

系统将会随机分配座位号

(二) 正式测试

第一步：人脸验证登录

应试人进入对应的测试机房后。坐好并正对摄像头，系统将通过人脸识别的方式进行登录。

第二步:核对信息

人脸识别验证通过后,电脑界面上会显示应试人的个人信息,应试人认真核对,确认无误后点击"确定"按钮进入下一环节。如果信息错误,请告知老师。

第三步:佩戴耳机

按照屏幕上的提示戴上耳机,并将麦克风调整到距嘴边2-3厘米,等待考场指令准备试音。

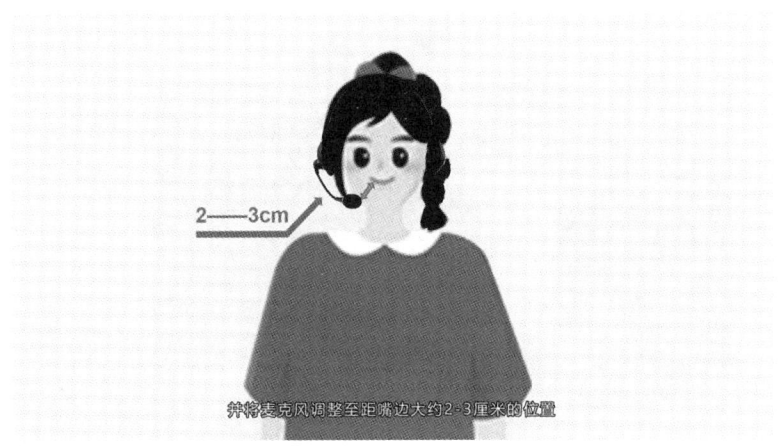

第四步:试音

进入试音页面后,应试人会听到系统的提示语"现在开始试音",听到提示语"嘟"声后朗读文本框中的个人信息。提示语结束后,以适中的音量和语速朗读文本框中的试音文字。

若试音失败,页面会弹出提示框,请点击"确认"按钮重新试音。若试音成功,页面同样会弹出提示框"试音成功,请等待考场指令!"

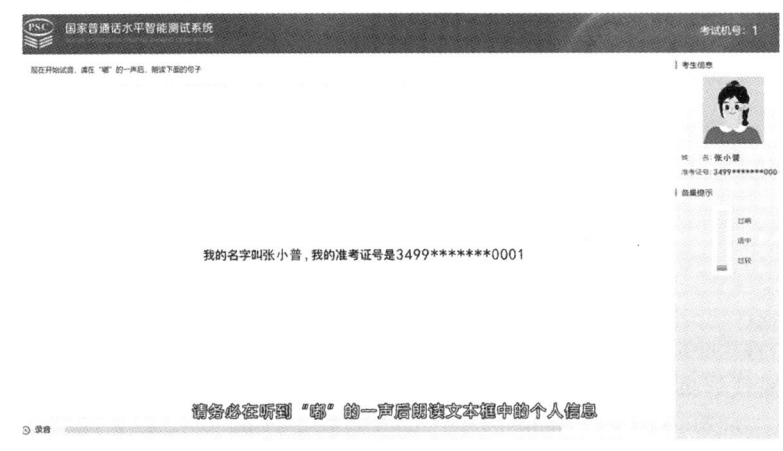

第五步:正式测试

系统进入第一题提示"第一题,读单音节字词,限时3.5分钟,请横向朗读",应试人听到"嘟"声后,朗读试卷内容。

(三) 试卷形式和实测过程图解

第1题　读单音节字词

第2题　读多音节词语

第3题 朗读短文

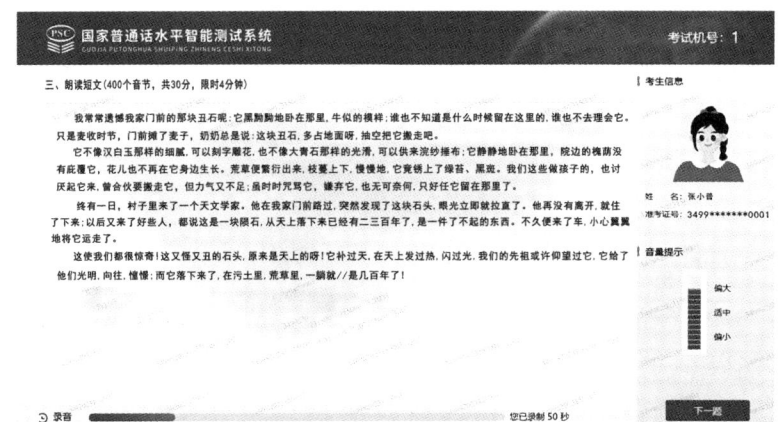

第4题 命题说话

第三节 测试评分标准分析

根据国家语委的相关测试精神,河南省结合本省的实际情况执行的是四项测试内容,具体评分标准如下。

一、读单音节字词(100个音节,共10分)

(一)目的

测查应试人声母、韵母、声调读音的标准程度。

(二)要求

1. 100个音节中,70%选自《普通话水平测试用普通话词语表》"表一",30%选自"表二"。

2. 100个音节中,每个声母出现次数一般不少于3次,每个韵母出现次数一般不少于2次,4个声调出现次数大致均衡。

3. 音节的排列要避免同一测试要素连续出现。

(三)评分

1. 语音错误,每个音节扣0.1分。

2. 语音缺陷,每个音节扣0.05分。

3. 限时3.5分钟,超时1分钟以内,扣0.5分;超时1分钟以上(含1分钟),扣1分。

(四)应试技巧

1. 声、韵、调要准确到位

声母、韵母、声调是普通话语音系统中最基本的内容,任何一项错误,都会导致整个音节的错误,因此应试者对每个字词都要读得有准确度、清晰度、响亮度和力度。即声母有力,发音部位要准确,发音方法要得当;韵母要注意唇形和舌位,韵腹要拉得开、立得住,韵尾要收住,归音要到位;声调要标准、规范;发音时声、韵、调三者兼顾,不能含糊不清、模棱两可。

2. 多音字可选读一音

单音节字词中有不少多音字,应试时读其任何一个音都是可以的。不必浪费时间琢磨到底读哪一个音,分散精力,影响情绪。

3. 读错了及时纠正

"一个字允许读两遍,即应试人发觉第一次读音有误时可以改读,按第二次读音评判"。对于拿不准或不认识的字,不必花费过长时间思考,以免影响后面的测试。

4. 要从左至右横读

该测试项一般分为10排,每排10个字。应试人务必横向、逐字、逐行朗读,注意语音清晰,防止增字、漏字。

二、读多音节词语(100个音节,共20分)

(一) 目的
测查应试人声母、韵母、声调和变调、轻声、儿化读音的标准程度。

(二) 要求
1. 词语的70%选自《普通话水平测试用普通话词语表》"表一",30%选自"表二"。
2. 声母、韵母、声调出现的次数与读单音节字词的要求相同。
3. 上声与上声相连的词语不少于3个,上声与非上声相连的词语不少于4个,轻声不少于3个,儿化不少于4个(应为不同的儿化韵母)。
4. 词语的排列要避免同一测试要素连续出现。

(三) 评分
1. 语音错误,每个音节扣0.2分。
2. 语音缺陷,每个音节扣0.1分。
3. 限时2.5分钟,超时1分钟以内,扣0.5分;超时1分钟以上(含1分钟),扣1分。

(四) 应试技巧
1. 注意上声的变调

上声变调是该测试项的重点考查对象,要掌握上声变调的规则,进行正确发音。多音节词语的末尾音节如果是上声,一定要读出完整的降声调,不能只降不升;如果读成半上,就是语音缺陷。

2. 注意"一""不"的变调

掌握"一"和"不"变调的音变规则,在具体语境中进行正确发音。"一"和"不"的变调都是以其后边的音节为变调条件。

3. 准确判断轻声词

该测试项中有不少于3个的轻声词,要读得轻而短,更要注意其清晰度,避免把轻声词读得让人听不见,即所谓"吃"字。

4. 读好儿化韵词语

儿化词音节有明显的标志,不要把它读得近乎两个音节,要把"儿"音"化"在第二个音节的韵母之中。若出现儿化音节卷舌色彩生硬或卷舌色彩不明显就属于语音缺陷。

三、朗读短文(400个音节,共30分)

(一) 目的
测查应试人使用普通话朗读书面作品的水平。在测查声母、韵母、声调读音标准程度的同时,重点测查连读音变、停连、语调以及流畅程度。

(二) 要求

1. 短文从《普通话水平测试用朗读作品》中选取。
2. 评分以朗读作品的前400个音节(不含标点符号和括注的音节)为限。

(三) 评分

1. 每错1个音节,扣0.1分;漏读或增读1个音节,扣0.1分。
2. 声母或韵母的系统性语音缺陷,视程度扣0.5分、1分。
3. 语调偏误,视程度扣0.5分、1分、2分。
4. 停连不当,视程度扣0.5分、1分、2分。
5. 朗读不流畅(包括回读),视程度扣0.5分、1分、2分。
6. 限时4分钟,超时扣1分。

(四) 应试技巧

1. 规范读音

朗读短文要把普通话语音的标准度和规范性放在首位。吐字要清晰,既不能含混不清,也不能咬字太死;对于作品中出现的音译外来词(主要是人名、地名等一些专有名词)应该按所用汉字的普通话声、韵、调读,不能按外语的发音习惯改变。

2. 处理好长句

作品中有一些拗口难度的长句,应注意:一是要根据表情达意的需要合理安排停连的位置;二是生理上需要的顿歇(如换气)必须服从内容表达的需要,不能因句子过长而随意停顿,造成停连不当的失误,破坏语意的完整性。

3. 速看慢读,用声恰当

在朗读过程中,既要速"看"速"想",又要"读"得从容。具体速度要从作品整体趋势把握,这样既照顾自己的朗读状态,又能够使听者明白其意义。"用声恰当"就是选取自如声区,选取最佳音域和音量。

4. 避免"回读"或者"纠错读"

测试时遇上读错或者误读的情况应采取"将错就错"的应对措施,千万不要"有错必改"地"回读"或者"纠错读",那样将导致更多的失分率。另外,要避免使用固定腔调,如"念书腔""朗诵调""念经式"或"读文件、作报告式的官腔"等。

5. 表达真情实感

对于抒情性作品,朗读时,首先要正确理解作品的思想内容,准确把握思想感情;其次要调动自己的情感,最好是发自内心的真实感受;再次要运用停顿、重音、语速、句调等技巧恰当表达真情实感。

四、命题说话(共40分)

(一) 目的

测查应试人在无文字凭借的情况下说普通话的水平,重点测查语音标准程度、词汇语法规范程度和自然流畅程度。

(二) 要求

1. 说话话题从《普通话水平测试用话题》中选取,由应试人从给定的两个话题中选定1个话题,连续说一段话。

2. 应试人单向说话。如发现应试人有明显背稿、离题、说话难以继续等表现时,主试人应及时提示或引导。

(三) 评分

1. 语音标准程度,共25分。分六档:

一档:语音标准,或极少有失误。扣0分、1分、2分。

二档:语音错误在10次以下,有方音但不明显。扣3分、4分。

三档:语音错误在10次以下,但方音比较明显;或语音错误在10-15次之间,有方音但不明显。扣5分、6分。

四档:语音错误在10-15次之间,方音比较明显。扣7分、8分。

五档:语音错误超过15次,方音明显。扣9分、10分、11分。

六档:语音错误多,方音重。扣12分、13分、14分。

2. 词汇语法规范程度,共10分。分三档:

一档:词汇、语法规范。扣0分。

二档:词汇、语法偶有不规范的情况。每次扣1分。

三档:词汇、语法屡有不规范的情况。扣3分、4分。

3. 自然流畅程度,共5分。分三档:

一档:语言自然流畅。扣0分。

二档:语言基本流畅,口语化较差,有背稿子的表现。扣0.5分、1分。

三档:语言不连贯,语调生硬。扣2分、3分。

4. 限时3分钟,说话不足3分钟,酌情扣分:缺时1分钟以内(含1分钟),扣1分、2分、3分;缺时1分钟以上,扣4分、5分、6分;说话不满30秒(含30秒),本测试项成绩计为0分。

(四) 应试技巧

1. 选择题目

应试人按照电脑页面提示,在倒计时10秒内使用鼠标点击选择说话的题目,否则系统默认为第一个话题。确认题目后,应试人有30秒的准备时间,听到"嘟"的一声后,开始答题。答题时请先读出你所选择的题目。本题必须说满3分钟,应试人按主屏下方的时间提示条把握时间。说满3分钟后,系统会自动提交试卷。

2. 分析题目

分析说话题目就是要确定说什么,围绕什么中心来说。首先要做到抓题眼。比如《我喜爱的动物》这个题目,题眼是"喜爱","喜爱"即是对人或事物有好感或感兴趣,因此,说话时就要说自己对某种动物有何好感,喜爱它什么,且如何喜爱。其次立意要好。比如《我的假日生活》,无论说什么事,都应该激励或告诫人们正确为人处世,立职敬业,崇尚真、善、美,摒弃那些低级庸俗的东西。

3. 确定类型

测试用说话题目不外乎记叙描述、说明介绍和议论评说三大类,具体如下:

(1) 记叙描述类:记人物(老师、朋友、尊敬的人、我欣赏的历史人物),记事件(难忘的旅行、让我快乐的事情、让我感动的事情),记生活(我的一天、假日生活、过去的一年、童年生活),记所爱(珍贵的礼物、我喜爱的植物、我的兴趣爱好、我喜欢的季节或天气、印象深刻的书籍或报刊、我喜欢的美食、我喜爱的动物、我喜欢的节日、我喜欢的职业、向往的地方、我喜爱的艺术形式)。

(2) 说明介绍类:我的理想(或愿望)、家乡(或熟悉的地方)、我所在的学校(或公司、团队、其他机构)、我了解的地域文化(或风俗)、体育运动的乐趣、我了解的十二生肖。

(3) 议论评述类:劳动的体会、学习普通话(或其他语言)的体会、家庭对个人成长的影响、生活中的诚信、谈服饰、自律与我、对终身学习的看法、谈谈卫生与健康、对环境保护的认识、谈社会公德(或职业道德)、对团队精神的理解、谈中国传统文化、科技发展与社会生活、谈个人修养、对幸福的理解、如何保持良好的心态、对垃圾分类的认识、网络时代的生活、对美的看法、谈传统美德、对亲情(或友情、爱情)的理解。

通过归类可以看出说话内容都与自己的日常生活有关,应试人可以从不同角度、不同侧面进行叙述、议论或说明。有的题目既可以从介绍、说明角度去说,也可以从叙述、描写的角度来讲,还可以从议论的角度来谈。

当然,也可以把说话题目分为四类进行训练:

(1) 自我介绍类:我的一天、假日生活、童年生活、我的兴趣爱好、我的理想(或愿望)。

(2) 介绍他人类:老师、朋友、尊敬的人、我所在的学校(或公司、团队、其他机构)。

(3) 介绍事物类:珍贵的礼物、我喜爱的植物、家乡(或熟悉的地方)、我喜欢的季节(或天气)、印象深刻的书籍(或报刊)、难忘的旅行、我喜欢的美食、我喜爱的动物、我了解的地域文化(或风俗)、体育运动的乐趣、让我快乐的事情、我喜欢的节日、我喜欢的职业(或专业)、我欣赏的历史人物、向往的地方、让我感动的事情、我喜爱的艺术形式、我了解的十二生肖。

(4) 评说类:过去的一年、劳动的体会、学习普通话(或其他语言)的体会、家庭对个人成长的影响、生活中的诚信、谈服饰、自律与我、对终身学习的看法、谈谈卫生与健康、对环境保护的认识、谈社会公德(或职业道德)、对团队精神的理解、谈中国传统文化、科技发展与社会生活、谈个人修养、对幸福的理解、如何保持良好的心态、对垃圾分类的认识、网络时代的生活、对美的看法、谈传统美德、对亲情(或友情、爱情)的理解。

4. 选择素材

测试说话题目,涉及的范围跟每个人的生活都密切相关,要挑选那些自己熟悉的、最能说明问题、具有代表性的材料加以叙述、介绍或论说,可以是自己亲身经历的,也可以是自己耳闻目睹的,有的甚至可以是自己合情合理想象的。准备话题内容时,尽量不要涉及那些可能激起自己情绪强烈波动的内容(比如失去亲人、家庭变故等),以免由于情绪的原因导致说话不流畅,影响测试成绩。

应试人不妨按以下提示考虑说话顺序和内容,如记叙描述类:(1)是谁(是什么);(2)怎么样;(3)举例子。说明类型话题:(1)什么(是谁或是什么样的);(2)表现在哪几个方面;(3)每个方面是怎样的;(4)自己的态度或打算。议论评价类话题:(1)是什么(提出自己的观点);(2)为什么(支持该观点的理由);(3)举例子(可在每条理由后面分别举例);(4)怎么办(再次强调自己的观点或提出实现观点的几条建议)。

5. 修改演练

最好列出说话提纲或整理成书面材料,然后进行修改。修改时既要审查用词是否规范,表意是否准确通俗、浅易明白,句式是否简短、流畅上口,又要根据自己的方言特点,把那些拿不准或容易读错的字词,逐个查字典定音、定调,并反复进行口头练习,强化记忆;同时注意把握好停连,处理好轻重;另外注意说话时应使用比平时说话稍微慢一点的语速,这样就可以边想、边注意发音、边斟酌用词用句。

总之,要牢记:命题说话测试主要是检测普通话语音的标准度、词汇语法的规范度和言语的流畅度,所有的应试努力都必须紧扣这三个方面进行。

普通话水平测试模拟训练

样卷 1

一、读单音节字词。

最	瑟	罐	票	内	息	旅	抓	辣	单
亩	讨	匆	涯	坦	漫	闯	甲	拦	谋
耳	远	设	枉	隐	灯	田	亏	尺	逆
跃	流	拐	九	挤	拔	呆	群	坛	皎
奉	均	洽	挪	卓	词	怀	注	皱	抢
餐	足	摁	坑	屯	矿	肥	殃	如	本
邪	江	瘸	交	陪	许	害	窜	汉	苏
暖	雄	波	扰	伞	跟	用	翁	绵	让
懂	劣	工	辩	紫	影	特	萍	蒙	晶
贼	方	绣	日	灭	呕	别	窟	轮	坡

二、读多音节词语。

此刻	亲戚	损伤	奶牛	云雾	身体	尊重	佛经	底版	鼻梁儿
总结	所以	屈服	权威	语文	判断	村庄	冰川	悲哀	摸黑儿
肆虐	寻常	迥然	念头	茶叶	仍旧	吆喝	翱翔	悬安	恶作剧

快乐 狭窄 石油 光滑 家属 学制 铁路 儿女 笑容 名牌儿
敏感 外行 法规 跑道 夸张 烟卷儿 老百姓 层出不穷

三、朗读短文。

今年四月,我到广东从化温泉小住了几天。那里四围是山,环抱着一潭春水。那又浓又翠的景色,简直是一幅青绿山水画。刚去的当晚,是个阴天,偶尔倚着楼窗一望,奇怪啊,怎么楼前凭空涌起那么多黑黝黝的小山,一重一重的,起伏不断?记得楼前是一片园林,不是山。这到底是什么幻景呢?赶到天明一看,忍不住笑了。原来是满野的荔枝树,一棵连一棵,每棵的叶子都密得不透缝,黑夜看去,可不就像小山似的!

荔枝也许是世上最鲜最美的水果。苏东坡写过这样的诗句:"日啖荔枝三百颗,不辞长作岭南人。"可见荔枝的妙处。偏偏我来得不是时候,荔枝刚开花。满树浅黄色的小花,并不出众。新发的嫩叶,颜色淡红,比花倒还中看些。从开花到果子成熟,大约得三个月,看来我是等不及在这儿吃鲜荔枝了。

吃鲜荔枝蜜,倒是时候。有人也许没听说过这稀罕物儿吧?从化的荔枝树多得像汪洋大海,开花时节,那蜜蜂满野嘤嘤嗡嗡,忙得忘记早晚。荔枝蜜的特点是成色纯,养分多。住在温泉的人多半喜欢吃这种蜜,滋养身体。热心肠的同志送给我两瓶。一开瓶子塞儿,就是那么一股甜香;调上半杯一喝,甜香里带着//股清气,很有点鲜荔枝的味儿。喝着这样的好蜜,你会觉得生活都是甜的呢。

我不觉动了情,想去看看一向不大喜欢的蜜蜂。

荔枝林深处,隐隐露出一角白屋,那是温泉公社的养蜂场,却取了个有趣的名儿,叫"养蜂大厦"。一走近"大厦",只见成群结队的蜜蜂出出进进,飞去飞来,那沸沸扬扬的情景会使你想,说不定蜜蜂也在赶着建设什么新生活呢。

四、命题说话(任选一个题目说话3分钟)

1. 我喜爱的动物
2. 科技发展与社会生活

样卷 2

一、读单音节字词。

日	容	旬	贰	彼	始	砣	绝	内	絮
王	颇	牛	怀	挖	磷	梯	甜	鸣	钉
丙	抛	堆	丛	穷	断	惠	吨	薛	配
寺	舟	丑	忍	阵	粉	蛇	考	善	肠
姐	促	捐	贫	窗	跨	进	表	法	城
争	忙	抓	问	搁	杂	也	赛	腰	则
招	败	车	涩	葬	钢	雄	下	加	癌
拔	块	池	理	索	镶	匀	瞒	宣	腔
烟	锣	藕	娘	晃	废	凝	翁	筒	吼

梢　九　赐　埠　瞥　农　钙　脆　论　频

二、读多音节词语。

车轴　别扭　顶端　陪葬　加强　往常　胳膊　拼命　磁场　胆固醇
问题　比例　表演　病人　内容　农业　宣布　争论　改善　邪门儿
次要　偶尔　迟缓　混淆　紧迫　飞快　满怀　巴结　寻找　一溜儿
惩罚　匆忙　白酒　宁肯　哨所　敦促　落后　相似　考卷　甲骨文
赛跑　凶狂　瞎抓　同学　天真　豆芽儿　拔尖儿　海市蜃楼

三、朗读短文。

晚饭过后,火烧云上来了。霞光照得小孩子的脸红红的。大白狗变成了红的了,红公鸡变成金的了,黑母鸡变成紫檀色的了。喂猪的老头儿在墙根靠着,笑盈盈地看着他的两头小白猪变成小金猪了。他刚想说:"你们也变了……"旁边走来一个乘凉的人,对他说:"您老人家必要高寿,您老是金胡子了。"

天空的云从西边一直烧到东边,红彤彤的,好像是天空着了火。

这地方的火烧云变化极多,一会儿红彤彤的,一会儿金灿灿的,一会儿半紫半黄,一会儿半灰半百合色。葡萄灰,梨黄,茄子紫,这些颜色天空都有,还有些说也说不出来、见也没见过的颜色。

一会儿,天空出现一匹马,马头向南,马尾向西。马是跪着的,像是在等着有人骑到它背上,它才站起来似的。过了两三秒钟,那匹马大起来了,马腿伸开了,马脖子也长了,一条马尾巴可不见了。看的人正在寻找马尾巴,那匹马就变模糊了。

忽然又来了一条大狗。那条狗十分凶猛,它在前边跑着,后边似乎还跟着好几条小狗。跑着跑着,小狗不知跑到哪里去了,大狗也不见了。

接着又来了一头大狮子,跟庙门前的大石头狮子一模一样,也是那么大,也是那样蹲着,很威武//很镇静地蹲着。可是一转眼就变了。要想再看到那头大狮子,怎么也看不到了。

一时恍恍惚惚的,天空里又像这个,又像那个,其实什么也不像,什么也看不清了。必须低下头,揉一揉眼睛,沉静一会儿再看。可是天空偏偏不等待那些爱好它的孩子。一会儿工夫,火烧云下去了。(节选自萧红《火烧云》,有改动)

四、命题说话(任选一个题目说话3分钟)。

1. 家乡(或熟悉的地方)
2. 印象深刻的书籍(或书刊)

样卷3

一、读单音节字词。

波　舜　构　活　柳　袜　悦　仍　材　捐
鸟　穷　党　泽　算　拖　膜　屋　恨　蕊
刀　犬　缩　码　官　闹　满　隔　白　烘
酿　诀　日　鸡　水　床　东　遗　谬　炉

雁 滤 聊 巢 踹 肥 抓 怎 偶 胁
该 僧 歪 洒 北 喂 峡 昂 跪 盆
兽 翁 瞥 驶 谨 蒸 砍 唷 主 凤
另 瓣 用 泥 存 旁 亭 桩 桶 此
驾 披 允 孔 而 辛 盯 循 袋 愁
债 书 饼 仿 瑟 腔 擦 嘘 舔 取

二、读多音节词语。

仿佛 照片 亲切 返青 耻辱 爽快 局面 钢铁 传说 幼儿园
摧毁 人群 爱国 挫折 篱笆 报答 随后 盼望 修养 逗乐儿
明白 英雄 军阀 的确 公民 从中 暖瓶 深化 难怪 拉链儿
温柔 内在 调和 总结 恰好 完善 眉头 夸张 学习 提成儿
窘迫 毽子 典雅 妇女 标准 螺旋桨 灯泡儿 不速之客

三、朗读短文。

哦，好一座威武的雄关！——山海关，这号称"天下第一关"的山海关！

山海关这铮铮响的名字，我是在刚记事的童年，从我的一位四爷那里听到的，从此，在心里刻下了这座雄关的影子。

我的四爷，是一个关东客。还在他才十几岁的时候，就像我故乡的许许多多为贫困所迫无路可走的农民一样，孑然一身，肩上背着一张当做行李的狗皮，下关东谋生去了。待到重返故里，已经是七十多岁的老人。和他几十年前离乡时一样，依然是孑然一身，两手空空。他带回来的唯一财物，就是那漂泊异乡浪迹天涯的悲惨往事和种种见闻。

这当中，就有着山海关。

至今我还清晰地记得：冬景天，我们爷儿俩偎坐在草垛根下，晒着暖烘烘的三九阳光，他对我讲述山海关的一些传说、故事的情景。那雄伟的城楼，那险要的形势，那悲壮的历史，那屈辱的陈迹，那塞上的风雪，那关外的离愁……

善感的心灵，也曾为背乡离井、远徙异地的行人在跨过关门时四顾苍茫的悲凄情景而落下过伤感的眼泪，也曾为孟姜女的忠贞和不幸而郁郁寡欢；然而更多的却是为那雄关的雄伟气势和它那抵御外侮捍卫疆土的英雄历史所感动，所鼓舞。幼//稚的心灵上，每每萌发起一种庄严肃穆、慷慨激昂的情怀。

也曾做过一些童年的梦：梦中，常常是身着戎装，飞越那绵延万里的重重关山，或是手执金戈高高地站立在雄伟高大的城门之上……

啊，梦虽荒唐，然而那仰慕雄关、热爱国土的心却是真挚的，深沉的。

四、命题说话(任选一个题目说话3分钟)。

1. 我喜爱的艺术形式
2. 谈谈卫生与健康

样卷 4

一、读单音节字词。

翁	色	词	秒	咱	世	齿	拽	敲	絮
久	恒	垮	柑	辣	艇	饶	贴	都	移
岸	草	滋	若	谁	叉	枕	讯	囚	军
逛	开	给	抢	酿	贴	肉	潘	荠	浮
靶	庞	粉	段	唐	旅	牛	质	抠	伪
枷	劝	乡	唇	少	贼	存	桑	姚	我
渊	野	司	佐	褥	爽	穿	助	卸	寝
计	掰	您	坑	俩	褪	掂	扉	惹	观
迸	决	掩	舜	喝	外	穷	样	戎	濒
闯	踝	涌	划	凭	钟	人	虐	丸	频

二、读多音节词语。

安静	选手	迅速	爱人	跟随	熬夜	谅解	温暖	英雄	一会儿
打听	包袱	所有	村镇	和约	发抖	号码	绸子	怯懦	高跟鞋
离开	卡车	地球	舞蹈	翻腾	军装	干燥	勇猛	仓促	金鱼儿
内心	全程	使唤	宾客	年轻	籍贯	数落	尊崇	体面	个头儿
摧毁	捏造	喷射	雌蕊	疟疾	摆摊儿	败家子儿	罄竹难书

三、朗读短文。

秋天,无论在什么地方的秋天,总是好的;可是啊,北国的秋,却特别地来得清,来得静,来得悲凉。我的不远千里,要从杭州赶上青岛,更要从青岛赶上北平来的理由,也不过想饱尝一尝这"秋",这故都的秋味。

江南,秋当然也是有的;但草木凋得慢,空气来得润,天的颜色显得淡,并且又时常多雨而少风;一个人夹在苏州上海杭州,或厦门香港广州的市民中间,混混沌沌地过去,只能感到一点点清凉,秋的味,秋的色,秋的意境与姿态,总看不饱,尝不透,赏玩不到十足。秋并不是名花,也并不是美酒,那一种半开半醉的状态,在领略秋的过程上,是不合适的。

不逢北国之秋,已将近十余年了。在南方每年到了秋天,总要想起陶然亭的芦花,钓鱼台的柳影,西山的虫唱,玉泉的夜月,潭柘寺的钟声。在北平即使不出门去吧,就是在皇城人海之中,租人家一椽破屋来住着,早晨起来,泡一碗浓茶,向院子一坐,你也能看得到很高很高的碧绿的天色,听得到青天下驯鸽的飞声。从槐树叶底,朝东细数着一丝一丝漏下来的日光,或在破壁腰中,静对着像喇叭似的牵牛花(朝荣)的蓝朵,自然而然地也能感觉到十分的秋意。说到//了牵牛花,我以为以蓝色和白色者为佳,紫黑色次之,淡红者最下。最好,还要在牵牛花底,教长着几根疏疏落落的尖细且长的秋草,使作陪衬。

四、命题说话(任选一个题目说话3分钟)。

1. 我的愿望(或理想)

2. 谈传统美德

样卷 5

一、读单音节字词。

鹤	逮	若	池	栋	凹	巷	藕	另	哭
忙	梦	蒜	谢	修	玖	童	略	宋	俊
姊	筛	淋	撞	翁	卷	瘫	挂	坏	披
柄	筑	纺	缝	环	闰	绒	旅	泡	榄
震	踹	颊	表	徐	穷	舌	棉	努	缸
正	款	损	孔	苟	痣	挠	岸	午	索
霞	飘	劝	总	二	腔	腹	藏	乘	溺
舜	胸	掘	系	给	朝	轴	忍	祸	褪
爹	约	群	白	字	品	气	粗	憎	戏
弯	侧	得	糟	邹	判	要	隋	褶	莪

二、读多音节词语。

强盛	凝结	快速	轮廓	居然	把手	美妙	盆地	逆流	芭蕾舞
酗酒	略微	穷苦	捐献	雄壮	法郎	配合	号召	约会	一下儿
北面	反映	运动	放心	更加	普遍	亲戚	抓紧	讲座	小孩儿
推广	问题	群众	原料	荣辱	闯荡	酸楚	琐碎	串供	有点儿
催促	灯笼	揣测	崽子	惨败	死扣儿	分水岭	梦寐以求

三、朗读短文。

乔治·华盛顿是美利坚合众国的第一任总统。就是他领导美国人民为了自由为了独立浴血奋战,赶走了统治者。

乔治·华盛顿是个伟人,但并非后来人所想象的,他专做伟大的事,把不伟大的事都留给不伟大的人去做。实际上,他若在你面前,你会觉得他普通得就和你一样,一样的诚实、一样的热情、一样的与人为善。

有一天,他身穿没膝的大衣,独自一人走出营房。他所遇到的士兵,没一个认出他。在一处,他看到一个下士领着手下的士兵筑街垒。

"加把劲!"那个下士对抬着巨大水泥块的士兵们喊道:"一、二,加把劲!"但是,那下士自己的双手连石块都不碰一下。因为石块很重,士兵们一直没能把它放到位置上。下士又喊:"一、二,加把劲!"但是士兵们还是不能把石块放到位置上。他们的力气几乎用尽,石块就要滚落下来。

这时,华盛顿已经疾步跑到跟前,用他强劲的臂膀,顶住石块。这一援助很及时,石块终于放到了位置上。士兵们转过身,拥抱华盛顿,表示感谢。

"你为什么光喊加把劲而让自己的手放在衣袋里呢?"华盛顿问那下士。

"你问我? 难道你看不出我是这里的下士吗?"

"哦,这倒是真的!"华盛顿说着,解开大衣//纽扣,向这位鼻孔朝天,背绞双手的下士露出他的军服。"按衣服看,我就是上将。不过,下次再抬重东西时,你就叫上我!"

　　你可以想象,那位下士看到站在自己面前的是华盛顿本人,是多么羞愧,但至此他也才真正懂得:伟大的人之所以伟大,就在于他决不做逼人尊重的人所做出的那种倒人胃口的蠢事。(节选自《上将与下士》刘云喜译)

　　四、命题说话(任选一个题目说话3分钟)。

　　1. 假日生活
　　2. 我喜欢的美食

中编 口语表达综合训练

第三章 有声语言

依靠口、舌等发音器官的协调配合,发出具有实际意义的乐音,诉诸人的听觉器官,这就是有声语言。有声语言根据话语内容和情感表达的需要产生高低、轻重、快慢、停连等抑扬顿挫的变化,这就是有声语言的表达技巧。正确地处理和运用该技巧,可以增强话语的音乐美、节奏感、表现力和感染力。

有声语言的表达技巧通常包括重音、停连、语速、语调四类。

第一节 重 音

口语中人们随着表达内容和感情的需要,把某些词语、某些成分加大音量,发得重些,加以强调,这被称为重音。

一、重音的类型

表达时,由于各个词语或成分在句子中所处地位和作用不同,语音轻重也不相同。一般把重音分为语法重音和强调重音两类。

(一)语法重音

即根据句子中语法结构的特点表现出来的重音,由语法结构本身决定,一般位置固定。

1. 短句中的谓语动词一般要重读。例如:

山朗润起来了,水涨起来了,太阳的脸红起来了。

2. 修饰成分与限制成分一般重读。例如:

青年人若有所思地说。

3. 补语成分一般重读。例如:

树叶也绿得发亮,小草也青得逼你的眼。

4. 疑问代词、指示代词一般重读。例如:

这使我能够继续战斗到胜利那一天。

5. 数量结构一般重读。例如：

王大爷有三头牛。

6. 并列关系、对比关系、转折关系的语句中，关键词一般重读。例如：

桂林的山真奇呀,桂林的山真秀呀,桂林的山真险哪。（并列关系）

人固有一死,或重于泰山,或轻于鸿毛。（对比关系）

小花很聪明,但很任性。（转折关系）

7. 拟声词重读。例如：

山羊多起来了,咩咩地叫。

(二) 强调重音

指为了表示某种特殊的感情或强调某种特殊意义而故意发得重一些的音。强调重音受说话的环境、内容和感情支配。同一句话,强调重音不同,表达的意思也往往不同。例如："我知道他会唱歌"一句,由于重音不同则可表达出不同的含义。

我知道他会唱歌。（你不一定知道）

我知道他会唱歌。（你怎么说我不知道呢）

我知道他会唱歌。（别人会不会我不知道）

我知道他会唱歌。（你怎么说他不会呢）

我知道他会唱歌。（至于别的会不会我就不清楚了）

强调重音常用来表示强调、夸张、并列、转折、对偶等,能更好地表达感情,使语言表达充满生气,富有感染力。例如：

"这里的荷花真好,你若来……"（表强调）

飞流直下三千尺,疑是银河落九天。（表夸张）

世上有预报台风的,有预报蝗灾的,有预报瘟疫的,有预报地震的。没有人预报幸福。（表并列、对比）

这就是白杨树,西北极普通的一种树,然而绝不是平凡的树。（表转折）

二、重音的表达方式

(一) 重音重读

即对重音加大音量,增强音势,把重音读得重一些,响一些,达到强调和突出的效果。这是表现重音的最重要、最基本的方式。例如：

让暴风雨来得更猛烈些吧!（突出呼唤的高昂情绪）

(二) 重音轻读

有些重音用轻读,利用轻与重的对比反差,突出需要强调的内容。这种情况常用来渲染意境,表达深沉凝重、含蓄内向或欣喜爱慕的感情,听起来语轻音弱,而产生的效果同样深入人心。例如：

漓江的水真静啊,静得让你感觉不到它在流动。

(三) 重音长读

有些重音可以通过拖长语气、拉长字音达到强调效果。例如:
"周——总——理,您——在——哪——里?"
每个字都拉长音节,表达深情的呼唤和深切的思念之情。

(四) 变读

即运用颤音和沙哑音等读法来表达特殊感情。例如:
小弟弟一生下来不哭也不动,也追随母亲去了。

(五) 顿读

即在要强调的字、词之前或之后,做必要的顿歇,使感情能充分表达出来。例如:
而且,教书还给我金钱和权力之外的东西,那就是/爱心。

具体语境中,重音还可以通过快中有慢、重中见轻、高低相间、虚实相转、前后顿歇等多种方法达到突出或强调的效果。例如:
漓江的水真静啊……漓江的水真清啊……漓江的水真绿啊……桂林的山真奇啊……桂林的山真秀啊……桂林的山真险啊……

为了突出上例中的重音,可以把"静"由高变低,把"清"由实变虚,把"绿"由轻变重,把"奇"由低变高,把"秀"由轻变重,把"险"由实变虚。当然,表达者也可根据自己的声音特点,将几种方式综合使用,例如"静"字还可以在变低的同时由快变慢或由实变虚;"奇"字变高的同时再配合由慢转快……总之,重音的表达应不拘一格、富于变化,这样才会使声音形式丰富多彩、自然畅达。

自主训练与巩固

一、找出下列句子的重音。

1. 我赶紧拭干了泪,怕他看见,也怕别人看见。
2. 天才,就是1%的灵感加上99%的汗水。
3. 竹叶烧了,还有竹枝;竹枝断了,还有竹鞭;竹鞭砍了,还有深埋在地下的竹根。
4. 盼望着,盼望着,东风来了,春天的脚步近了。一切都像刚睡醒的样子,欣欣然张开了眼。
5. 小羊分辩道:"你在上游,我在下游,我怎么会把你的水弄脏?"
6. 只有乡野那种小雏菊,开得不事张扬,谢得也含蓄无声。
7. 雨是最寻常的,一下就是两三天。可别恼。看,像牛毛,像花针,像细丝,密密地斜织着,人家屋顶上全笼着一层薄烟。
8. 森林爷爷的脚伸在很深很深的泥土里,任凭风魔王怎么摇,他还是稳稳地站着。

二、朗读下列文段,并处理好重音。

1. 人的头盖骨,结合得非常致密与坚固,生理学家和解剖学者用尽了一切的方法,要把它完整地分出来,都没有这种力气。后来忽然有人发明了一个方法,就是把一些植物的种子放在要剖析的头盖骨里,给它以温度与湿度,使它发芽。一发芽,这些种子便以可怕的力量,将一切机械力所不能分开的骨骼,完整地分开了。植物种子的力量之大,如此如此。

2. 中国的牛,永远沉默地为人做着沉重的工作。在大地上,在晨光或烈日下,它拖着沉重的犁,低头一步又一步,拖出了身后一列又一列松土,好让人们下种。等到满地金黄或农闲时候,它可能还得担当搬运负重的工作;或终日绕着石磨,朝同一方向,走不计程的路。在它沉默的劳动中,人便得到应得的收成。

3. 孩子的心灵是一块神奇的土地,你播种一种思想,就会收获一种行为;播种一种行为,就会收获一种习惯;播种一种习惯,就会收获一种性格;播种一种性格,就会收获一种命运。习惯对于孩子的生活、学习以至事业上的成功都至关重要。

4. 一路从山脚往上爬,细看山景,我觉得挂在眼前的不是五岳独尊的泰山,却像一幅规模惊人的青绿山水画,从下面倒展开来。在画卷中最先露出的是山根底那座明朝建筑岱宗坊,慢慢地便现出王母池、斗母宫、经石峪。山是一层比一层深,一叠比一叠奇,层层叠叠,不知还会有多深多奇。万山丛中,时而点染着极其工细的人物。王母池旁的吕祖殿里有不少尊明塑,塑着吕洞宾等一些人,姿态神情是那样有生气,你看了,不禁会脱口赞叹说:"活啦。"

5. 莫高窟壁画的内容丰富多彩,有的是描绘古代劳动人民打猎、捕鱼、耕田、收割的情景,有的是描绘人们奏乐、舞蹈、演杂技的场面,还有的是描绘大自然的美丽风光。其中最引人注目的是飞天。壁画上的飞天,有的臂挎花篮,采摘鲜花;有的反弹琵琶,轻拨银弦;有的倒悬身子,自天而降;有的彩带飘拂,漫天遨游;有的舒展着双臂,翩翩起舞。看着这些精美动人的壁画,就像走进了灿烂辉煌的艺术殿堂。

第二节 停 连

停连,是指说话时语流中出现的短暂的语音中断或延续,用以解决词、词组、句子、段落、层次之间的疏密关系,使语意完整清晰,感情隐现得体。

停连是表达者根据表述意义、感情、生理、气息等的需要,在不影响语义完整的情况下做的一个短暂的停歇,或者在需要的地方进行连接。给听者一个领略和思考,理解和接受的余地,帮助听者理解文章含义,加深印象。学会顿连技巧,做到"顿到好处,连到妙处",以增强有声语言的表达魅力。

有个关于停连的笑话:

一个吝啬的富人准备请一位私塾先生教其子女读书。当问及伙食标准时,私塾先生写下了"无鸡鸭也可无鱼肉也可青菜一碟足矣"。富人将其理解为"无鸡鸭也可,无鱼肉也可,青菜一碟足矣",便请了这位先生。但教书第一天,当私塾先生看到席上只有一碟青菜时便勃然大怒,拿着条子说,明明说好的"无鸡,鸭也可;无鱼,肉也可;青菜一碟足矣!"你怎么不守诺言呢?

由这个笑话可以看出,停连的不同完全可以造成意思的改变。因此,在口语表达时不能随意就停连。

一、停顿

停顿是指词语或语句之间声音的间歇。停顿是生理的需要,说话人要呼吸,要换气,这便形成自然的间歇;连接是指语势连接紧密或音节尾音音长增加而形成的拖腔。停顿也是表现思想内容的需要,通过停顿可以更清晰、更有效地表达话语的内容,更鲜明、更强烈地表达思想感情,更分明地显示话语的节奏,有效地增强话语的力度。停顿还可以启发人们的思考,调动听众的积极性。因此停顿是口语技巧的重要方面,是形成话语节奏的重要内容。例如:

是啊,当祖国/贫穷的时候,/她的人民/就挨饿受冻;//当祖国/弱小的时候,/她的人民/就受辱被欺;//当祖国/富裕的时候,/她的人民/就快乐幸福;//当祖国/强大的时候,/她的人民/就昂首挺胸! //历史/早已/雄辩地/证明了/这一点。

这一段话,按原标点提示,共 10 处停顿,然而在实际口语表达中,却有 21 处停顿,形成了 21 个"节拍群",而且这些停顿长短又不尽相同。由于节拍调整得好,恰当地处理了停顿,便增强了节奏感,使语调铿锵而又不支离破碎。

(一)生理停顿

指表达者根据气息需要,在不影响语义完整的地方所做的一个短暂的停歇。需要注意,生理停顿不能妨碍语意表达,不能割裂语法结构。例如:

这时候,他用力把我往上一顶,一下子把我甩在一边,大声说:"快离开我,咱们两个不能都牺牲! ……要……要记住革命! ……"

(二)语法停顿

指根据话语内部的语法结构关系所作的停顿。它往往是为了强调、突出句子中的主语、谓语、宾语、定语、状语或补语而做的短暂停顿。一个较长的句子,不可能一口气说完,需要按照句子的语法结构、层次结构,在各个成分、层次之间作短暂的停顿。

1. 主谓之间停连,突出主语。例如:

时间/过得那么飞快。

朋友/即将远行。

2. 动宾之间停连,突出宾语。例如:

脚底下发出/咯吱咯吱的响声。

我好像看见/无数萤火虫在我的周围飞舞。

3. 动补之间停连,突出补语。例如:

她高兴得/一边拍手一边笑。

4. 定语、状语和中心词之间停连，突出中心词。例如：

再也找不到要回家的/那条/孤寂的小道了。

再如，语句"亲爱的爸爸妈妈欢迎你！"停顿位置不同，意义出入较大：

亲爱的爸爸妈妈/欢迎你！

亲爱的爸爸/妈妈欢迎你！

亲爱的/爸爸妈妈欢迎你！

语法停顿应与标点、层次、段落相一致。标点符号是无声的语言，用以显示句意的完整度、层次的明晰度。一般来说语法停顿时间的长短可以借鉴标点符号处理：层间＞句间＞句号、问号、叹号＞分号、冒号＞逗号＞顿号。例如：

这些黑夜的火光的特点是：‖驱散黑暗，│闪闪发亮，│近在眼前，│令人神往。‖乍一看，│再划几下就到了……‖其实却还远着呢！……

（三）强调停顿

即为了强调某一事物，突出某种语意或情感而作的停顿。它不受标点符号的限制，可以根据表情达意的需要，在没有标点的地方停顿，或在语法停顿的基础上适当调整停顿的时间，其特点是声断而情不断，也就是声断情连。例如：

这时候最热闹的，要数树上的蝉声/与水里的蛙声；但—热闹/是它们的，我—什么也没有。

在"蝉声"后面略作停顿，可以突出强调这两种热闹的声音。"但"略作停顿，表现作者情感由对外界热闹气氛的感受转到对自身处境的感叹。在"我"后进行的停顿，衬托出作者的无奈、失落，因为情感色彩较浓，停顿时间较长。"热闹"后则是一个存在于主谓之间的语法停顿。再如：

她含着泪说："我羡慕你们每个人，因为——你们拥有健康。"

这句话除语法停顿的地方外，在"因为"后面有一个感情停顿，表现出"我"在饱受疾病折磨后的痛苦以及对健康的渴望。

强调停顿是在语法停顿的基础上作出的进一步处理。它可以变换语法停顿的规律，在不必做语法停顿的地方停顿；还可以根据需要，对语法停顿的时间长短做出变更。这是更高层次的一种技巧，是反映一个人普通话水平和口语表达能力的重要指标。

二、连接

连接是指不中断、不休止的地方，特别是有标点符号而不中断不休止的地方。连接分为直连和曲连两种。

（一）直连

直连一般用于有标点符号而内容又联系比较紧密的地方，其特点是顺势连带，不露痕迹。表达时一般不换气。并列、强调的意味鲜明。例如：

你的为人不如他的十分之一,百分之一,万分之一!

"十分之一,百分之一,万分之一"这三个排比之间就应该连起来读,中间不要间断。

(二) 曲连

曲连的位置在短促的句子之间,或者句子成分之间需要连接又需要区分的地方。朗读时,前一个词语的尾音与后一个词语的开头有间隙,又不能换气,听觉上是有间隙的,实际上气息相连。例如:

我国的汉语共分为七大方言区:北方方言区、吴方言区、湘方言区、赣方言区、客家方言区、粤方言区、闽方言区。

其中"北方方言区、吴方言区、湘方言区、赣方言区、客家方言区、粤方言区、闽方言区"的顿号之间既有间隙,又要声断意连,环环紧扣,还要注意在最末的闽方言区前稍做停顿。

三、停连的表达方式

确定了停顿位置,停顿之前如何停,停顿之后如何连,则可从不同角度分别作出不同处理。停连的位置和停连的时间没有固定的模式,而应该从表达的内容、脉络以及聆听者的心理去寻找依据。

停连的基础性、一般性的处理方法有以下两类。

(一) 完成句

一句话、一段话、一篇作品朗读结束了,要给人以结束感。完成句的停前,声音要收住,然后有平稳的较长停顿。主要把握三点:一是要声停气尽。话将说完时,气也将用完;话语声音停止,气息也呼出完毕。下句另说一个意思,此句不必留一部分气息。二是要呈现落势。收音音节要有下落的语势,有时停前的整个词组都要下落。这犹如落脚踏地,形成稳定的停顿。不能话已说完,声音还托起延续,好像立即要接着说什么。三是要彻底收住。无论采用哪种收法,都要完全彻底,不要失去控制。

1. 急收。例如:

他信心十足,满怀豪情,向着东方大步走去。

"走去"要坚实、迅速地收住,"去"字要声实音短,不可拖长。

2. 缓收。例如:

小兴安岭是一座巨大的宝库,也是一座美丽的大花园。

"大花园"要舒缓松弛地收住,"园"字要慢吐字、慢归音。

3. 强收。例如:

我们不怕死,我们有牺牲的精神!我们随时像李先生一样,前脚跨出大门,后脚就不准备再跨进大门!

"大门"要坚定果断地收住,既不能急促,也不能舒缓。唇舌要有力,音量要放大,给人以大无畏的豪壮感。

4. 弱收。例如：

我排队等候，又仰卧小船中，出了洞。

"出了洞"不能强，不能急，也没必要缓，声音弱些，平稳收住，又显得安适，又有动作感。

以上主要针对全篇结束的完成句而言。由于上下句、上下段之间的停顿并非全篇的结束，停前虽然也有一句、一段结束的感觉，但在"收"的分寸上要适当控制，让形象感受和逻辑感受不中断，强弱、急缓的程度上也不要像结尾那样收得突出、明显，以便保持继续朗读下去的行进感和连续感。而停后的衔接，要起得恰当，一句、一段的起始，也是可强可弱、可急可缓，不必有固定的格式。

（二）未完成句

一句话还没有说完时所出现的停顿和连接，常用以下几种方法处理。

1. "停前扬收"指停前的音节、词或词组有一种上行的趋势，这样能表现"未完成"的情形，以形成行进感或推进感。常用于表达雄壮、自豪、坚定的内容或情感等。例如：

望／长城内外，惟余莽莽；
大河上下，顿失滔滔；
山舞银蛇，原驰蜡象，欲与天公试比高。
惜／秦皇汉武，略输文采；
唐宗宋祖，稍逊风骚。
一代天骄，成吉思汗，只识弯弓射大雕。

第一句"望"字统领下文，直至"欲与天公试比高"句。因此"望"字后要适当停顿，顿后扬收，以开启后面内容，带领听众观看一幅生动的北国雪景图：长城、黄河、山脉、高原……第二句"惜"停顿后也要上扬，以启开后面的七个句子，展开对历代英雄人物的评论。

2. 停前徐收是指将停前的音节稍稍拖长，有一种声断气连、藕断丝连之感。常用于表达情景交融的境界、意味深长的内容等。例如：

路上春色正好／，天上太阳正晴。

其中的"好"字要缓缓收起，给下一句留出空间，在听觉上引起对后面词语内容的期待。如果收得太急且停顿前用下行句式，形成收尾结束的感觉，就会让结尾句无从说起。

3. 停后缓起是指用较低的声音，让停后开头的音节从容发声，缓缓出口。缓起时，不但要把停前的"收"稳稳托住，而且要推动后面的词语。停后缓起不能失去与停前词语的承继性，不要把停顿变成语意中断的空白。常用于表达细腻的感情、深深的赞美、由衷的祝福、深切的缅怀等。例如：

海／睡熟了。

表达时，在"海"字后缓缓停下，用较低的声音收住，然后再读"睡熟了"，要低声缓起，速度平稳，以表现大海的沉静安谧。

4. 停后紧连是指停顿前后迅速衔接，甚至不换气，不偷气。常用于表达紧张的情势、急遽的变化、斩钉截铁的意志和决心等。例如：

风！你咆哮吧！咆哮吧！尽力地咆哮吧！

这几句对风的呼喊,流露了屈原对风的急切渴盼！风即是改变黑暗的变革力量,对风以及后面的雷、电的呼唤实际也就是对变革现实的伟大力量的呼唤。朗读时要把握急切、渴望之情,要低声缓起,慢慢提高音量,然后奔突而上,三个"咆哮"紧密相连,逐渐提升语调,到"尽力"时达到最高点。

自主训练与巩固

一、处理好下列语句的停连。

1. 他很有才华,歌手、演员、主持人样样都干得不错。
2. 我们那条胡同的左邻右舍的孩子们放的风筝几乎都是叔叔编扎的。
3. 这时候最热闹的,要数树上的蝉声与水里的蛙声;但热闹是它们的,我什么也没有。
4. 这一块长方形的橘红色的灯光,告诉我,我不是一个独醒的人。
5. 世界上最快而又最慢,最长而又最短,最平凡而又最珍贵,最易被忽视而又最令人后悔的就是时间。
6. 太湖、西湖、鄱阳湖、洞庭湖倒映着我的南方的妩媚和秀丽。黄河、渭河、漠河、塔里木河展现着我的北方的粗犷与壮美。
7. 现在我要回家了,胸前佩戴着醒目的绿黑两色的解放十字绶带,上面挂着五六枚我终生难忘的勋章,肩上还佩戴着军官肩章。
8. 忽然间,那晃动的枯枝上透出的一点青绿色,照亮了我们的眼睛,那枝头竟然有一点嫩芽了,多鲜多亮啊！我猛然觉得心头轻松好多。杨柳绿了,杨柳绿了,我轻轻地反复在心里念诵着。那时我的词汇里还没有"生命"这些字眼,但只觉得自己又有了精神,一切都又有了希望似的。

二、朗读下列文段,注意语法停顿和强调停顿。

1. 来不及呼喊,来不及思想,只是听到了一声巨响,醒来的时候和原来是两样。巨大的石块挡在前方,我的手脚都帮不上忙。转转头,看见我的同学,闭上了眼睛跟睡觉一样。妈妈你在哪儿,爸爸你在哪儿？眼前是黑暗我看不到希望！爸爸妈妈,我想再叫一声,因为我困了,我想睡了,我想我变成可爱的小天使,和我的老师同学到了天堂！妈妈别哭,天堂的学校很漂亮！爸爸别哭,这里的花儿很芬芳！亲爱的总理爷爷,谢谢您的关心,多么希望您能帮他们重建家乡！哦,别忘了我的书包和文具盒,那是留给妈妈和爸爸的礼物。我会永远把你们记在我的心上！

2. 就这么静静地想你,在这个平淡的夜晚。因为想起了你,这个夜晚变得美丽而忧郁。我想你,想为你点亮一盏橘色的灯,静静守候着你疲惫的归来;想为你递上一杯温热的香茗,缓缓驱散你脸上的倦容;想用我温柔纤细的手指,轻轻抚平你眼角的皱纹;想用我轻柔温情的呢喃,抚慰你驿动不安的心灵。然后静静地看着你……我祈求,祈求这一刻的宁静、永恒。我喜欢这样想你,让自己的心有了柔柔的疼痛和幸福的甜蜜。不经意间,我会静静地想你的名字,想你的身影,想你爽朗的笑声,想与你相拥在雨中漫步,想与你在幽幽月华下携手相依,然后一起慢慢老去。

3. 不逢北国之秋,已将近十余年了。在南方每年到了秋天,总要想起陶然亭的芦花,钓鱼台的柳影,西山的虫唱,玉泉的夜月,潭柘寺的钟声。在北平即使不出门去吧,就是在皇城人海之中,租人家一椽破屋来住着,早晨起来,泡一碗浓茶,向院子一坐,你也能看得到很高很高的碧绿的天色,听得到青天下驯鸽的飞声。从槐树叶底,朝东细数着一丝一丝漏下来的日光,或在破壁腰中,静对着像喇叭似的牵牛花(朝荣)的蓝朵,自然而然地也能够感觉到十分的秋意。说到了牵牛花,我以为以蓝色和白色者为佳,紫黑色次之,淡红者最下。最好,还要在牵牛花底,教长着几根疏疏落落的尖细且长的秋草,使作陪衬。

4. 天空的霞光渐渐地淡下去了,淡下去了。深红的颜色变成了绯红,绯红又变为浅红。最后,当这一切红光都消失了的时候,那突然显得高而远了的天空,则呈现出一片肃穆的神色。最早出现的启明星,在这深蓝色的天幕上闪烁起来了。它是那么大,那么亮,整个广漠的天幕上只有它一个在那里放射着令人注目的光辉,活像一盏悬挂在高空的明灯。

第三节 语 速

一、语速

语速,指单位时间内吐出音节的数量。它反映了语流中每个音节的长短及音节之间连接的紧松。话语是反映客观事物状态和人的思想、心理和感情的,说话者思想感情、心理状况的不同,反映在话语速度上就不一样。语速大致可分为快速、中速、慢速。

（一）快速

一般表现欢快、紧张、兴奋、激动、愤怒、申辩、急迫等情绪。例如:

1. 春天是美好的,那蓝天白云,那绿树红花,那莺歌燕舞,那流水人家,怎么不叫人陶醉呢?

2. 人站得高些,不但能有幸早些领略到希望的曙光,还能有幸发现生命的立体的诗篇。每一个人的人生,都是这诗篇中的一个词、一个句子或者一个标点。你可能没有成为一个美丽的词,一个引人注目的句子,一个惊叹号,但你依然是这生命的立体诗篇中的一个音节、一个停顿、一个必不可少的组成部分。这足以使你放弃前嫌,萌生为人类孕育新的歌声的兴致,为世界带来更多的诗意。

（二）慢速

可表现忧郁、悲伤、压抑、平静、思索、迟疑等。例如:

1. 读小学的时候,我的外祖母去世了。外祖母生前最疼爱我,我无法排除自己的忧伤,每天在学校的操场上一圈儿又一圈儿地跑着,跑得累倒在地上,扑在草坪上痛哭。那哀痛的日子,断断续续地持续了很久,爸爸妈妈也不知道如何安慰我。他们知道与其骗我说外祖母睡着了,还不如对我说实话:外祖母永远不会回来了。

2. 我16岁时,母亲成了耐斯市美蒙旅馆的女经理。这时,她更忙碌了。一天,她瘫在椅子上,脸色苍白,嘴唇发灰。我马上找来医生,做出诊断:她摄取了过多的胰岛素。直到这时我才知道母亲多年一直对我隐瞒的疾痛——糖尿病。她的头歪向枕头一边,痛苦地用手抓挠胸口。床架上方,则挂着一枚我1932年赢得耐斯市少年乒乓球冠军的银质奖章。

(三) 中速

可用于叙述、介绍、描写、说明、交代、过渡性的语言。例如:

1. 生命在海洋里诞生绝不是偶然的,海洋的物理和化学性质,使它成为孕育原始生命的摇篮。

2. 生活对于任何人都非易事,我们必须有坚忍不拔的精神。最要紧的,还是我们自己要有信心。

在一个语句或语段中,语速往往需要灵活变化、综合运用。例如,《雷雨》中周朴园和鲁侍萍的对话,朗读时应根据人物心情的变化调整语速。

周:梅家的一个年轻小姐,很贤惠,也很规矩。有一天夜里,忽然地投水死了。后来,后来——你知道吗?(慢速。周朴园故作与鲁侍萍闲谈状,以便探听一些情况。)

鲁:这个梅姑娘倒是有一天晚上跳的河,可是不是一个,她手里抱着一个刚生下三天的男孩,听人说她生前是不规矩的。(慢速。侍萍回忆悲痛的往事,又想极力克制怨愤,以免周朴园认出。)

鲁:我前几天还见着她!(中速)

周:什么?她就在这儿?此地?(快速。表现周朴园的吃惊与紧张。)

鲁:老爷,您想见一见她么?(慢速。鲁故意试探。)

周:不,不,不用。(快速。表现周朴园的慌乱与心虚。)

周:我看过去的事不必再提了吧。(中速)

鲁:我要提,我要提,我闷了三十年了!(快速。表现鲁侍萍极度的悲愤以至几乎喊叫。)

二、节奏

节奏是语速的具体体现与运用,指语流在抑扬顿挫、轻重缓急的运动中出现的时快时慢,时紧时松的方式。

(一) 节奏的类型

不同风格类型的作品节奏形式也不尽相同。大致来说,节奏的形式有六种。

1. 轻快型:多连少停,多轻少重,多扬少抑,语节少而词的密度大,语流显得轻快,多用来表达欢快、诙谐的情志。例如:

小草偷偷地从土里钻出来,嫩嫩的,绿绿的。园子里,田野里,一大片一大片满是的。坐着,躺着,打两个滚,踢几脚球,赛几趟跑,捉几回迷藏。风轻悄悄的,草软绵绵的。

2. 凝重型:多停少连,多重少轻,多抑少扬,语流平稳凝重,语言强而有力,多表达较为沉重的心情。例如:

风吹弯了旁边的树木,撕碎了店户的布幌,揭净了墙上的报单,遮昏了太阳,唱着,叫着,吼着,回荡着;忽然直驰,像惊狂了的大精灵,扯天扯地的疾走;忽然慌乱,四面八方的乱卷,像不知怎样好而决定乱撞的恶魔;忽然横扫,乘其不备地袭击着地上的一切,扭折了树枝,吹掀了屋瓦,撞断了电线;可是,祥子在那里看着;他刚从风里出来,风并没能把他怎样了!

3. 低沉型:停顿多而长,语调多抑,节拍较长,声音偏暗偏沉,句尾沉重,语流沉缓。例如:

牡丹没有花谢花败之时,要么烁于枝头,要么归于泥土,它跨越委顿和衰老,由青春而死亡,由美丽而消遁。它虽美却不吝惜生命,即使告别也要留给人最后一次惊心动魄的体味。所以在这阴冷的四月里,奇迹不会发生。任凭游人扫兴和诅咒,牡丹依然安之若素。它不苟且、不俯就、不妥协、不媚俗,它遵循自己的花期自己的规律,它有权利为自己选择每年一度的盛大节日。它为什么不拒绝寒冷?

4. 高亢型:多连少停,多重少轻,扬而不抑,语气高昂,语流畅达,语速稍快,节奏较紧,多表达紧张、激越、昂扬、爽朗的情绪。例如:

它没有婆娑的姿态,没有屈曲盘旋的虬枝。也许你要说它不美。如果美是专指"婆娑"或"旁逸斜出"之类而言,那么,白杨树算不得树中的好女子。但是它伟岸,正直,朴质,严肃,也不缺乏温和,更不用提它的坚强不屈与挺拔,它是树中的伟丈夫。

5. 舒缓型:多连少停,声音清亮,语流声音较高但不着力,气长音清,语气舒展开阔,多表达舒缓情绪。例如:

我们在田野散步:我,我的母亲,我的妻子和儿子。母亲本不愿出来的。她老了,身体不好,走远一点儿就觉得很累。我说,正因为如此,才应该多走走。母亲信服地点点头,便去拿外套。她现在很听我的话,就像我小时候很听她的话一样。这南方初春的田野,大块小块的新绿随意地铺着,有的浓,有的淡,树上的嫩芽也密了,田里的冬水也咕咕地起着水泡。这一切都使人想着一样东西——生命。我和母亲走在前面,我的妻子和儿子走在后面。小家伙突然叫起来:"前面是妈妈和儿子,后面也是妈妈和儿子。"我们都笑了。

6. 紧张型:多连少停,多重少轻,多扬少抑,节奏拖长,语气紧张,多表达急迫、紧张的情绪。例如:

说时迟,那时快;武松见大虫扑来,只一闪,闪在大虫背后。那大虫背后看人最难,便把前爪搭在地下,把腰胯一掀,掀将起来。武松只一闪,闪在一边。大虫见掀他不着,吼一声,却似半天里起个霹雳,震得那山冈也动,把这铁棒也似虎尾倒竖起来,只一剪。武松却又闪在一边。原来那大虫拿人只是一扑,一掀,一剪;三般捉不着时,气性先自没了一半。那大虫又剪不着,再吼了一声,一兜兜将回来。

需要注意的是,以上六种节奏类型的划分是相对的,没有一种节奏类型可以从头至尾贯穿全文,而是要随着内容的变化和感情的发展不断地变换。一般会以一种节奏为主,以几种节奏为辅,或欲扬先抑,或欲快先慢,或欲轻先重、欲重先轻,共同塑造出一个富于变化的声音形象或情节。其总体要求是:低而不蔫,高而不喊;慢而不拖,快而不赶;轻而不浮,重而不板。

(二)节奏的转换方法

1. 欲扬先抑,欲抑先扬。声音的高低变化,形成峰谷相间的起伏关系。"欲扬先抑,欲抑先扬"是指如果将主要部分上扬,那么对次要部分就要适当抑制。相反,如果重点部分用压抑的声音形式表现,那么非重点部分就要用上扬的声音形式表现。例如:

①她又擦了一根。②火柴燃起来了,发出亮光来了。③亮光落在墙上,那儿忽然变得像薄纱那么透明,她可以一直看到屋里。④桌上铺着雪白的台布,摆着精致的盘子和碗,肚子里填满了苹果和梅子的烤鹅正冒着香气。⑤更妙的是这只鹅从盘子里跳下来,背上插着刀和叉,蹒跚地在地板上走着,一直向这个穷苦的小女孩儿走来。⑥这时候,火柴灭了,她面前只有一堵又厚又冷的墙。

《卖火柴的小女孩》属于低沉型节奏,全篇以抑为主。上段用幻境中的烤鹅香味与现实中的饥肠辘辘对比,突出现实的冷酷。为了突出幻境与现实的强烈反差,作品采取了夸张幻境的手法:烤鹅从盘子里跳下,向小女孩走来,几乎伸手可取了。在节奏的运用上,为了造成这种反差,可以由扬转抑,即欲抑先扬。从②开始逐渐上扬,⑤更扬,⑥突然转抑,进入低沉型节奏的典型句子,形成了又一个回环。

2. 欲快先慢,欲慢先快。快慢问题,在比较中表现为语节中词的相对疏密程度,语节中词疏则慢,词密就快。同样,少停紧接就快,多停缓接就慢。

在朗读中,有时抑扬变化不太大,而快慢变化较为显著,甚至以快慢变化为主。这时,快慢的回环往复就是节奏转换的主要方式。例如:

①果然,过了一会儿,在那里就出现了太阳的一小半,②红是红得很,却没有光亮。③这太阳像负着什么重担似的,慢慢儿,一步一步地,努力向上面升起来,④到了最后,终于冲破了云霞,完全跳出了海面。⑤那颜色真红得可爱。⑥一刹那间,这深红的东西,忽然发出夺目的光亮,⑦射得人眼睛发痛,同时附近的云也添了光彩。

《海上日出》描写细腻而生动,主要是从时快时慢的运动中来描述的。这篇作品的节奏属轻快型。

上文"便目不转睛地望着那里"是一种静态。本段开始,①是渐动,比上文稍快;②要慢,有暗红无光的感受;③更慢,有负重感;④要快,有跳动感;⑤转慢;⑥转快,有"一刹那"的感受;⑦要稍慢,有光线强而漫开的感受。

本段中,①④⑥是典型语句,为了使④⑥明显地轻快起来,就要注意在具体感受中使②③⑤慢一些。这就是一种欲快先慢的方法。

欲慢先快的方法比欲快先慢的方法更为常见。因为,一般重点词句都要比次要词句读得慢些,重点层次和段落也往往较慢。

3. 欲重先轻,欲轻先重。轻重变化,也包含了虚实变化。轻重虚实互转,能够形成轻重

相间、虚实相衬的回环往复,形成节奏感。例如:

①武松心里想道:②"我就把这只死大虫拖下冈去。"③就血泊里用双手来提,④哪里提得动!⑤原来,武松使尽了气力,⑥手脚都酥软了。

《武松打虎》是紧张型节奏。武松打死大虫之后,仍然壮心不已。①打死大虫后豪情满怀,还要把事情做得更圆满些,心里是松快地想,朗读时声音偏低、快而轻。②语势上扬,突出重音"拖",声音较高、较慢、较重,收尾干净。③语势由低渐高,"就血泊里"有伸手向下的感受,"用双手"如在抓住老虎,"来提"有用力向上提的感受。这三步,要步步上行,"提"字高而短,尾音如憋气状送出。④语势回落,气徐出,字字渐松,有无可奈何,力不从心之感。⑤回味似的赞扬,语势稍上行,"尽"字要处于次高峰位置,舒缓些。⑥语势再落,"酥软"声音低缓,气支撑而不收敛。如果敛气收声,就会形成悲哀感,赞扬的色彩会立即消失。

这一段,以上行语势为主,②③⑤为典型句。紧而后松,实而后虚,快而后慢,扬而后抑,形成回环往复的紧张型节奏,转换显得丰满而不单一。这样,既增强了"奋力打虎"的真实感,又表现了武松的侠义赤诚。

自主训练与巩固

一、朗读下列文段,并注意语速的变化。

1. 你的苦我来帮你分担,它会减少一半;你的乐我来与你分享,它会源远流长。让世界充满爱,让人间变成快乐的天堂。

2. 这里水面宽阔,水流平稳,上游汹涌的急流到这里得到了片刻的休憩,浩浩黄水,缓缓迂回,犹如一支刚刚经历过一场恶战的雄师劲旅,悄然奔赴那更为悲壮惨烈的新战场,涛声浑厚悠长,宛若大提琴深沉低回的鸣奏。

3. 我的狗慢慢向它靠近。忽然,从附近一棵树上飞下一只黑胸脯的老麻雀,像一颗石子似的落到狗的跟前。老麻雀全身倒竖着羽毛,惊恐万状,发出绝望、凄惨的叫声,接着向露出牙齿、大张着的狗嘴扑去。

4. 雷军长把帽子往桌上一摔,说道:"……走后门,竟敢走到我这流血牺牲的战场上!我雷某不管她是天老爷的夫人,还是地老爷的太太,走后门,谁敢走到我这流血牺牲的战场上,没二话,我雷某要让她的儿子第一个扛上炸药包,去炸碉堡!去炸碉堡!!……"

5. 亲爱的朋友们,在看着太阳又一次从地平线上升起时,让我们感恩于这个世界的和平吧;在看着父母相依偎于门口等你回家时,让我们感恩于他们的坚韧与包容吧。如果朋友这一刻心里还记着你的名字,就让我们感恩于他们的信任与爱护吧;如果师长这一刻还在灯下读着你的文字,就让我们感恩于他们的执着与无私吧。如果你明天还睁开清澈的双眼,那就感恩于天空的湛蓝和世界的宁静吧;如果你今天还在球场上奔跑,那就感恩于大地的宽广和青春的生命力吧。

6. 时间过得那么飞快,使我的小心眼儿里不只是着急,还有悲伤。有一天我放学回家,看到太阳快落山了,就下决心说:"我要比太阳更快地回家。"我狂奔回去,站在庭院前喘气的时候,看到太阳还露着半边脸,我高兴地跳跃起来,那一天我跑赢了太阳。以后我就时常做那样的游戏,有时和太阳赛跑,有时和西北风比快,有时一个暑假才能做完的作业,我十天就做完了;那时我三年级,常常把哥哥五年级的作业拿来做。每一次比赛胜过时间,我就快乐得不知道怎么形容。

二、判断下面各段文字的节奏类型。

1. 若夫淫雨霏霏,连月不开,阴风怒号,浊浪排空,日星隐曜,山岳潜形,商旅不行,樯倾楫摧,薄暮冥冥,虎啸猿啼。登斯楼也,则有去国怀乡,忧谗畏讥,满目萧然,感极而悲者矣。

至若春和景明,波澜不惊,上下天光,一碧万顷,沙鸥翔集,锦鳞游泳,岸芷汀兰,郁郁青青。而或长烟一空,皓月千里,浮光跃金,静影沉璧,渔歌互答,此乐何极!登斯楼也,则有心旷神怡,宠辱偕忘,把酒临风,其喜洋洋者矣。

2. 在南京,在大屠杀遇难同胞纪念馆,一个巨大的头颅,一张巨大的嘴,在呐喊。呐喊声,在无涯的时间和空间,凝固了。一个被日本人活埋的中国人,一个人,喊出了一个民族的痛。被埋在泥土下的躯体,在反抗,在挣扎,在竭尽全力爆发。血气上涌,眼眶通红,生命在呐喊声中,变得轻盈、飘逸、远离灵魂。

3. 看!一捶起来就发狠了,忘情了,没命了!百十个斜背响鼓的后生,如百十块被强震不断击起的石头,狂舞在你的面前。骤雨一样,是急促的鼓点;旋风一样,是飞扬的流苏;乱蛙一样,是蹦跳的脚步;火花一样,是闪射的瞳仁;斗虎一样,是强健的风姿。黄土高原上,爆出一场多么壮阔、多么豪放、多么火烈的舞蹈哇——安塞腰鼓!

4. 生命像向东流的一江春水,它从最高处发源,冰雪是它的前身。它聚集起许多细流,合成一股有力的洪涛,向下奔注。它曲折地穿过了悬崖峭壁,冲倒了层沙积土,挟卷着滚滚的沙石,快乐勇敢地流走,一路上他享受着他所遭遇的一切:有时候它遇到巉岩前阻,他愤激地奔腾了起来,怒吼着,回旋着,前波后浪地起伏催逼,直到它涌过了,冲倒了这危崖,它才心平气和地一泻千里。有时候它经过了细细的平沙,斜阳芳草里,看见了夹岸红艳的桃花,它快乐而又羞怯,静静地流着,低低地吟唱着,轻轻地度过这一段浪漫的行程。

第四节 语 调

语气、语调是口语表达过程中经常使用并带有明显情感色彩的语言形式。

一、语气

语气,是指说话时根据话语内容表现出来的由声音和气息合成的气韵状态。口语表达时,语气包含两个方面的内容:既有内在的思想感情的色彩和分量(也称"神"),又有外在的快慢、高低、强弱、虚实的声音形式(又称"形")。所以说,语气就是"神"与"形"的结合体。

通常情况下,有什么样的感情,就产生什么样的气息;有什么样的气息,就有什么样的声

音状态。语气运用的一般规律如下:

1. 爱的感情,气柔声徐,形成一种温和感与舒适感,口腔要宽松,气息应深长。例如:
多么美好的春天啊!

2. 憎的感情,气足声硬,形成一种挤压感,口腔要紧窄,气息多阻塞。例如:
你这个恶魔!你的罪行迟早会受到惩罚!

3. 喜的感情,气满声高,形成跳跃感与兴奋感,口腔要轻松,气息应流畅。例如:
太好了,这是我收到的最有纪念意义的礼物!

4. 悲的感情,气沉声缓,形成迟滞感和沉痛感,口腔如负重,气息如尽竭。例如:
这场战役我方损失也较为惨重,共牺牲了一百一十三名将士。

5. 急的感情,气短声促,形成紧张感和急迫感,口腔要紧张,气息如穿梭。例如:
快……快去救人!

6. 冷的感情,气少声平,形成冷淡和冷漠,口腔要松弛,气息应微弱。例如:
从今以后,你我两清,永不相见。

7. 怒的感情,气粗声重,形成震动感和爆发感,口腔有如鼓,气息像鼓槌。例如:
他一拍桌子大声说道:"出了事故,我拿你是问!"

8. 疑的感情,气细声黏,形成踟蹰感和犹疑感,口腔欲松还紧,气息欲连还断。例如:
她有些怀疑地说:"怎么会呢?不大可能吧。"

人的感情复杂多样,有时既惊又喜,有时悲愤交加。实践告诉我们:只有感情上的千变万化,才有气息上的千姿百态,也才有声音上的姹紫嫣红。当然,感情的引发不是随心所欲的,要受表达目的和语言环境的制约。

二、语调

语调,也叫抑扬,是指整个语句或语段的起伏变化,是情感的产物,具有明显的感情色彩。

语调往往表现在句末的一个音节上,正确地处理语调的升降,不仅可以显现话语的音乐美,而且可以增强话语的表现力,它同语速、重音、停顿相结合,显示话语的节奏感。

句调一般包括平调、升调、降调、曲调四个类型。

(一)平调

也叫平直调,语流运动的状态是平稳直线型的,没有显著的高低变化。一般表示叙述、说明、庄严、冷漠、迟疑、思索、悼念等情感。例如:

1. 有只小猴子在井边玩。(叙述)
2. 三味书屋是几十年前的一个书塾,现在是绍兴鲁迅纪念馆的一部分。(说明)
3. 伟大的革命英雄永垂不朽!(悼念)
4. 一个说:"这孩子将来是要死的。"(冷漠)
5. 这不是个小事,我需要好好考虑一下究竟让谁接手管理更合适。(思考)

6. 雄伟的人民英雄纪念碑矗立在天安门广场上。(庄严)

(二) 升调

也叫上扬调,语流状态由低向高升起,句尾音强且向上扬起。一般表示疑问、愤怒、激动、号召、呼唤等感情或者表示满怀信心、心情激动。例如:

1. 世界杯怎么会有如此巨大的吸引力?(疑问)
2. 你以为这是什么车?旅游车!(愤怒)
3. 快看,他们来了!(激动)
4. 难道你就只觉得树只是树?(反问)
5. 同学们,美好的未来前面招手,让我们积极行动起来吧!(号召)
6. 小明,危险——,快到岸上来!(呼唤)

(三) 降调

也叫下抑调,语流状态由高向低运动,句尾音下降。一般表现肯定、坚决、感叹、请求、痛苦、愤怒等语气。例如:

1. 白杨树实在是不平凡的,我赞美白杨树!(肯定)
2. 多可爱的小生灵啊!(赞叹)
3. 爷爷,快把我带走吧!(请求)
4. 外祖母永远不会回来了。(痛苦)
5. 这些不合理的要求,我们绝不答应。(坚决)

(四) 曲调

也叫曲折调,表达时把句子中某些特殊的音节特别加重加高或拖长,语流运动状态是起伏曲折的,由高而低再扬起,或由低而高降下,全句表现为上升和下降的曲折变化。一般表示讽刺、暗示、双关、强调、反语等情感,意在言外的语气、复杂的情绪或隐晦的感情。例如:

1. 你真是了不起啊!(讽刺)
2. 这事啊,不容易啊!(暗示)
3. 有的人,骑在人民头上,呵,我多伟大!(反语)
4. 门外有狗。(双关)
5. 我不会说普通话?(怀疑)

自主训练与巩固

一、运用恰当的语气和语调朗读下列句子。

1. 你一定要去。(①表疑问,②表命令)
2. 你有钱,你有权,你厉害,咱惹不起你!
3. 你可真是热心肠啊!(①表赞成,②表嘲讽)
4. 但是,聪明的,你告诉我,我们的日子为什么一去不复返呢?

5. 天渐渐地暗下来了，北风刮得更紧了，我们默默地离开了天安门广场。

6. 伟大的中国人民是不可战胜的！

7. 你们完了，快完了！

8. 来，宝贝儿，快过来，让奶奶好好瞧瞧。

9. 怎么又是面条啊，已经连吃三天了，妈妈，你能不能做点儿其他的？

二、分析下列文段的语调。

1. 我如果爱你——绝不像攀援的凌霄花，借你的高枝炫耀自己；我如果爱你——绝不学痴情的鸟儿，为绿荫重复单调的歌曲；也不止像泉源，常年送来清凉的慰藉；也不止像险峰，增加你的高度，衬托你的威仪。

2. 今天，这里有没有特务？你站出来！是好汉的站出来！你出来讲！凭什么要杀死李先生？杀死了人，又不敢承认，还要诬蔑人，说什么"桃色事件"，说什么共产党杀共产党，无耻啊！无耻啊！这是某集团的无耻，恰是李先生的光荣！李先生在昆明被暗杀，是李先生留给昆明的光荣！也是昆明人的光荣！

3. 那醉人的绿呀！我若能裁你以为带，我将赠给那轻盈的舞女；她必能临风飘举了。我若能把你以为眼，我将赠给那善歌的盲妹；她必明眸善睐了。我舍不得你；我怎舍得你呢？我用手拍着你，抚摩着你，如同一个十二三岁的小姑娘。我又掬你入口，便是吻着她了。我送你一个名字，我从此叫你"女儿绿"，好么？

4. 就在那年冬天，母亲离我们去了，小弟弟一生下来不哭也不动，也追随母亲去了。为了我的生存，母亲去了，小弟弟也去了。母亲生育了我，又从死神手中救了我。她给我两次生命。临终前，她拉着我们兄妹四人的手，眼里流露出的尽是爱，她为了我们，没有怨言，倾泻给我们的是全部的爱！

5. 我的狗慢慢向它靠近。忽然，从附近一棵树上飞下一只黑胸脯的老麻雀，像一颗石子似的落到狗的跟前。老麻雀全身倒竖着羽毛，惊恐万状，发出绝望、凄惨的叫声，接着向露出牙齿、大张着的狗嘴扑去。老麻雀是猛扑下来救护幼雀的。它用身体掩护着自己的幼儿……但它整个小小的身体因恐怖而战栗着，它小小的声音也变得粗暴嘶哑，它在牺牲自己！在它看来，狗该是多么庞大的怪物啊！然而它还是不能站在自己高高的、安全的树枝上……一种比它的理智更强烈的力量，使它从那儿扑下身来。我的狗站住了，向后退了退……看来，它也感到这种力量。

三、综合运用有声语言表达技巧朗读下段文字。

1. "棉衣，棉衣呢？为什么没发给他棉衣？"军长两眼发红。"军需处长呢？"警卫员在发愣。"给我找军需处长。"还是没有人应声。"快，给我找军需处长！"警卫员哇的一声哭了出来："报告军长，他就是刚任命的军需处长。棉衣不够了……每人发的御寒辣椒他都没舍得吃一口……"

2. 她的一双小手几乎冻僵了。啊，哪怕一根小小的火柴，对她也是有好处的！她敢从成把的火柴里抽出一根来，在墙上擦燃了，来暖和暖和她的小手吗？她终于抽出了一根。

哧！火柴燃起来了，冒出火焰来了！她把小手拢在火焰上。多么温暖多么明亮的火焰啊，简直像一支小小的蜡烛。这是一道奇异的火光！小女孩觉得自己好像坐在一个大火炉前面，大火炉装着闪亮的铜脚和铜把手，火烧得旺旺的，暖烘烘的，多么舒服啊！哎，怎么回事呢？她刚把脚伸出去，想让脚也暖和一下，火柴灭了，火炉不见了。她坐在那儿，手里只有一根烧过了的火柴梗。

3. 啊，电！你这宇宙中最犀利的剑呀！我的长剑是被人拔去了，但是你，你能拔去我有形的长剑，你不能拔去我无形的长剑呀。电，你这宇宙中的剑，也正是，我心中的剑。你劈吧，劈吧，劈吧！把这比铁还坚固的黑暗，劈开，劈开，劈开！虽然你劈它如同劈水一样，你抽掉了，它又合拢了来，但至少你能使那光明得到暂时间的一瞬的显现，哦，那多么灿烂的、多么炫目的光明呀！

4. 船到一个转弯处，只见前面黑黢黢的山峰下面一星火光蓦地一闪。火光又明又亮，好像就在眼前……"好啦，谢天谢地！"我高兴地说，"马上就到过夜的地方啦！"船夫扭头朝身后的火光望了一眼，又不以为然地划桨来。"远着呢！"我不相信他的话，因为火光冲破朦胧的夜色，明明就在那儿闪烁。不过船夫是对的，事实上，火光的确还远着呢。这些黑夜的火光的特点是：驱散黑暗，闪闪发亮，近在眼前，令人神往。乍一看，再划几下就到了……其实却还远着呢！……我们在漆黑如墨的河上又划了很久。一个个峡谷和悬崖，迎面驶来，又向后移去，仿佛消失在茫茫的远方，而火光却依然停在前头，闪闪发亮，令人神往——依然是这么近，又依然是那么远……

5. 那是20年前一个周日的午后，正是炎热的夏天，几乎每家每户都在午睡。忽然就起火了，由于木头多，火势蔓延快得吓人。6岁的她从睡梦中被父母推醒时，外面已是一片红彤彤的火海。这种居住区房屋很密集，狭窄的巷弄消防车根本无法开进来，所以火越烧越大。父亲抱起她冲出院门，烈焰飞腾浓烟滚滚，已经没有路可以冲出去。周围都是绝望的哭喊声，她看到这个情景，吓得都不会哭了。父亲观望了一下，把她递到母亲怀里，然后冲向院子里的那只水缸。他用水桶拎出一桶水来，从她们母女二人头上浇下去，又把一桶水浇在自己身上，然后把缸推倒。父亲抱过她，将她塞进缸里说："无论多难受都不要出来！"她蜷缩在缸里，忽然觉得缸滚动起来，她随着缸的滚动翻转着，一时有些晕眩，赶紧闭上眼睛，用脚死死地抵住缸壁。她觉得越来越热，缸壁也慢慢变得烫起来，她身上的水都变成了白白的蒸汽。缸滚动得越来越慢，不知过了多久，她被人从缸里拽出来，空气清凉了许多，她清醒过来，哭喊着爸爸妈妈。她忽然看到了那令她终生难忘的一幕，那只水缸仍在那里，大火仍在不远处燃烧着，而她的爸爸妈妈，仍弓身站在缸后，四只手放在缸上，保持着推缸的姿势！他们已经死了，全身烧得黑乎乎的，可她还是一眼认出了他们。这就是世界上最伟大的亲情啊，在最危急的时刻，把生的希望留给我们，甚至不惜付出自己生命的，只有父亲母亲！

第四章 态势语

第一节 态势语概述

态势语,又叫"体态语",是通过人的表情、眼神、手势和身姿等来传递信息、交流感情、诉诸听众视觉的一种无声语言。它是非语言交流的一个重要组成部分,也是口语交际活动的辅助手段。美国著名的心理学家、人体语言学教授艾伯特·梅拉比安的研究表明:在一条信息传递的全部效果中,只有38%是有声的(包括音调、变音和其他音响),有7%是语言(词),而55%的信号是无声的。在某种程度上,体态语透露出来的信息,比有声语言更能直接、真实地表现出交际者的心理状态和思想情感,反映出一个人的文化修养、审美品位和性格气质等。在人际交往中恰当的态势语能起到锦上添花、无声胜有声的效果。

在社会生活和人际交往中,态势语表达思想、传递感情有两种情形。一种是无意识的表情动作,即来自人本能的喜怒哀乐,通过人的肌体自然流露出来(喜形于色、言为心声、心理活动写在脸上都属于这种现象);另一种是有意识的表情动作,即从民族的文化教养和社会环境中学到的,有目的地对言谈举止进行选择和支配,为一定的交际目的服务。

一、态势语的基本特征

(一)直观性

直观性指在言语交际的过程中,双方处于同一个情景现场,彼此的举手投足、一颦一笑等形体动作都形象、直观地展现在对方眼前,刺激信息接收者的视觉,使其获得相应的信息。态势语的直观性有助于揭示出交际双方的思想状态和情感特征,强化有声语言表达的感染力和说服力。

(二)民族性

因民族不同而造成的态势语的不同,就是态势语的民族性。人类共同生活在同一个星球,谋生的基本方式及言语思维的基本方式类似,决定了人类姿态动作的相似,但由于文化的发展以及自然条件、历史传统、心理素质、生活习惯、审美情趣等方面条件的不同,每个民族都有一些自己独有的体态动作。

(三) 时代性

态势语植根于本国本民族的历史文化传统,但某一时代的生活风貌、文化习俗、语言习惯和政治背景也会对一些态势语的形成或改变产生影响。例如,中国古称"礼仪之邦",礼仪甚多。古代服装袖子很长,人们生气时,一甩袖子愤然离去。现代服装已无长袖,所以"拂袖而去"便成了旧时代态势语的一种"化石"。

(四) 社会性

由社会因素造成的态势语的不同特点,是态势语的社会性。如:女性的体态动作一般倾向于表现柔媚的特点,男性则注重显示大丈夫气概;年轻人好动,动作表情多;年纪大的人行动不便,自然好静沉稳;儿童高兴时手舞足蹈;男性青少年自信时总是昂首挺胸等。

(五) 真实性

真实性是指态势语在表达感情态度时真实可信的性质。态势语在大多数情况下是一种无意识行为,它比有声语言更能真实丰富地传递人的情感和愿望。比如:做了亏心事的人,总显得心神不定;听到好消息,自然就喜形于色;听到批评,神态举止往往显得很不自然。再如,一个人说谎时,无论话语多么诚恳,但态势语的某些细微信号仍会戳穿其谎言——瞳孔缩小、眨眼次数增多、嘴角微微抽搐等。

二、态势语的作用

(一) 强调作用

口语表达过程中,有的意思已经表达得很清楚很充分了,但为了突出这层意思的重要性,常常辅之以眼神或手势,以便加强听众的印象。例如,毛泽东同志在《第一次全国人民代表大会开幕词》报告结尾时,激情澎湃、坚定有力地说:我们的目的一定要达到!(掌声)我们的目的一定能够达到!(掌声)毛主席讲话时,伴随着一个向前推进的有力的手势。这个手势,强调了"我们的目的一定要达到"的革命坚定性和"我们的目的一定能够达到"的胜利的必然性,给全党全军和全国人民以极大的鼓舞和鞭策。态势语使有声语言的表现力和感染力得到升华。

(二) 补充作用

口语表达过程中,有的意思虽然表达清楚,但意犹未尽,于是便用手势等态势语言加以补充,完善口语表达的不足。例如,1917 年 11 月 7 日晚,列宁领导的革命军队炮轰冬宫。《伟大的红色学演说学家》是这样描绘当时的列宁的:"拿下冬宫后,天气已近早晨,列宁微笑着对托洛茨基说:'从地下状态和动荡不安到掌握政权,这个转变太突然了,头晕脑胀。'说着他用手在头边做了一个旋转的动作。"口语的"头晕脑胀"已经把意思说得差不多了,再做一个"旋转动作",则是对前者恰到好处的补充。

（三）替代作用

在口语表达的某一时段，有时会暂停讲话，而以态势语代替后续的内容。这种替代非但不影响听众对内容的正确理解，还能收到"此时无声胜有声"的效果。

例如，作家方纪在《挥手之间》中描写了毛泽东主席去重庆与蒋介石谈判前，在机场与欢送的人们告别的一幕：

主席站在飞机舱口，取下头顶上的帽子，注视着送行的人们，像是安慰，像是鼓励。人们不知道怎样表达自己的心情，只是拼命地一齐挥手，像是机场上蓦地刮来一阵狂风，千百条手臂挥舞着，从下面，从远处，伸向主席。

主席也举起手来，举起他那顶深灰色的盔式帽，但是举得很慢很慢，像是在举起一件十分沉重的东西。一点一点地，一点一点地，举起来，举起来；等到举过了头顶，忽然用力一挥，便停止在空中，一动不动了。

作家以诗一样的语言诠释了"挥手"的丰富含义："他像是表达了一种思维的过程，做出了断然的决定；像是集中了所有在场的人，以及不在场所有的革命干部、战士和群众的心情，而用这个动作表达出来，这是一个特定的历史性动作，概括了当那个伟大的历史转折时期到来的时候，领袖、同志、战友以及广大革命者之间，无间的亲密，无比的决心，无上的英勇。"

（四）审美作用

态势语不仅是演讲者思想感情的外化，同时也是演讲者风采风度的展示。准确、简化、优雅和富有个性的态势语，既有助于演讲者顺畅无误地表达自己的思想和感情，又能给听众以美好和谐的审美愉悦。

例如，美国总统尼克松曾在他的回忆录中对周恩来总理的风度做出如下的描述：

周恩来的敏捷机智大大超过了我能知道的其他任何一位世界领袖。……他优雅的举止，直率而从容的姿态，都显示出巨大的魅力和泰然自若的风度。他从来不提高讲话的调门，不敲桌子，也不以中止谈判相威胁来迫使对方让步。他在手里有"牌"时，说话的声音反而更加柔和了。在谈话中，他有四个特点给我留下了不可磨灭的印象：精力充沛，准备充分，谈判中显示出高超的技巧，在压力下表现得泰然自若。

尼克松的这段评价，充分说明了周总理的行为举止（即态势语）和他的智慧、品德是一样的，都具有极高的审美价值。

三、态势语的要求

（一）自然

态势语直接作用于人的视觉器官，只有自然，才能形成表情达意的真实性，给人以美感。态势语的运用应随情所致，是内容和情感的自然表达，是个性风格的自然流露。另外，态势语的自然运用应受到交际对象、交际目的、交际场合等因素制约。

（二）确切

态势语的运用要简单明确。态势语应恰当地传情达意，体态应明朗，不能似是而非、含糊不清。只有简单明确的体态，才能切实起到补充或加强有声语言的作用，更好地帮助交流者理解，激发其情感和交流欲望。

（三）得体

态势语的运用应得体。态势语的运用要与交际目的相一致，与交际场合的特定语境相适应，与交际对象的年龄和身份等相符合，与交际双方的心态、情感相吻合，才能达到有效的沟通与交流目的。

（四）适度

态势语的运用幅度、力度、频率等受到有声语言和语言环境等因素的制约，应注意把握态势语运用的分寸，动作幅度不宜过分夸张，形式不宜复杂，力度和频率要适中，应有助于口语表达，不能喧宾夺主或哗众取宠。

第二节　态势语的运用

一、表情语

表情语，是通过眼部肌肉、颜面肌肉以及口部肌肉的变化表现各种情绪状态，反映心理活动和情感信息。表情语不仅能给人以直观印象，而且还能给人以情绪感染，它同有声语言配合，能产生极佳的交际效果。

表情集中在眼、眉、口、鼻所构成的"三角"区域，并依靠各器官的组合运动表达出来。表情细微多变、丰富复杂，是人类个体表达情感、传达情绪最原始、最自然、最直观、最重要的方式。因此在交际时表情是说话人心理情绪、情感的直接体现，能直观地暴露出人们的真实情感和态度。

（一）眼神

眼神也被称为目光语。眼神是眼睛的神态，其细微变化所流露出的信息各不相同。达·芬奇曾说，眼睛是心灵的窗户。它所流露的情感和传达的信息比任何身体动作都多。眼神主要由瞳孔的变化、视线的向度和视线接触的长度等方面组成。

瞳孔位于黑睛正中，其大小随光线强弱和内心世界的活动而变化。通常情况下，瞳孔扩大传递出的是正面积极的信息，如兴奋、激动、紧张、欢快等；瞳孔缩小传递出的是负面消极的信息，如沮丧、消沉、绝望、悲伤等。

视线的向度即说话时视线接触的方向。目光正视前方，表示庄重、严肃。双目下垂，一般是在苦思冥想。目光向上仰视，一般是景仰或傲慢的表示。俯视则是关切或忧伤的表现。一旦被别人注意而将视线突然移开的人，大多怀有相形见绌、自惭形秽之感，有较强的自卑心理。两个人互相盯视,是怀有敌意的信号。异性间频繁地以含情的目光对视,即常说的"眉来眼去",这是在暗送秋波。公开场合中,如有人眼珠乱转,东瞧西望,眼睛骨碌碌闪着贼光,那可能是心怀叵测的人,须小心提防。贬低一个人时,一般不正眼瞧他。

视线的长度是指视线接触的停留时间。视线接触的长度,除关系十分亲密的人以外,一般注视对方的时间在1—2秒之间。在许多文化背景中,长时间的凝视是不礼貌的行为,被认为是"对私人占有空间或势力圈的侵犯",因而给对方造成心理压力,影响交际效果。

视线除了长短之外,还有软硬之分。二者配合协调,表达情绪,一般情况是:表示敌意或关注时,视线长而硬;表示期待或探询时,视线长而软;表示慈爱或关切时,视线短而软;表示景仰或缅怀时,短暂闭目,视线消失。

常用的眼神有以下几种:

1. 平视

指视线平稳自然地落在正前方的人或物上。这是公共场合应用最多的一种眼神。使用这种眼神可以传递出说话人沉稳、自信、大方、从容的气质和神韵,还可以拉近与沟通对象的心理距离,让对方接受你。

2. 环视

指视线向四周做有意识的流转,即扫视全场。使用这种方法,可以较全面地接收到受众的"反馈"信息,也可以使每个接受者都感到你在同他说话,从而满足他们要求交际的心理。需要注意的是,环视时目光要从容缓慢地流转,照顾到所有交际对象,切忌溜来溜去或跳跃不定,给人心神不宁、别有用心乃至贼眉鼠眼的错觉。

3. 注视

注视即注意地看。在两个人的言语交际过程中,相互注视可以完成感情的微妙交流,有助于了解对方心理及其变化。由于交际者之间的关系不同,注视行为又可以分为三种:

亲密注视:视线停留在对方的两眼与胸部之间的部位。亲密注视是亲人或恋人之间的一种注视行为。

社交注视:视线停留在对方的双眼与嘴部之间的部位。这是社交场合常见的视线交流位置。

公事注视:视线停留在对方前额的一个假定的三角形部位。这种注视能造成严肃气氛,使自己保持主动。在人们洽谈业务、磋商交易和贸易谈判时使用,是商人、外交人员经常使用的一种注视行为。

4. 虚视

眼睑半开半合,眼神似视非视,视线落在前方偏上较远的位置。这种技巧适用于记者招待会、演讲会等公开场合。在环视和注视之间穿插虚视,可以调整、消除由环视带来的飘忽感和注视带来的呆板感。虚视还可以用来表示思考,给听众以认真努力和机敏的印象。对于"怯场"的人来说,虚视还能起到平复紧张情绪的作用。

（二）笑容

笑容，指人们愉快欢乐时所呈现出来的面部表情。在言语交际中，它不仅是内容的显示屏，也是交际者之间的润滑剂。展示笑容，可以缩短彼此间的心理距离，打破交际障碍，为心灵的沟通创造有利条件。笑容大体分为三类：第一类是微笑，是一种程度较浅的笑容，表达自得其乐、知心会意、亲善友好等心绪；第二类是大笑，是一种程度较深的笑容，常常伴随着"哈哈"的笑声，表达十分开心、十分欢乐、十分愉快的心情；第三类是狂笑，是一种程度最深的笑容，笑声响亮并伴随前俯后仰的动作，通常表达狂喜和极度欢乐。这三类笑容中微笑是适用范围最广的，几乎所有的民族都认为微笑是心情愉悦的表现和向别人表示友好的方式。不过，交际中运用微笑也有一定的讲究。

1. 微笑应自然。只有发自内心的微笑，才能使人感到亲切、友善，才能感染对方，起到增进情感、融洽气氛、促进交流的作用。假装出来的笑不仅自己感到勉强，别人也会看着不舒服。

2. 微笑应得体。微笑应该注意场合，在庄严的场合或参加悼念活动，就不宜面带笑容；微笑应该注意谈话的内容，在谈论悲伤或严肃的内容时，也不应该微笑；微笑还应该注意交际对象，对熟人微笑是亲密的表示，对陌生人微笑是友好的表示，而跟敌人微笑就不太恰当。

3. 微笑应适度。微笑是一种不显著、不出声的笑，与大笑、讥笑、苦笑、暗笑都不相同。轻微的微笑，只要口腔打开到不露或刚露齿缝的程度即可；明显的微笑，口腔打开到正好露出八颗牙齿的程度最好。

（三）面容

所谓面容，是在感情的驱动下，面部肌肉的运动和面部器官如眉、嘴、鼻、耳的互动所显示出的综合表情。面部表情在交际时总会直观地暴露出人们的真实情感和态度，有表情达意的作用。它们是说话人心理情绪、情感的直接体现，反映出说话者说话时的态度。

1. 眉毛

眉间的肌肉皱纹能够表达人的情感变化。柳眉倒竖表示愤怒，横眉冷对表示敌意，挤眉弄眼表示戏谑，低眉顺眼表示顺从，扬眉吐气表示畅快，眉头舒展表示宽慰，喜上眉梢表示愉悦。

2. 嘴巴

嘴部表情主要体现在口形变化上。伤心时嘴角下撇，欢快时嘴角提升，委屈时噘起嘴巴，惊讶时张口结舌，愤恨时咬牙切齿，忍耐痛苦时咬住下唇。面对压力或处境尴尬时，咬嘴唇、舔嘴唇表示你在试图给自己解压、让自己放松。

3. 鼻子

厌恶时耸起鼻子；轻蔑时嗤之以鼻；愤怒时鼻孔张大，鼻翼翕动；紧张时鼻腔收缩，屏息敛气。"仰人鼻息"表示奉承，耸鼻子示意不快、生气或愤怒。当人在说谎时会做出刮鼻子的动作，是因为撒谎时肾上腺素急剧上升，导致毛细血管扩张，鼻子就会发痒。

一般来说，面部各个器官组成一个有机整体，协调一致地表达出同一种情感。常见的表情,有以下几种:喜悦,面部肌筋放松,嘴角向上,眼色明亮;愤怒,面部肌筋收缩,嘴角向下,怒目圆睁;悲哀,面部肌筋放松,嘴角微开,眉目低垂;快乐,面部肌筋放松,嘴角大开,双眼眯缝;惊讶,面部肌筋收缩,嘴角大开,眉目骤张;坚定,面部肌筋收缩,嘴角紧闭,目光炯炯;沉思,面部肌肉紧张,眼睛凝视,微微皱眉;询问,眉毛上扬,眼睛略大,嘴巴微微张开;严肃,眉毛微皱,双唇紧抿,眼睛张大。

二、手势语

手势语,是运用手指、手掌、拳头、手臂等的动作变化,表达思想感情的一种态势语。由于手势语具有表情具体、意思鲜明、形象感强、动作幅度大的特点,得体地运用手势语,会使讲话更有吸引力和说服力,更有气势。

根据手势表达的不同功能,通常将其分为四种类型:一是情意手势。可以使内在的情感具体化,如捶胸表示悲痛,挥拳表示愤怒等。二是指示手势。主要用于具体指明人、事物、方向或数量等,可以给听众一种真实感。三是象形手势。主要用于描摹事物形状以引起听众联想,给听众一种形象化的感觉。如"苹果这么大",用手比画它的大小,具体可感。四是象征手势。主要用于表示一些比较复杂的感情和抽象概念,使听众对抽象事物有一种具体感。如用"V"形手势表示胜利,用拳头表示号召等。

手势语的区域不同,具体动作不同,意义就不同,通常分为上、中、下三区。(1)上区。指手势在肩部以上区域内活动,多表示理想、希望、肯定、喜悦、祝贺、张扬等积极向上的思想和情感。(2)中区。指手势在肩部至腰部区域内活动,多表示叙述事物、说明事理以及较为平静、坦诚、和气的思想和情感。(3)下区。指手势在腰部以下区域活动,一般表示憎恶、鄙视、否定、反对、批判、失望等消极的思想和情感。

(一) 手指

1. 拇指

跷大拇指:在中国,向上跷起大拇指是一个积极的信号。一般表示高度称赞、非常佩服,认为对方绝对首屈一指,意思是"最好!""真棒!""第一!"在希腊,急剧地跷起拇指,意思是要对方"走开!"而在英国、澳大利亚等国则是旅游者常用的搭车手势。

拇指旁指:是一种消极的信号,表示嘲弄和蔑视,意思是:"哼!瞧他那德行!""哎,就是他呀!""瞧我的!"

拇指下指:这个手势在法国、墨西哥等国,表示运气坏死了、无用等意思,在菲律宾、泰国、缅甸、印尼等国表示失败。

大拇指和食指相捻是一种谈钱的手势。

2. 食指

伸出一个食指,既代表数字"1",也代表其他更多的意义。如:食指与嘴唇垂直并靠拢嘴唇或与嘴唇接触,发"嘘"声,表示"请安静""小声点";右手食指放在左手手掌下,表示"暂停";有的人把门开一条小缝儿向外叫人时用食指向里勾;两个人吵架用这种手势指指点点比比划划以示威胁;掌心向外,食指和中指伸出的"V"形手势表示胜利,其义取英文词"victory"(胜利)的首字母;掌心向内的"V"形手势,在东西方都是表示数目"2"。

十指交叉多表示自信、漫不经心、紧张或沮丧;双手叠放多表示紧张、怀疑和对抗;双手指尖相抵,形成塔尖形,表现自信和高傲。当以上三种手势直接抵住下巴时,其消极意义更为明显。

(二) 手掌

掌心向上,通常表示风趣、幽默、坦诚、直率、奉献和许诺等。

掌心向下,一般表示否定、抵制、反对、抑制、消失和宁静等。

两手分开,表示分离、消极的意义。

掌心向外竖起,表示拒绝、对抗、分离、矛盾或反对等。

掌心向内,并向胸前拢,表示恳求理解或承担责任;

掌心向上,摊开双手,表示是希望理解或无可奈何;

搓手掌,如果不表示寒冷,就表示跃跃欲试,反映急切期待的心情;慢慢搓手则表示心情的忧郁。

鼓掌,是中外许多民族用以表示欢迎、赞赏的手势;有时候还含有鼓励的意思;在特定的语境中,也有以鼓掌表示相反意义的,即所谓的"鼓倒掌"。

劈掌,手掌挺直,自上而下像斧子般劈下,表示一种果敢的决心。

(三) 拳头

单手握拳过肩,表示愤怒。

单手握拳,置于胸前,拳心向内,前后挥动数次,以示力量。

高举单、双拳过头,表示为正义呐喊和坚决斗争。

双手握拳在胸前做撞击动作,表示冲突。

右拳或双拳击胸,并颤抖,表示极度悲哀和愤怒。

(四) 动作

两手同时伸掌,稍向前下垂,掌心向前抖动,表示无可奈何。

两手同时伸掌,向前抬起至胸前,掌心相对,然后向内靠拢,至双手紧握,表示团结。

手掌伸出,稍抬起,然后向胸前方向移动,同时握拳,表示决心、意志。

手掌伸出,抬至胸前,然后向前上方用力挥动,表示号召。

摸额头或抚耳垂。摸额头、抚耳垂有安慰作用,不安或受伤时就会出现这样的动作。比如,讲座大厅中你坐在前排,又不希望被叫到时往往会这么做。坐着时双臂紧抱或来回按摩大腿也说明有类似情绪出现,因为按摩身体的一些神经末梢有助于降低血压、减缓心率。

手掌张开,就像双手托着餐盘端菜时那样,表示你乐于接受别人提出的新观点。掌心朝下或攥紧拳头表示你立场坚定——有时不免有些固执。

双臂交叉,这一姿势代表冷淡。不过,有时候人们这么做也只是觉得舒服,别无他意。

把手藏起来。把手藏在膝盖下、插在口袋里,或背放在身后通常是欺骗的动作,表示有所隐瞒。

玩弄手指是缺乏自信、胆怯懦弱的表现。试着双掌合十(手指交叉、食指朝上成尖塔状)就无法再玩弄手指了,相反还会给人以自信感。

研究表明说话时喜欢打手势的人精力充沛、和蔼可亲、待人热情。相反,讲话时手势较少的人逻辑能力强、善于分析。牢记要张弛有度,否则过犹不及。因为太过生动的手势看起来有夸夸其谈的嫌疑,让人觉得不值得被信任。

三、身姿语

身姿,即以躯干为主全身各部位所呈现的状态或姿势,包括头姿、站姿、行姿、坐姿等。身姿语能传递各种信息、表达不同的情感,是非语言交际中十分重要的方面,直接影响一个人的整体形象。

(一) 头姿

点头、摇头:这是最基本的两种头势。在大多数国家点头表示肯定、同意、承认、满意、顺从、感谢、应和,摇头表示否定。但在少数国家,恰恰相反,如保加利亚、斯里兰卡、尼泊尔等国家或其他一些地区点头表示"不是",摇头表示"是"。

侧头:将头从一侧倾斜到另一侧,俗称"歪着脖儿",这说明对某事产生了莫大兴趣。当然,如果是用力地梗着脖子,则是固执己见时常有的姿势。

昂头:仰着头时,最明显的特点是鼻孔朝天,这一形象几乎在世界各地都被认为是自高自大、傲慢无礼的姿态。

垂头:分浅垂和深垂两种。浅垂一般表示谦虚、停顿和思索;深垂表示悲痛、伤感和难过。

(二) 站姿

人们常说"站有站相",指人在交际活动中,站立应当有得体的姿态。站姿的形式,有自然式、前进式和丁字步三种。自然式,两脚平行或略呈八字,与肩同宽;前进式,重心分布在两脚之间或根据表达需要落在前脚;丁字步,两脚呈丁字站立。无论采用哪种站姿其基本要求均是:头要端,肩要平,胸要挺,腹要收,身要正,腿要直,手要垂。通常男性站姿为:双脚平行,大致与肩同宽;全身正直,双肩稍向后展,头部抬起,双臂自然下垂伸直,双手贴于大腿两侧,上身挺直。女性站姿为:挺胸、收颌,目视前方,双手自然下垂,叠放或相握于腹前,双腿并拢,不宜叉开。

站姿不同通常代表的含义也不一样。挺胸收腹,双目平视,表明充分自信,或者十分注意个人形象,或此时心情十分愉快。一腿朝前,双手抱肩,头微低,目光在对方眼下,可激起谈话的内容;双腿并拢,双手合前,腰微弯,目光对着对方的眼睛,头微低,表示谦恭,有意听取对方的意见,表明绝对顺从、服从命令;双脚分开,与肩同宽,这一站姿代表支配欲和决心;左右或前后换腿站,表明犹豫不决……在交际中需要克服的是太过随意的站姿,比如站立时歪着身子,双手插在腰间,踮着脚不停抖动。

(三) 行姿

正确的行姿一般要求是:自然、轻盈、矫健。自然而不别扭、轻盈而不笨拙、矫健而不迟钝。抬头挺胸,眼睛正视前方,步履稳健而轻捷,双膝弯曲度小,步幅、速度适中,步伐和手臂的摆动要有节奏感。切忌一个肩高一个肩低,低头弯腰,左右摇摆,拖拖沓沓等。

走路昂首阔步给人的印象是能干、效率高,好像要有什么重要的事情等着你去做。走路"蹦蹦跳跳有节奏感"说明性情开朗乐观。

行姿的方面,即脚的移动方面不同,代表的含义往往也不一样:向前移步,暗含肯定、争取的意思;向后退步,暗示否定、畏惧、消极的意思;小范围地来回走动,则表示思考、徘徊、成竹在胸。

(四) 坐姿

正确的坐姿应该是自然、端正,落座在位置的前半部,两腿平行垂直,两脚落地,腰板挺直。切不可斜靠在椅中,或者盘腿,或者把手臂搁在椅背上,这样都会引人轻视。

男性坐着的时候,抬头、挺胸、收腹、两眼平视前方,两腿与肩齐平,微微张开双腿而坐,是稳重、豁达的表现。倘若两腿张开太大,既不礼貌,也不雅观。女性并拢双膝、脚踝交叉而坐,是庄重、矜持的表示,腰板轻松地挺直,这样显得自然、从容,情绪饱满。

在一般交际场合,与自己平等或比自己地位低的人在一起时,坐姿可以适当放松一些:头部可以自由活动,腰不那么挺直,手的动作也可以随意、自如一些。坐姿中需要注意避免以下两种:一是架腿,即人们常说的"跷二郎腿",它通常是控制消极情绪的人体信号。如果跷着二郎腿还轻轻抖动,就会表达出漫不经心、不以为意或对对方的话题不感兴趣的信息。另一种就是坐下时腿跷在桌子上或两腿叉得很开且来回晃动,往往会让人觉得傲慢、缺乏教养。

四、界域语

界域语,又称空间距离语,指交际双方空间距离的远近。空间距离的远近往往反映了交际双方的人际关系、谈话内容和效果等,也在一定程度上反映出人与人之间的心理距离。交往中人与人之间的距离大体可以分为四类。

第一,亲密距离。此距离一般处在 45 厘米以内,体现出交际双方的亲密关系。处于此距离的交际双方,可以看到彼此的细微表情,听到彼此的呼吸。一般情况下,只有亲密无间的人,如父母与子女、夫妻之间,才可以在此界域内进行言语交际。第二,个人距离。此距离一般处在 45 厘米至 100 厘米之间,体现出交际双方的亲切、友好的关系。一般情况下,属于同事、同学、朋友等熟人的交往空间。第三,社交距离。此距离一般处在 100 厘米至 210 厘米之间,体现出交际双方较为正式的非私人的关系。一般情况下,出现在上级与下级的工作交谈、来访接待、客户商贸洽谈、业务咨询等交际场合。第四,公众距离。此距离一般处在 210 厘米之外,空间距离比较大。一般适用于群体交往活动中,如作报告、讲课、表演等。

需要注意的是,虽然界域语类型多样,但其在实际交谈及特定场合的运用中是具有灵活性的,并且,影响距离变化的因素很多。例如,乘坐公交车或飞机等交通工具时,人与人之间的距离缩减却不会令人反感。不同民族的文化背景和风俗习惯的差别会影响界域语,例如,关系一般的人进行交谈时,西班牙或阿拉伯人习惯保持15厘米左右距离,日本人习惯保持30厘米左右距离,中国人习惯保持45厘米左右距离。因此,言语交际中,交际双方的空间距离常常会因人、因地、因时而异。

自主训练与巩固

一、根据下列成语做出相应的表情。

眉飞色舞　不胜其烦　咬牙切齿　目瞪口呆　哑然失笑　魂不守舍　眉开眼笑
愁眉不展　含情脉脉　贼眉鼠眼　低眉顺眼　龇牙咧嘴　苦思冥想　热泪盈眶

二、朗读下面几段话,并配合恰当的表情和眼神。

1. 我们民族历史上最灿烂的科学的春天到来了。我是上一个世纪出生的人,能参加这样的盛会,百感交集,思绪万千。

2. 我是一名退役军人。但退役不褪志,退伍不褪色,始终牢记首长嘱托,传承部队优良传统,保持军人本色。若有战,召必回,战必胜!

3. 朋友们,东方艺术楼动工的隆隆机声已经近了,已经听到了!我希望在中国的大地上建起广厦崇楼的同时,我们共同建造精神的崇楼!当我挖起动工第一锹土的时候,我将亲吻我亲爱的母校——南开大学的土地。今天,当日的梦境化为了现实。虽然马蹄湖已经是荷花香消,翠叶已残,然而我相信诸位的心头,现在是一片和煦温暖的春阳。

4. 小姑娘终于抽出一根火柴,在墙上擦了一下,哧!火柴燃起来了,冒出火来了!当她把手覆在上面的时候,明亮的火柴像一根小小的蜡烛。

……唉,这是怎么啦?小姑娘刚刚伸出她的一双脚,打算暖和一下,火焰忽然熄灭了!火炉不见了,她坐在那儿,手中只有烧过的火柴梗。

……

看!这只鹅从盘子里跳出来了,它背上插着刀叉,蹒跚地在地上走着,一直向这个穷苦的小姑娘走来。但是,这一根火柴又熄灭了,她面前只有一堵又厚又冷的墙。

她又擦了一根火柴,现在她坐在美丽的圣诞树下,这株树比她上次圣诞节时,透过一家富商的玻璃门里看到的那一株还要大,还要美。它的绿枝上燃着几千只蜡烛,一些跟商店橱窗里陈列的画一样美丽的彩色图案在向她眨眼。小姑娘把两只手伸过去,可是火柴熄灭了。

圣诞树的烛光越升越高。她看到它们变成了明亮的星星,这些星星有一颗落下来。在天空划出一条长长的红光。

三、给下列语句设计手势语。

1. 小刘,请注意往这边看!

2. 中国人从来就不吃这一套!

3. 此刻,让我们放飞心情,嗨起来!接着奏乐,接着舞!

4. 从此,我们天涯海角,各自在人生的旅途上苦苦跋涉。

5. 从这里,我们又将踏上新的征程,去收获另一个金秋。

6. 我们将用实际行动向全校证明:我们高三(2)班,是好样的!

四、为下面的句子,设计合适的态势语。

1. 天啊! 千万别做傻事啊!

2. 风助火势,火乘风威,火苗越升越高,我被这眼前的景象惊呆了,大脑一片空白。

3. 三年前,我站在这同一个地方,向你们说了同样的话。但是,很遗憾我们失败了。三年后的今天,这一次,我们必赢!

4. 再见了,亲爱的同学们,从今天开始祈盼下一个十年后再回母校相聚。愿你我历尽千帆,归来仍是少年!

5. 风! 你咆哮吧! 咆哮吧! 尽力地咆哮吧! 在这暗无天日的时候,一切都睡着了,都沉在梦里,都死了的时候,正是应该你咆哮的时候了,应该你尽力咆哮的时候!

6. 有几回,邻居孩子听得笑声,也赶热闹,围住了孔乙己。他便给他们茴香豆吃,一人一颗。孩子吃完豆,仍然不散,眼睛都望着碟子。孔乙己着了慌,伸开五指将碟子罩住,弯腰下去说道:"不多了,我已经不多了。"直起身又看一看豆,自己摇头说:"不多不多! 多乎哉? 不多也。"于是这一群孩子都在笑声里走散了。

五、分析材料中态势语的特点。

1. 英国首相丘吉尔在一次演讲中说:"我们现在的生活水平比历史上任何时期都高,我们现在吃的东西很多。"讲到这里,他故意停顿了一下,看着听众,然后盯着自己的大肚皮说:"这就是最有力的实证。"

2. 周恩来的敏捷机智大大超过了我能知道的其他任何一位世界领袖。这是中国独有的、特殊的品德,是多少世纪以来的历史发展和中国文明的精华结晶。他做人很谦虚,但沉着坚定。他优雅的举止,直率而从容的姿态,都显示出巨大的魅力和泰然自若的风度。他从来不提高讲话的调门,不敲桌子,也不以中止谈判相威胁来迫使对方让步。他在手里有"牌"时,说话的声音反而更加柔和了。在谈话中,他有四个特点给我留下了不可磨灭的印象:精力充沛,准备充分,谈判中显示出高超的技巧,在压力下表现得泰然自若。

3. 一僧号不语禅,本无所识,全仗二侍者代答。适游僧来参,问:"如何是佛?"时侍者他出,禅者忙迫无措,东顾复西顾。又问:"如何是法?"禅不能答,看上又看下。又问:"如何是僧?"禅无奈,辄瞑目矣。又问:"如何是加持?"禅但伸手而已。游僧出,遇侍者,乃告之曰:"我问佛,禅师东顾西顾,盖谓人有东西,佛无南北也;我问法,禅师看上看下,盖谓是法平等,无有高下也;我问僧,彼是瞑目,盖谓白云深处卧,便是一高僧也;问加持,则伸手,盖谓接引众生也。此大禅可谓明心见性矣。"侍者还,禅僧大骂曰:"尔等何往? 不来帮我。他问佛,教我东看你又不见,西看你又不见;他又问法,教我上天无路,入地无门;他又问僧,我没奈何,只假睡;他又问加持,我自愧诸事不知,做甚长老? 不如伸手沿门去叫化也罢。"

第五章 口语表达的基本方式

第一节 朗 读

朗读训练可以有效地提高有声语言的表达能力,有助于形象思维和逻辑思维能力的锻炼,学习和储存优美的词汇和句式。

一、朗读的定义

朗读是把诉诸视觉的书面语言,转化为诉诸听觉的有声语言的再造性读书活动;是朗读者在分析理解作品的基础上,融入自己的体会感悟,通过个性化的声音形式再现作品的内容和风貌,引发听众心灵上的共振、情感上的共鸣的高级读书活动。

一个成功的朗读者是作者和听众之间的纽带和桥梁。古语说,"言为心声",古往今来的文人通过文字表达思想、传递观念、抒发情怀,听众则通过朗读者稍纵即逝的声音获知作者的心声。可以说,听众获得信息的清晰、准确、完整与全面,都依赖于朗读者对相关信息所做的由文字信息到语音信息的转换与传递。因此,作者的心声是否能准确、全面地传给听众取决于朗读者所构建的沟通桥梁。

二、朗读的基本要求

(一)准确清晰

朗读时,要使用普通话,念准每个音节的声、韵、调,读准语流中的各种音变情况;还要吐字清楚,念字完整,不颠倒,不重复,停顿恰当,连贯自然,使语义清晰完整地传递出来。

(二)规整生动

朗读是一种郑重的转述和质朴的再创作。朗读时应充分尊重作者、尊重作品,不添字、不掉字、不改字,语句流畅,语速适度,声音起伏得当,节奏变化平衡,语法关系和逻辑关系明确,易于听众接受信息。

(三) 自然真挚

作者"情动于衷而行于言",喜怒哀乐都融于字里行间,朗读时不仅要达意,还要传情。朗读者在理解作品的基础上,深入发掘作品中蕴涵的感情变化,设身处地、如临其境,把自己的思想感情激发调动起来,使作品字字句句仿佛从心中流出。情感的表达要自然真挚,不可过度夸张和渲染。

三、朗读的步骤

朗读绝不是把文字变为字音的简单的念字出声,而是在分析理解作品的过程中,把自己的态度感情融化在作品内容里,进而表露在有声语言中。成功的朗读大体经过以下几步。

(一) 研读作品,明确主题

朗读不同于匆匆忙忙的阅读和浮光掠影的浏览,它需要朗读者反反复复、仔仔细细地品读,要理解背景材料、把握层次结构、熟悉人物形象、揣摩语言风格,其中最主要的是明确作品的主题。

主题是作品的中心思想,是作者用以统帅全篇的核心观点。主题如同一根红线,或明或暗,若断若续地贯穿于作品的始终。朗读时必须明确主题,牢牢把握这根红线,用它将全篇的句段统帅起来,并且在表达中使之鲜明地凸显出来,才能准确清晰地传达出作品的精神实质。

例如散文《背影》,作者抓住瞬息间的生活感受,以背影为行文线索,表现出父亲对儿子无限的怜惜、体贴、依依难舍的深情。

(二) 具体感受,整体把握

研读作品,不仅要有理性的分析理解,而且要进行具体感受。感受是理解和表达之间的桥梁,也是调动感情的基础。

感受分为形象感受和逻辑感受两大类。

1. 形象感受

形象感受是从作品的文字所包含的形象性中获得的感受。它需要朗读者根据书面语言的描述,调动自己的记忆联想和再造想象功能,感知(看到、听到、嗅到、触到)具体事物的形象及其运动,并产生相应的内心体验。例如:

(1) 天冷极了,下着雪,又快黑了。

(2) 一开瓶子塞儿,就是那么一股甜香。……喝着这样的好蜜,你会觉得生活都是甜的呢。

(1) 中的实词刺激了朗读者视觉感官,因此朗读者应透过这些实词,联想到天色、雪花,从而感到寒冷;当朗读者读到(2) "一开瓶子塞儿"时,会不自觉地抽一下鼻子,深吸一口气,一股甜香味扑鼻而来,这就是嗅觉想象引起的嗅觉感受。

2. 逻辑感受

逻辑感受是从作品的结构脉络和语句的逻辑关系中获得的感受,也是对作者思路的一种再体验。这种感受大多是从文字语言的虚词中获得的。虚词虽然不表示意义,却起着贯通全文,显示脉络的重要作用。逻辑感受包括并列、对比、递进、转折、主次、总结等多种感受。例如:

(1)太阳出来了,人却不能够看见它。然而太阳在黑云里放射出光芒……

(2)凡走狗,虽或为一个资本家所豢养,其实是属于所有的资本家的,所以它遇见所有的阔人都驯良,遇见所有的穷人都狂吠,不知道谁是他的主子。

朗读者如果有了对语句的上下衔接,乃至对全篇的起承转合的逻辑感受,就能够使语言表达连贯顺畅。

朗读中形象感受与逻辑感受是有机地结合在一起的,缺一不可。逻辑感受是"线",可以帮助我们把握全篇的序列;形象感受是"面",可以使我们把握住各段各句的扩展。将两者结合在一起,才能为朗读表达打下扎实的基础。

对作品来说,应将各环节的具体感受加以综合,形成对作品的整体把握,获得整体感受。整体感受就是分清主次、抓住重点。一篇作品中最集中、最典型地表现主题的地方,最有力、最生动地体现目的的地方,最凝聚、最浓重地抒发感情的地方,都属于重点。只有抓住重点,分清主次,才能在朗读时做到胸有全局,重点突出,给听众留下完整深刻的印象。

(三)调动感情,确定基调

感情是朗读者在感受作品内容的基础上进行再体验的产物,是朗读创作的核心和灵魂,是有声语言的生命。调动感情最常用的方法是设身处地、触景生情。所谓"设身处地",就是在理解、感受的基础上,认真体味作品所包含的思想感情,并把自己置身于作品所描绘的氛围中,获得真切的感受,作品中叙述、描写的一切都如亲眼所见、亲耳所闻,甚至像亲身经历一样。所谓"触景生情",就是当作品中的人物、事件、场面、景物、情绪等浮现在脑海里时,朗读者对每一个画面,对画面中的主要事物,必须及时做出积极的内心反应,引起情感的体验,生发出饱满、细腻的感情。

比如《背影》中,讷言的父亲没有豪言壮语,也没有甜言蜜语,只有只言片语,但是由于符合人物的性格特征,同样深入人心。第一次是儿子劝他不必送时,他说:"不要紧,他们去不好!"——担心茶房照顾不周到;第二次是到了车站,儿子劝他回去时,他说:"我买几个橘子去。你就在此地,不要走动。"——担心儿子车上饥渴;第三次是买回橘子走下车时,他说:"我走了,到那边来信。"——关心儿子旅途安全;第四次是走了几步后回头说:"进去吧,里边没人。"——唯恐行李丢失。这四句简朴的话语包含着千情万绪,把老父亲对儿子方方面面的关照、牵挂以及不舍淋漓尽致地表现出来。儿子明明已感受到父亲的深情,但沉默的性格使其只用"眼泪很快流了下来""眼泪又来了"回应。文章语言质朴、真情袒露,就在于作者对人物心理动态所做的深入揣摩、深刻体会。在欣赏和朗读时必须置身于这一特定的氛围,设身处地生发情感,饱含真情地传递到听众心里。

基调就是朗读某篇作品时总的感情色彩。不同的作品有着不同的基调,有的昂扬有力,有的深沉坚定,有的喜悦明快,有的悲愤凝重,有的豪放舒展,有的清新细腻……

确定基调应从作品的感情和朗读者的态度两方面加以概括。比如《海燕》,作品本身的感情色彩是"热情赞美、慷慨豪迈"的,朗读者的态度是"敬佩的、歌颂的",这两方面结合在一起,便构成了朗读这篇作品的基调。

基调是和声音联系在一起的,有什么样的基调,就会有什么样的声音。下面介绍一些不同基调的用声要求:

1. 清新舒展的基调

练习时可用偏小音量,声音柔和、抒情,气息深而长。例如:

最妙的是下点小雪呀。看吧,山上的矮松越发的青黑,树尖上顶着一髻儿白花,好像日本看护妇。山尖全白了,给蓝天镶上一道银边。山坡上,有的地方雪厚点,有的地方草色还露着,这样,一道儿白,一道儿暗黄,给山们穿上一件带水纹的花衣;看着看着,这件花衣好像被风儿吹动,叫你希望看见一点更美的山的肌肤。

2. 高亢明亮的基调

练习时要求声音要庄重大方,吐字要力度均匀、字正腔圆、粒粒外送,有穿透力,气息要稳定、扎实、托底。例如:

同志们!从本世纪20年代起,几十年来,中国共产主义的先驱者们,中国人民的数以百万计的光荣革命战士和先烈们,流血牺牲,英勇奋斗,奠定了今天中国的局面。在新时期中,让我们继承先烈的遗志,在祖国的辽阔大地上,干出一番前人从来没有做过的伟大事业来吧!

3. 热情赞美的基调

练习时声音柔中有刚,咬字力度大而不塞,气息深而不断流。例如:

那醉人的绿呀!我若能裁你以为带,我将赠给那轻盈的舞女,她必能临风飘举了。我若能把你以为眼,我将赠给那善歌的盲妹,她必明眸善睐了。我舍不得你,我怎舍得你呢?我用手拍着你,抚摩着你,如同一个十二三岁的小姑娘。我又掬你入口,便是吻着她了。我送你一个名字,我从此叫你"女儿绿",好么?

4. 义正词严的基调

练习时要求声音以刚为主、以实声为主,坚定有力结实,吐字颗粒饱满、字正腔圆,气息沉稳、扎实,由丹田气作支撑托声而出。有理有力,切忌高喊,否则会声飘、气虚、字挤。例如:

好个"友邦人士"!日本帝国主义的兵队强占了辽吉,炮轰机关,他们不惊诧;阻断铁路,追炸客车,捕禁官吏,枪毙人民,他们不惊诧。中国国民党治下的连年内战,空前水灾,卖儿救穷,砍头示众,秘密杀戮,电刑逼供,他们也不惊诧。在学生的请愿中有一点纷扰,他们就惊诧了!

好个国民党政府的"友邦人士"!是些什么东西!

5. 低沉悲痛的基调

练习时要求用声较暗弱、低沉、偏虚,胸腔共鸣较多,节奏偏慢、字音缓缓送出,有时声伴字、字伴气哭泣而出,断断续续发音;气有时颤抖,有时叹息。例如:

总理的灵车徐徐开来。灵车四周挂着黑黄两色的挽幛,上面佩着大白花,庄重、肃穆。人们怀着沉痛的心情,目光随着灵车移动。灵车所到之处,像是有一个无声的指挥,老人、孩子、青年、妇女都不约而同地站直了身体,摘下了帽子,向灵车致敬,哭泣着,顾不得擦去腮边的泪水,舍不得眨一眨眼睛。缓缓灵车经过,万众号呼总理,泪尽也赎公无计。

6. 轻松活泼的基调

练习时要求用声较偏前、音高柔和,口腔状态较松弛,舌头较灵活,字音弹发快而饱满,气息灵活变化多,抒情昂扬向上。例如:

柳条儿青,柳条儿长,柳条儿随风在摇荡,摇来了春天,摇来了小鸟,摇得那湖水闪闪亮。柳条儿青,柳条儿长,柳条儿随风在摇荡,我做支柳笛吹起来,嘀呐呐像小鸟儿在歌唱。柳条儿青,柳条儿长,柳条儿随风在摇荡,请来春姑娘荡秋千,秋千挂在柳条儿上。

7. 骄傲自豪的基调

练习时要求声音要宽厚明亮、开阔抒情,吐字清晰饱满、圆润集中,语势昂扬舒展,气息深厚、扎实、通畅。例如:

我是中国人——,我那黄河一样粗犷的声音,不光响在联合国的大厦里,大声发表着中国的议论,也响在奥林匹克的赛场上,大声高喊着"中国得分",当掌声把五星红旗送上蓝天,我骄傲,我是中国人!

8. 深沉宁静的基调

练习时要求声音偏暗、虚、柔和,吐字清晰、颗粒性强,节奏偏慢、运用音长,气息深匀,弱控制力较强。例如:

我躺在舱面上,仰望天空。深蓝色的天空里悬着无数半明半昧的星。船在动,星也在动,它们是这样低,真是摇摇欲坠呢!渐渐地我的眼睛模糊了,我好像看见无数萤火虫在我的周围飞舞。海上的夜是柔和的,是静寂的,是梦幻的。我望着许多认识的星,我仿佛看见它们在对我眨眼,我仿佛听见它们在小声说话。这时我忘记了一切。在星的怀抱中我微笑着,我沉睡着。

9. 亲切自然的基调

练习时要求亲切、自然、口语化,有直接交流感。用声形式以实声为主,较弱、亲切、柔和,吐字清晰流畅,气息量偏小,舒缓平和,运用灵活。例如:

瞧,它多美丽,娇巧的小嘴,啄理着绿色的羽毛,鸭子样的扁脚,呈现出春草的鹅黄。水手们把它带到舱里,给它"搭铺",让它在船上安家落户,每天,把分到的一塑料桶淡水匀给它喝,把从祖国带来的鲜美的鱼肉分给它吃,天长日久,小鸟和水手的感情日趋笃厚。清晨,当第一束阳光射进舷窗时,它便敞开美丽的歌喉,唱啊唱,嘤嘤有韵,宛如春水淙淙。

10. 悲愤激昂的基调

练习时要求用声偏刚、较宽厚,胸腔共鸣多些,吐字力度强、颗粒饱满、字正腔圆,个别句子牙关偏紧,气息深厚、扎实,变化幅度较大。例如:

怒发冲冠,凭栏处、潇潇雨歇。抬望眼,仰天长啸,壮怀激烈。三十功名尘与土,八千里路云和月。莫等闲,白了少年头,空悲切!靖康耻,犹未雪;臣子恨,何时灭!驾长车,踏破贺兰山缺。壮志饥餐胡虏肉,笑谈渴饮匈奴血。待从头、收拾旧山河,朝天阙。

(四) 反复试读,放声朗读

试读时要把语句读准(不读错),读清(口齿清、句读清),读熟(读流利、读流畅),把自己的表达处理与作品的内容感情相吻合,精心设计重音的形式、停顿的位置、语调的抑扬及其他表达技巧。反复试读后,就可以面对听众放开声音朗读了。朗读时根据听众的年龄层次、文化水平、心理特征以及人数、场地因素调整音量、语速等,注意与听众的交流,心中、眼中始终要有听众,还应全神贯注,动脑动心,速看慢读,由己达人,全身松弛,用声自如,表情达意,言志传神。

四、不同文体的朗读技巧

(一) 说明文

说明文以传授知识为主要目的,常用来说明、解释事物的性质、特点、结构、功能等,使人获得必要的科学知识。朗读时,重在把事物的基本特征解说清楚,表达力求客观确切,平实舒展,把作品完整、明白、有条有理地传达给听众。

1. 解说清楚,条理分明

说明文以说明为主。朗读时,关键是抓住说明事物的基本特征,解说清楚,这样听者才能听明白,获得正确的认识。说明文语言精练,时常出现数字和专业术语,可以把关键性词语读得重一些,数字和专业术语读得慢一些。

2. 态度客观,表达确切

说明文的语言具有客观性、科学性。朗读时必须持科学、客观、实事求是的态度,排除自己的趣味和好恶,不带有个人主观的感情色彩,语句重音要找准,表达分寸要确切,停连安排要得当,这样才能鲜明地显示出逻辑关系。

3. 语气平和,语速平稳

朗读说明文,语气应平和朴实,不求夸张,不宜渲染。声音无须大起大落,节奏比较舒缓,疾徐抑扬的变化幅度不宜过大,给人一种从容的感觉。说明文中也常有描写性的文字,写得生动活泼,趣味盎然。朗读时,力求生动一些。

(二) 议论文

议论文是以议论说理为主要表达方式的文章体裁,它有三个要素:论点、论据和论证。朗读时要就事论理,以理服人。

1. 突出论点,把握逻辑关系

议论文的论点,是论述中心,是题旨所在;论据是论点的支柱,是论证的依据。朗读时,论点如箭,坚实犀利;论据如弓,坚韧有力,要锋芒毕露,尖锐鲜明。论点与论点之间,论点与论据之间的逻辑关系一定要清晰、明了、连贯。语言表达应定向推进,指向中心论点。

2. 观点鲜明,态度明确

朗读议论文,态度必须明确,赞成什么,反对什么,要让人清楚明白。语气要肯定、果断,不可犹豫。议论中往往会综合运用记叙、说明、抒情等多种手法,以更好地表达自己的见解和主张。此时的记叙、说明和抒情都从属于议论的需要,是为议论服务的。朗读时,切不可读成叙事性文章或抒情散文。

3. 合理论证,服务论点

论证就是运用证据来说明论点的过程,一般包括证明和反驳两种方式。朗读立论式的文章,提出论点时,要语气肯定,态度明确,有理有据地表明立场、观点。而在朗读驳论式的文章时,因为摆出的论点是要批驳的靶子,这就要求运用语调、语气等手段,用疑问语气或反问语气,或用讽刺、轻蔑的语调,表达主观思想感情。

(三) 诗歌

诗歌是最适合朗读的一种文体。它激情澎湃,想象丰富,意境深邃,音韵和谐,具有极强的感染力。朗读和欣赏诗歌是深受人们喜爱的一种言语表达活动。

诗歌分为格律诗和自由诗两大类。格律诗,在音律方面有种种限制,如对字数、平仄、韵脚等都有严格的规定。自由诗,结构自由,节奏自然,具有豪爽不羁、跳脱奔腾的特点。朗读时要根据诗歌类别选择合适的表达形式。

1. 深入意境,因境抒情

所谓意境,就是文学作品中所描绘的生活图景和表现的思想感情融合一致而形成的一种艺术境界。朗读要展现诗歌的意境,朗读者就需深入其中,情景交融,并通过有声语言去触发听众的想象,使他们一同领略"诗中画"的丰富而深刻的意味,获得美感享受。

柳宗元的《江雪》描绘的是一幅寒江独钓图。前两句凭借着"绝""灭"两字勾勒出空旷辽远的山水轮廓,后两句把目光引向近处,精雕细刻出一个"孤舟""寒钓"的老者形象。全诗有远有近,有静有动,既有粗的轮廓,又有细的物象,描绘出富于立体感的景物形象,这是仅靠文字和直观想象能体会到的。那么作者仅仅就是为了表现这种"孤""寒"的自然之美吗?这就需要我们结合作者所处的时代背景和个人的人生际遇进一步体会。写这首诗时柳宗元正处于政治上遭受打击之时,心情自然是孤独郁愤、寂寞失意的。再回头看这首诗就不难意识到那"千山鸟飞绝,万径人踪灭"的天地轮廓,冰雪茫茫的境界,正是当时严酷的政治现实的象征;而那顶风抗雪,孤舟独钓的渔翁也正是作者不屈精神,傲岸性格的化身。这种意境和感情都需要朗读时深入作品,靠近作者,仔细体味,生发出真挚的感情。

2. 划分语节,把握节奏

节奏是诗歌的生命。朗读的节奏不但展现着意境美,而且显示着音韵美,诗味就是从这里飘出来的。

把握节奏离不开对诗行中语节的划分。语节,是指音步、节拍。自由诗的语节主要按照语意来划分,以不割裂词句为前提。语节中包含的音节有多有少,朗读时应该注意语节的时值要大体相当。因此,音节多的语节要读得紧凑些,而音节少的语节则读得舒缓些。这样时疏时密,循环出现,可造成相似声音形式的回环往复,有利于节奏感的形成,并在听觉上造成疏密、长短的音乐美。格律诗在形成节奏方面有先天的优势。如讲究押韵,韵脚的反复出现有利于节奏的形成;讲究平仄,平仄相间也使得相似的声音形式不断出现;对仗等写作手法也为节奏的形成提供了条件。要把这些优势体现出来,关键是要努力造成相似声音形式的回环往复。

3. 音节舒展,韵脚明朗

朗读诗歌时,情感、气息、声音要贯通,做到语断气连、气断意连,音要拉得长些,带有吟咏的味道。这样,既可充分显示汉语的四声特点,听起来抑扬分明,又可以把诗歌的意境更好地展示出来。音节舒展,语速疾徐有变,重音音节比非重音音节长些,语音末尾音节比其他音节长些。

对于押韵的诗句,朗读时要将韵脚突出出来,运用加重或拖长的方式稍加强调,使之响亮些。加重,不仅要加大音量,还包括加强吐字力度,提高音高等。拖长,指延长韵脚的时值。可以拉开字腹,加大吐字归音时舌头的动程延长时值,也可以按调值顺势延长字尾以延长韵脚的时值。如:

远上|寒山——石径斜(xiá),白云|深处——有人家。停车|坐爱——枫林晚,霜叶|红于——二月花。

诗句中的"斜""家""花"三字押韵(a),朗读时读得响亮些,形成韵脚的回环呼应,听起来更加和谐优美,委婉动听,也更能显示出诗歌的音乐美。

(四) 散文

1. 定准作品总基调

总基调是指朗读者在朗诵艺术创作中赋予作品的感情色彩,以及由此产生的与之相和谐的语调。"形散神不散"是散文的主要特征,定准了总基调,朗读那些形式散落的内容时,就可以使它们既有相对的独立性,又统一在一个整体之中。

比如,朗诵秦牧的散文《土地》,朗诵者要从几十万年前说到现在;要从外国殖民主义强盗侵略说到海外华侨当年背井离乡;要从古代抗敌的爱国志士说到当年拦河筑坝的农民;要从《左传》说到《红旗歌谣》……正如作者所写的那样:"骑着思想的野马奔驰到很远很远的地方,然后,才又收住缰绳,缓步回到眼前灿烂的现实中来。"如果,未能定准一个统一的基调,朗读者是很难通过有声语言将这些貌似离散的人和事贯穿起来的。

因此,朗读时必须根据作者对土地的真挚情感,确定出深沉而纯朴的总基调,然后再根据文章中每一段不同的内容,制定不同的小基调。比如,读到"过去,多少劳动者为了土地进行连绵不断的悲壮斗争"内容时,可采用激昂的小基调,读到"几千年来披枷带锁的土地,一旦回到人民手里"内容时,可采用比较兴奋的小基调。然而这些小基调都由以上总基调所统摄。这样,就会将文章中一件件事,一个个人,一段段时间,一处处地方穿缀在一起。

2. 保持统一全篇的风格

散文虽以"意"为主,然而有些作品在写人叙事上费了不少笔墨。朗读时对写人叙事的部分,一般只要"点到为止",不必过实。无论是朗诵作品的哪一部分,都要求统一在一种风格之中——写意。

比如杨朔的散文《香山红叶》,"意"在用象征手法,以红叶比喻老人的品格,赞美老向导,并联想到使老向导刘四大爷人老心红的新社会。因此朗诵者一定要始终不能忘记这个"意",从头到尾都要以非常抒情的总基调来朗诵这篇作品,让听众在这种情感的陶冶下,随着作者去展开丰富的联想,联想到作品中人物的精神面貌,体味作品美好而深邃的意境。

3. 采用亲切自然的语气

朗读散文经常会遇到一些议论性很强的文字,然而这些内容毕竟不像一般的议论文,它无须论证过程,而且更多的道理是通过运用一些修辞手法,形象而又深入浅出地道出来的。即使是一些直接讲明道理的句子,也无不染上个人的感情色彩。朗读这一类散文,不能耳提面命,重炮猛轰。既要把作品中的道理讲清,又让人觉得你在与他促膝谈心,那么采用亲切的语气将有助于你的成功。

比如朗诵柯蓝的《困难》这篇散文其中的一段,务必采用亲切的语气,才能做到在漫话中将道理阐明:

也许,你在工作里、生活里都遇到过困难。在我的心里,困难就和胜利站在一起,困难是一条河,胜利就是河那边的山,过了河,就上了山。不要只看见河,就看不见山,也不要只看见山,却看不见困难……向困难伸过手去吧,在生活里,这是你最好的朋友。

文章阐明的如何正确对待困难的道理可谓深刻,我们似乎在一般议论文或演讲词中可以看到,然而以上深刻的道理是通过一个个形象的比喻,深入浅出地讲出来的,因此朗诵时要明显区别于朗诵一般的议论文和演说。即使读到其中"不要只看见河,就看不见山,也不要只看见山,却看不见困难"这两句,也不必以命令的口吻朗诵。至于其末尾的祈使句,也不必朗诵得过于激昂。一切都应该以亲切的语气朗诵,就仿佛是一个循循善诱的长者在与人推心置腹,竭诚相告一般。

如果碰到如警句一般的文字,朗诵时也万万不可过火。比如,朗诵柯蓝的《早霞短笛》中的这几句话:

船在水上,会不停地遇到风浪;人在世上,会不断地遇到困难。会驾驶风浪的是老舵公,能克服困难的才叫战士。

一席鼓舞人心的话,很容易使人拔高嗓音,狠打猛轰、义正词严地朗读。而如果我们考虑到这一段文字的特点,通过柔和的语调将以上比喻和对比的句子娓娓道来,就可以产生深刻的思想教育意义和隽永的艺术感染力,让听众在细心"品尝"中,去汲取文章中的"营养",感受到内中所蕴含的力量。

五、朗读与朗诵的区别

(一) 朗诵的定义

朗诵就是朗声吟诵,是把文学作品转化为有声语言的一种富有表演艺术的再创作活动。朗诵所选用的作品都是文学作品,再创作活动中要求朗诵者运用的有声语言具有强烈的艺术感染力,并运用表情、形体的配合进行表达。

(二) 朗读与朗诵的区别

朗读与朗诵,都属于单向口语表述的基本形式,它们都以日常口语为基础,将书面语转化为口语,都有既要忠于原作,又要创新的基本要求,都需要较好的语言基本功,如准确规范的普通话、富有活力的语声、清楚流利的口齿、响亮悦耳的音色、吐字念词的本领等。同时,两者也存在着多方面的差异。

1. 朗读本质上是一种"念读",注重通过语言的规范、语句的完整和语意的精确,将原文字的主旨明晰准确地转换为相应的有声语言传送给听众,它呼唤的是听众的理智思考,追求的是听众能够全面、准确地理解。朗诵本质上是吟诵,是一种语言表述的艺术形式,注重对文稿的表述形式进行艺术处理。朗诵者借助语速、停顿、音区、轻重音等方面的富于变化的个性化表述手段,将文稿转化为一种艺术表演。它呼唤的是听众的情感共鸣,追求的是使听众听之入耳、听之入心、听之动情的艺术感染力。

2. 朗读对声音的要求是接近自然化、本色化、生活化,注重声音洪亮且音量均匀,吐字节奏、停顿及声音高低对比等可根据表述需要有所变化,但不宜变化太大。朗诵对声音的要求是风格化、个性化,甚至可以戏剧化。它要求朗诵者将自己对作品的体会,通过音量大小、音区高低、节奏张弛等多方面的变化,凝结成一种独特的艺术感染力,深入并震撼听众的心灵。

3. 朗读以理解为目的,诉诸对象的听觉器官,对朗读者的形体、态势、表情、眼神等均无明确要求。朗诵以艺术欣赏为目的,诉诸对象的视觉器官和听觉器官。它不仅注重语音的艺术表现,而且要求形体、态势、表情、眼神和谐统一,以强化朗诵语言的艺术感染力。

4. 朗读的使用范围广泛,不仅诗歌、散文、记叙文、说明文、议论文,无一不可,而且社论、新闻、家信、打油诗、广告、学术论文等,也无不可者。朗诵的适用范围相对较窄,一般以诗歌、散文为主,对文稿的艺术特点也有严格的要求。

综上所述,朗读和朗诵都是起源于念读而各具特点的语言表述形式,二者之间有着密不可分的有机联系,即朗读是朗诵进行艺术加工的基础,朗诵是朗读艺术加工后的提高。二者之间以"艺术加工"相区分,又以"艺术加工"而紧密相连。

自主训练与巩固

一、形象感受下列各段文字。

1. 天空的霞光渐渐地淡下去了,深红的颜色变成了绯红,绯红又变为浅红。最后,当这一切红光都消失了的时候,那突然显得高而远了的天空,则呈现出一片肃穆的神色。

2. 忽然,从附近一棵树上飞下一只黑胸脯的老麻雀,像一颗石子似的落到狗的跟前。老麻雀全身倒竖着羽毛,惊恐万状,发出绝望、凄惨的叫声,接着向露出牙齿、大张着的狗嘴扑去。

3. 大街上的积雪足有一尺多深,人踩上去,脚底下发出咯吱咯吱的响声。一群群孩子在雪地里堆雪人,掷雪球,那欢乐的叫喊声,把树枝上的雪都震落下来了。

4. 从未见过开得这样盛的藤萝,只见一片辉煌的淡紫色,像一条瀑布,从空中垂下,不见其发端,也不见其终极,只是深深浅浅的紫,仿佛在流动,在欢笑,在不停地生长。紫色的大条幅上,泛着点点银光,就像迸溅的水花。仔细看时,才知那是每一朵紫花中的最浅淡的部分,在和阳光互相挑逗。

二、逻辑感受下列段落。

1. 当你在积雪初融的高原上走过,看见平坦的大地上傲然挺立这么一株或一排白杨树,难道你觉得树只是树,难道你就不想到它的朴质,严肃,坚强不屈,至少也象征了北方的农民;难道你竟一点儿也不联想到,在敌后的广大土地上,到处有坚强不屈,就像这白杨树一样傲然挺立的守卫他们家乡的哨兵!

2. 我这时突然有一种异样的感觉,觉得他满身灰尘的后影,霎时高大了。而且愈走愈大,须仰视才见。而且他对于我,渐渐地又几乎变成一种威压,甚而至于要榨出皮袍下面藏着的"小"来。

3. 感人的歌声留给人的记忆是长远的。无论哪一首激动人心的歌,最初在哪里听过,哪里的情景就会深深地留在记忆里。环境、天气、人物、色彩,甚至连听歌时的感触,都会烙印在记忆的深处,像在记忆里摄下了声音的影片一样。那影片纯粹是用声音绘制的,声音绘制色彩,声音绘制形象,声音绘制感情。只要在什么时候再听到那种歌声,那声音的影片便一幕幕放映起来。

4. 也许因为我是中国人,对于樱花的联想,不是那么灰暗。虽然我在1947年的春天,在东京的青山墓地第一次看樱花的时候,墓地里尽是些阴郁的低头扫墓的人,间以喝多了酒引吭悲歌的醉客,当我穿过圆穹似的莲灰色的繁花覆盖的甬道的时候,也曾使我起了一阵低沉的感觉。

三、朗读下列不同题材的作品。

《苏州园林》(叶圣陶),《白杨礼赞》(茅盾),《国家荣誉感》(冯骥才),《春江花月夜》(张若虚),《雨巷》(戴望舒),《面朝大海 春暖花开》(海子),《牡丹的拒绝》(张抗抗),《生命》(汪国真),《秋天的怀念》(史铁生),《牵一只蜗牛去散步》(张文亮)。

四、朗诵下列作品。

《百合花开》(林清玄),《世界上最遥远的距离》(泰戈尔),《相信未来》(食指),《大堰河——我的保姆》(艾青),《沁园春·雪》(毛泽东),《蜀道难》(李白),《疯娘》(王恒绩),《安塞腰鼓》(刘成章),《我的南方和北方》(赵凌云)。

第二节 交 谈

言语交谈是当代社会人们最重要的沟通手段。人们通过交谈,获得社会信息,了解未知知识,求得社会承认,在工作中获取最大限度的合作。通过交谈,人们可以克服自身的孤独感,建立良好的人际关系,求得情感的寄托,增进相互的理解和信任,进而获得自信和勇气,成为生活的强者。

一、交谈的定义和特点

(一) 交谈的定义

交谈是两人或多人之间的对话,是靠有声语言、体态语言和聆听艺术构成的现代文明社会的一种人际沟通方式。它是完全不凭借文字材料的口语表达方式。

(二) 交谈的特点

1. 双向性

交谈是为交流思想、沟通感情、互通信息、协调行为而进行的双向口语表述活动。在交谈中发话者与受话者的角色经常互换,任何一方都具有听、说的双重任务,每个参与者既是信息的发送者,也是信息的接收者;同时交谈双方又互相影响、互相启发、互相制约。因此,双方必须密切配合,既要积极地说,又要认真地听,才能形成良好的互动语境。

2. 灵活性

根据对象、场合、目的等采取灵活多变的谈话方式,才能使交流通畅。从话题上讲,交谈处于动态语境中,各方可以共同展开话题,也可以随时灵活地转换话题。从形式上讲,谈话不拘形式,可随时随地、长短不限地进行。词汇方面,多使用俗语俚词,轻声和儿化词较多。语法方面,句子成分简单,省略较多。语音方面,音色自然,语调抑扬变化幅度大。

3. 辅以体态

交谈内容丰富,关系多变,有时仅靠口头语言难以使意思得到充分、准确的传达。善于谈话的人,常常借助表情、眼神、姿态等体态语对有声语言进行辅助交流。"眉飞色舞""手舞足蹈""眉来眼去"等成语都形象地描述了体态变化的多样性。没有态势语的参与,交谈就会显得呆板,尤其是语言背后的"潜台词"、言外之意、弦外之音便无法揭示,交谈的实际效果就会受到影响。

二、交谈的基本要求

1. 了解对象

成功的交谈,首先必须观察、了解对象。一是了解对象相对固定的特征,如年龄、身份、职业、爱好、性格等。二是注意交谈对象在语言活动中的临时因素,如情绪、兴趣等。三是把握好与交谈对象的关系,如长幼、师生、亲戚、上下级等,了解各角色间的情感关系融洽与否、亲密与否等。特别是对于一些目的性强的交谈,如采访、请教、拜访等更应事先了解对象,做到心中有数。

例如,一个年轻记者去采访一位中年科学家的交谈。

记者:新中国成立以来,我国高等学府培养了许多人才。请问,你毕业于哪所大学?

科学家:对不起,我没有上过大学。我搞科研全靠自学,我以为自学也可以成才。

记者:听说你又成功地完成了一项科研项目。请问,你的新课题是什么?

科学家:看来你并不了解我。我一直致力于一个科研项目,目前只是有了一些新的突破,但远远没有成功,更谈不上有什么新的课题。

记者:你的孩子在哪儿上学?

科学家:我早已决定把毕生的精力奉献给科学事业,因此我一直独身至今。对不起,这个话题我不愿多谈。

……

科学家:我的工作正等着我,恕不奉陪!

此番交谈无疑是失败的,记者所提出的三个问题原本可以从不同侧面打开与科学家交流的渠道,却没有对采访对象进行提前了解,而是想当然地发问,所以采访目的根本无法实现。

因此,在人际交往中,要想取得交谈的成功首先得察言观色,了解对象。根据对象的不同特点,确定相应的话题,采取合适的态度,运用恰当的形式,做到因人、因事、因时、因地而异。

2. 把握话题

话题集中反映交谈的动机,限制内容和范围。交谈中,话题的提出、展开、控制、转移、结束是一个复杂的过程。要想使交谈融洽进行,需要把握以下几个环节。

(1) 提出话题。在交谈过程中,许多人往往为找不到合适的话题而犯愁,尤其是面对不太熟悉的对象,总觉得无话可说。交谈首先要选择与双方的切身利益保持了一定距离的无关紧要的话题,如谈天气、谈新闻、谈习俗等。在这种交谈中发现对方的兴趣、爱好以及与自己的共同点,以便于进一步更深入地交流。切不可贸然触及对方的切身利益,尤其是涉及个人隐私。那样必将增强对方的戒备,造成交流的心理障碍。

(2) 展开话题。首先,要会说,用自己的话语,诱发对方的谈兴;同时要会看、会听,及时做出反应。当自己说得过多,对方兴趣不浓时,可以用商量的语气交谈;对方表述不全,可以补充;对方表述抽象,可以补例证;对方表述简单,可以设疑探究。其次,洗耳恭听的姿态、热情的情绪和眼神,都有利于在感情沟通的情况下使交谈深入下去。

(3) 控制话题。由于交谈气氛的融洽,常会出现话题偏移的情况,及时的调整和控制是必要的。常用的方法有:一是委婉提醒,在"岔"到某个阶段时,重新把话题提出来;二是间接引入,即提出相应或相关的话题,渐渐过渡到正题。控制话题要因人制宜、因时制宜,尊重对方。

（4）转换话题。当原有交谈内容枯竭，或出现不愉快、冷场时，要及时转换话题。其要领在于巧妙地、自然地、适时地将对方的注意力从原来的话题引至新的话题。通常采用的方式有：锦上添花法，即抓住对方话语中的一点引出新的话题；补充过渡法，表面上补充对方所言，实际上暗度陈仓，转换话题；顺手牵羊法，即利用特定语境中的环境因素，如眼前的景色、陈设、声音，乃至自身感受等灵活转换交谈内容。

（5）结束话题。交谈结束得好，能给人留下深刻的印象，并获得良好的交谈效果。结束话题要注意几点：不要在对方谈兴正浓时突然结束话题，这是失礼的表现。假如出现僵持，应该稍稍改变话题，并适时结束。要留意对方的体态暗示，如对方对谈话失去兴趣，可能会用身体语言做出暗示，如坐立不安、哈欠连天、频看手机、东张西望等，这时最好设法结束交谈。

3. 善于聆听

交谈是一种听说结合的语言形式，双方都应注意既要积极地说，保持较高的谈话兴致，又要认真地听，并善于捕捉对方言语中流露出的重要信息，以便于适时做出应答。这样才能使交谈形成你来我往的双向互动，达到沟通目的的实现。

聆听是一种艺术，在交谈中它可以使对方感受到尊重，促进双方在友好的气氛中交流；也可以获得对他人更多的了解；还可以赢得友谊、敬仰和爱戴。那么怎样聆听呢？

（1）尊重对方。对方讲话时，聆听者要注意力集中，眼睛注视对方，表情自然，给人以热心诚恳的好印象。同时，有助于观察对方的表情和姿态，更好地了解对方的感情和心境。

（2）善于理解会意。聆听时不仅要听明白对方的表面意思，更要听出对方话语中隐藏的含义，听出对方在话语中渗透的情感，即听出弦外之音、话外之意。

（3）及时反馈。一个好的聆听者应主动及时地做到反馈。聆听者能主动、迅速地对交谈对方的谈话做出反应，如点头、微笑，或适当插话、询问、评论，这些将极大地鼓舞讲话者的热情，使交谈在双方互动中更好地进行下去。

4. 注意礼貌

使用礼貌语言是社会文明的重要标志。交际中恰当地运用礼貌语言，能和谐、融洽人际关系，也可以反映出一个人的思想品格和语言修养。

在交谈中讲究礼貌关键是要互相理解，互相尊重。应做到以下几点。

（1）恰当使用谦辞敬语。中国是崇尚礼仪的国家，面对特定的对象、场合都讲究准确运用谦辞敬语。在交谈中要善于对别人使用尊称、敬辞、敬语，对自己则注意使用谦语。

（2）语气平和亲切。在人际交往中，人们首先是根据对方的说话态度来确定自己是否得到了应有的尊重。因此，要养成说话亲切、平和的习惯，这样给人的印象是得到了信任和尊重。

（3）态度自然大方。无论是问候还是道别，致谢还是道歉，使用礼貌语言都应该大大方方，直截了当，不能表情漠然，吞吞吐吐，含糊不清，甚至敷衍塞责。

(4)方式灵活多样,注重渗透。除礼貌用语外,还有同语替代、句式变换、用态势语等都能让人体会到尊敬、体贴和宽慰。

三、交谈的类型

从表现形式和内容来看,交谈可分为聊天、谈心、劝导、拜访、采访、应聘等,由于它们适用的场合、目的等各不相同,在语言表达方面的要求也不尽一致。

(一) 聊天

聊天通常是一种无功利性的交谈形式。闲暇时间,节假日之际,人们凑到一起,把所见、所闻、所想、所感无拘无束地"侃"出来,从而使人精神松弛,心情愉悦,得到有益的休息。所以,聊天是人们极喜爱的一种交谈方式。

融洽的聊天应注意以下三方面。

1. 话题有可"聊"

聊天时,开头犹如源头,话题有兴趣,加入的人就多,谈得尽兴;话题若只能三言两语,不能深入,就会索然无味。怎样使话题有可"聊"? 应从分析聊天对象入手,不同的人对不同的话题感兴趣。一般来说,同窗故友,忆旧是最好的话题;情趣高雅者,墙上的字画、桌上的读物都是最好的话题。最能适应所有对象的话题是新闻。

2. 语言宜轻松

有了好的话题,谈话过程中语言过于正统或严肃,也使聊者听而却步。善于聊天的人,会使用轻松、幽默、诙谐的语言,听起来话语随意,幽默风趣,能创造出宽松愉快的交谈气氛,使大家在交谈中得到放松和悦愉。

3. 以"听"助"聊"

许多人认为聊天必得开口。其实,聊天要能顺利进行,还有一种无声的语言艺术——以听助聊,成为聊天的主要听众,给发话者以呼应,或赞成,助其深入,或反对,引起思考。当然,作为听众也不能像木偶般地坐着,无动于衷,这样会使别人觉得枯燥无味。

(二) 谈心

谈心是人与人之间以坦诚的态度互相抒发情怀,交换心得,表明主张的一种加深了解、增进团结和友谊的交谈方式。

谈心要取得成功,注意把握以下几点。

1. 明确目的,有所准备

谈心是针对一定的心理思想的分歧而进行的。要取得成功,必须明确目的,有所准备。

明确目的主要指谈心后要达到的结果。比如两人之间有看法,互不服气,以至于影响到工作上的合作。谈心之前要明确目的是让对方更多地了解自己,摒弃前嫌,携手共进。

有所准备是指在谈心前精心设计谈话用语、内容及进程,怎样开始,说些什么,何时结束,以及预设谈话中可能出现的各种情况的处理方法等,都准备充分,以免谈起来零乱分散,言不及义,甚至争吵或僵持,影响行为效果。

2. 微笑寒暄,点题切入

谈心开始时的话语是最难设计的。这时,可以让表情来代替,一个真诚自然的微笑,表明你与对方谈心的诚意。这样的开场白有利于气氛缓和,有助于谈话的顺利进行。开场白之后,要尽快地切入谈心的主题。双方就一个问题展开对话,进行沟通,进而消除分歧,澄清误会,弄明情况,达成共识。

3. 语贵诚恳,以情感人

谈心应以平等的态度、诚恳的心情,摆事实,讲道理。要站在对方的立场上设身处地体验对方的思想和感情,为对方着想。只有在情感上贴近对方,在思想上理解对方,才能说出对方能够接受的东西。谈心要以情动人,多使用具有情感交流作用的词语来制造气氛,情理交融,促人接受。

4. 注重语气、声调和节奏

通常,和缓、委婉的语气能冲淡敌对情绪,给对方以信任感和诚恳感。回顾式、商榷式、引导式语气往往能制造平静、和谐的谈话氛围,有利于减轻压力,阐明事实,表明观点。节奏快慢适度,则透露着自信、自然和有力,易于从心理上影响对方,产生良好的心理效应。

(三) 拜访

中国有个成语叫"礼尚往来"。社交中,常常免不了要去拜访别人。有时是礼节性的拜访,如学生拜访老师;有时是工作性的拜访,如与其他单位联系事宜。

拜访他人时,要注意什么呢?

1. 提前预约

当决定拜访某人时,最好提前当面预约或电话预约,以便对方事先做好安排。一旦约定拜访的时间,要信守诺言,准时到达,以免对方久等;如出现特殊情况而不能前往,或需要改变日期或时间,应及时通知对方,并表示歉意。

2. 寒暄不可少

寒暄是礼貌的谈话方式,显示出拜访者的文雅、周到、谦恭和有教养。见面时的问候和寒暄,必不可少。一般情况下,见面时的第一句问候语,最好能叫出对方的尊称、职称或姓名。例如:"×××先生,您好!"比单说"您好!"效果要好。寒暄是一种融洽气氛、缩短心理距离,为进入正题作铺垫的语言技巧。

3. 言谈要集中

谈话时,客人要主动介绍拜访目的,适时进言,用言简意赅的话语说明自己的来意。拜访最适宜的时间长度是30—40分钟,过短,显得应付,过长,令人生厌。若交谈融洽,问题解决得顺利,可提前告辞。若话不投机,愤怒难以抑制,应适时终止谈话。否则会越谈越糟,事与愿违。

4. 注意礼貌

交谈时,要姿势端庄自然,语气和蔼可亲,且注意倾听对方的谈论。若对方是长者,说话过程中,不可随便插话,更不要自以为是。告辞之前,不要让对方看出急于要走的样子,也不要在对方刚刚说完一段话或一件事时,立即提出告辞。否则会使对方觉得你对他的谈话或说的事不耐烦。

5. 勿触禁忌区

一般而言,女士的年龄、婚否、高矮、胖瘦、衣饰价格,男士的钱财、履历等都属于个人隐私,是交际活动的雷区。尊重别人,不触犯他人的禁忌区域,是拜访用语的礼貌原则,回避隐私、禁忌,显示出你的练达老成。工作性的拜访更要就事论事,不要试图打听主人的身体缺陷、职位升迁、经济状况、感情纠葛等。

(四) 劝导

劝导是一种常见的说服性的口语表达方式,具有告诫、导向、抚慰的作用。

"良言一句三冬暖,恶语伤人六月寒。"这句谚语揭示了好话与坏话截然不同的作用。劝导是一种技艺,应该达到"良言"使人"三冬暖"的效果。劝导的对象是具有不同个性特点的人,交谈之前应研究其具体情况,以便找准"症结",对症下药。否则失去了针对性,也就失去了劝导的基础,更无法达到"三冬暖"的境界。劝导应注意以下几点。

1. 口气委婉,忌盛气凌人

进行劝导时,不可因为自己有理,便气高声扬。可以采纳顺势疏导、正话反说、侧击暗示等方法。例如:

1962年秋,郭沫若同志游览普陀山,无意中看到一个日记本,上面写道:"年年失望年年望,处处难寻处处寻。"横批"春在哪里"。再翻一页,写有绝命诗一首。郭沫若看后叫人寻找笔记本失主。终于找到了,是一位神色忧郁、行动失常的姑娘,因为爱情受挫,决心以死归普陀。郭老一面耐心开导,一面关怀地说:"这副对联表明你有一定的文化水平,只是下联和横批太消沉了,我替你改一下,你看如何?"姑娘点点头。郭老把对联改为:"年年失望年年望,事事难成事事成。"横批是"春在心中"。姑娘看后茅塞顿开,深受教育。

2. 善于比喻,旁征博引

在劝导过程中,如果张口就是大道理,标语口号,一定会让对方生厌,形成不进不退的尴尬局面。如果劝导中引喻、设典、讲故事,把要说的意思转由比喻或故事表达出来,充分信任被劝导者的智力和领悟力,那么就可以缓冲尴尬程度,使谈话获得健康发展。

例如,我国大众健康科普的倡导、推广者洪昭光教授,谈到人要自得其乐时,是这样说的:

自得其乐,就是倒霉的时候,一定要乐。倒霉的时候怎么还快乐?要知道,人生是风水轮流转,本来这个世界上月有阴晴圆缺,人有悲欢离合,十年河东十年河西,没有一个人永远走运,没有一个人永远倒霉。巴尔扎克讲:"苦难是生活最好的老师。"你现在倒霉,意味着光明就在前面啊!所以,你要自得其乐。祸福相依存,苦难是生活最好的老师,所以一个人要保持永远的快乐心情。

在这里,洪教授运用"风水轮流转""月有阴晴圆缺",以及名人名言,讲明了幸运就在眼前的道理,让人不得不信服他的观点。

3. 使用幽默,寓理于趣

劝导中如果恰当地使用小幽默,就能调节气氛,说理于自然、轻松、活泼之中。此外,幽默、风趣的语言容易给人留下深刻印象,增强说服的吸引力、感染力和有效力。例如:

一次,一对年轻夫妇在车水马龙的大马路上吵架。男的30来岁,模样像个知识分子,女的面容憔悴,哭着要撞汽车寻死。那男的大声责骂妻子:"没知识,跑到大马路上当众出丑。"并且还骂了一连串的粗话,妻子则越哭越响,旁人劝几句也不顶用。这时有位老人上前拍拍那男的肩膀,语气和缓地说:"你戴了副眼镜,像个知识分子。你有知识,就不要闷在肚子里,要拿出来用——"老人把"用"字字音拖长,讲得很响,那男的听了一愣,定神听老人讲话。老人接着说:"你要用你的知识来说服你妻子嘛!如果你只会跺脚,只会骂,不也变得没知识了吗?(众人哄笑)还是找个地方,冷静下来,好好劝劝她吧!"那男的顿时像泄了气的皮球,变得不那么凶了。老人又去劝那女的:"有话好说嘛!找组织,找亲友,都好讲嘛!心里有什么委屈都讲出来,不要闷头哭!汽车不能撞,大卡车可是个大力士,你瘦瘦的一个人怎么撞得过它呢?"(众人大笑)那女的被大家笑得不好意思,倒也不哭了。

劝导时恰当地运用一两句风趣幽默的话,就像清凉油、润滑剂,可以"降温""放松"。示例中的老人为劝那女的不要自杀,把大卡车比作大力士,几句幽默的话缓和了紧张气氛,吵架人想发火也发不起来了。

(五) 应聘

在人的一生中,为了得到自己真正想做的工作往往要参加求职应聘面试。作为应聘者,在面试场合,面对千方百计想从你的语言中收集信息的用人单位,该怎么说,怎么答呢?如何才能使自己表现出色,让对方更为满意?

1. 应聘语言的基本要求

(1) 吐字清楚,表意准确,抑扬顿挫,优雅动听。

(2) 简明扼要,以最少的语言传递最多的信息,突出重点地宣传、推销自己,这不仅能反映求职者的口语表达能力,也可体现出求职者的思维能力以及对事物的认识水平。

(3) 真诚自然,质朴无华。在面试中,如果主考人员问到超越自己知识水平的问题,不要不懂装懂;同时不要片面地追求语言的新奇华丽、过分雕琢,否则会给人以华而不实的印象。

(4) 突出个性。现代人普遍认为:有特色的东西,最具吸引力。应聘者面试语言也应如此,"个性鲜明"的回答往往容易给人留下深刻的印象。

2. 要善于推销自己

有位女大学毕业生去一家中外合资企业应聘面试,过了一道道关卡,最后只剩下她与一名男大学生。经理看似随便闲聊地问了三句话:"会打球吗?"男生说:"会。"她却说:"打不好。"其实她在校是个不错的羽毛球选手。经理又问:"给你俩每人一辆小汽车,限一个星期时间,有没有把握学会驾驶?"男生说:"有。"她却说:"不敢保证。"经理再问:"厨房里菜料充足,你俩能不能给我做几样拿手好菜,我这人不挑剔。"男生说:"没问题。"而她却腼腆地说:

"也许做不好。"其实她的烹调技术常受人夸赞。结果,公司聘用了那位档案上学习成绩略低于她的男大学生,而对这女生的评价是:综合能力差,缺乏自信,无法胜任本公司职务。那位男生最后凭着"会""有""没问题"这三个表示肯定的词,轻而易举地击败了对手。如果真的进行比试,他未必能胜过女生。但他懂得,关键时刻首先要争得机会,以后努力学习,再争取达标。如果不敢肯定自己,不善推销自己,机会都争取不到还谈何增强能力?而这位女生,就是由于过分表现"谦虚"而错失良机。

因此,在应聘面试中,对谦虚的把握要注意分寸,特别是面对外国人,中国传统的谦虚美德往往不被理解,而会被视为能力差,不自信。

善于推销自己,在语言的运用中就是要做到:进入面试地点,不可贸然而入,而应礼貌通报。进办公室后,正确称呼对方,得体地与对方打招呼,缩短双方心理距离。面试过程中语言诚恳、热情,自我介绍与答问时敢于肯定自己的特长、优势和能力,巧妙地扬长避短。面试结束时不管有无录用希望,都应向对方衷心道谢,体现出良好的品德与修养。只有在推销中表现出自信、自强、自立而又自谦的美好形象,才会赢得用人单位的好评与认可。

3. 提出问题的方法

在面试中,应聘者绝不能一味地把自己当作是被动的受审者,同样可以反客为主,向主考人员提问。这不仅是面试允许的,而且善于提问,也会给自己赢得机会。根据调查显示,90%的用人单位在面试时,希望应聘者能提问,因为他们从提问中可以看出应聘者的水平。因此,提出与应聘有关的问题,有时主考人员反倒会因应聘者主动显示对该工作的兴趣,而增加好印象。

应聘者要珍惜提问的机会,不仅要敢于提问,还要善于提问。在面试中巧妙地进行有利于自己的提问,应注意以下几点:

(1) 所提问题要与应聘有关

一般说来,与应聘有关的问题有:该单位该职务所需人员的知识结构、能力结构与素质要求;该职业劳动性质、任务、岗位状况;该单位用工方式、内部分配制度、管理方式;该单位经济效益、社会效益、管理状况等。

(2) 把握提问的时机

要把不同的问题安排在面试谈话不同的阶段提出。有的问题可以在一开始就提出,有的可以在谈话进程中提出,有的则应在快结束时再提出。在应聘前,应将要提的问题列出来,仔细考虑几遍,斟酌好在何时提问,以便谈话时保持头脑清醒。当谈话冷场时,可以借提问让谈话顺利进行下去。

(3) 注意提问的方式和语气

有的问题,可以直截了当地提出来;而有些问题,则应委婉、含蓄地提出。如想要了解自己应聘职务后的薪酬问题,就不宜直接问"我每月能拿多少钱?",而应婉转地说"贵公司有什么奖惩规定?""贵公司实行什么样的分配制度?"等,因为这些清楚了,自己对照一下也就知道会有多少收入了。在询问时,还要注意语气,要给人一种诚挚、受到尊重的感觉,在不知能否录用时不可直接问:"你们什么时候可以给我录用消息?"而应这样问:"我过一周再来听消息,可以吗?"前一种问话是质问语气,会令人反感,后一种问话是商量语气,显示了对对方的尊重。

(4) 避免提模棱两可、似是而非的问题

凡提到与职业、事业有关的问题,一定要明确,特别是不能不懂装懂,提出一些幼稚可笑的问题。因为从提问中可以反映出提问者的知识水平、思维方式、个人利益价值观等,这都是事关能否录用的大问题,所以决不可信口开河、马马虎虎对待。

4．应答的策略

在应聘中,条件最好的候选人不一定总能得到所求的职位,只有在面试中表现最佳者才能成为幸运儿。而面试中最难的是灵活应答,尤其在主考人员提出一些意料不到的令人为难的问题时,应聘者的反应能力就显得尤为重要。

应聘是一门艺术,面试现场就是一个看不见硝烟的战场,常用的应聘语言策略有以下几种。

(1) 具体实例法

为了向主考人员展示一个"与众不同"的形象,进而获得求职成功,应聘者必须记住:在突出自己的优势时,要用生动、形象的具体实例说明法来展示自己的特长,如自己具有的素质、技能,以及处理人际关系、解决问题的能力等。通过"事实""相关的细节""具体做法陈述"等,让自己从一个平常的陌生人,变成个性突出、富有情趣、充满活力的人,这样招聘人员就很容易从众多毫无特色的应聘者中记住独特的你。

(2) 扬长避短法

在某公司应聘部门经理的面试中曾有这样一段问答。主考人员问:"你不认为自己做这项工作年轻了些吗?"应聘者回答:"下个月我就23周岁了。尽管我没有相关的工作经历,但我却有整整两年的领导校学生会的工作经验。大二时,我被选为校学生会副主席,之后又连任一年。你们可以想象,管理组织三千多名学生,并非易事,没有一定的管理才能和方法,是无法胜任的。所以我认为,年龄固然能说明一定的问题,但个人的素质和能力更为重要。因为这正是一个部门经理所不可缺少的。"

这是一种典型的扬长避短式的回答。应聘者极力宣扬自己的长处,并将长处同应聘工作性质有机地结合起来,变不利为有利。人人都有"短处",如果对方有意揭短,或遇到自己根本不懂的问题时,又该如何办呢?那么这时就应勇敢地承认,同时做出必要而合理的解释,尽管你没有扬长避短,但是你的诚实、坦率,也能使你化"短"为"长"。

(3) 审时度势法

审时度势法主要表现在两个方面:一是掌握好回答问题的时间,做到心中有数,有的放矢。在有限的面谈时间里,要得体、有效地"展示"自己,不要漫无边际或反复陈述,过多地拖延时间。二是读懂对方。从一个眼神、一个下意识的动作、一句看似随意的问话中,破译对方的心理与真正用意,从而迅速而准确地调整自己的对策。必要时"投其所好"或是"见好就收",都不失为一种应急之策。

例如,一名女生到一家著名的通信公司应聘,面试中主考人员问到"请问,你是独生子女吗?"这位女生立刻意识到主考人员在关注她是否娇气,能否胜任艰苦持久的工作,于是回答道:"我有3个哥哥,关系还特别好。这种成长环境也养成了男孩子的性格,豁达、干练、坚韧。"主考人员立刻露出欣赏的目光。

（4）补白运用法

在应聘中,常会出现这样的情况:主考人员提出了一个你意料之外的问题。由于问题来得突然,往往使你措手不及,陷入尴尬。尤其是用英语提问,并要你用英语回答,而你的英语又并不出色,你会因此而说得结结巴巴,词不达意。原本以为胜利在望,现在却面临着功亏一篑。

这种情况下,采用补白运用法可以缓解紧张情绪并调整思路。也就是用一些没有实际意义的词、短语或句子,来连接上下文,以继续你的回答。例如,"这个问题很有意思""这个问题本身就极富挑战性";或用"我想,你的意思是……""总而言之,就是说……"的句式,在拖长音节时中断自己所说的话,并仔细观察主考人员的反应,在大多数情况下,主考人员会走上"文章完成法"的路子,将半截话接下去,而你则可以赢得思考的时间,以便较好地回答问题。

（5）虚实并用法

面试如用兵打仗,无论是主考人员还是应聘者,都讲究谋略,往往采用虚中有实,实中有虚,虚虚实实的方式,以达到出其不意的制胜效果。应聘者在面试中适度而有效地运用"虚"与"实",常常会起到强化自身应聘实力和取悦、攻克对方的作用。

主考人员不希望应聘者在回答问题时,像法庭上的被告,只用"是"或"不是","知道"或"不知道","能"或"不能"这类词语来被动地回答。主考人员在提问时不仅寻求答案,更希望应聘者加以说明,在阐释中了解应聘者的为人、个性等情况。

例如,当被问到"你的工作动力是什么?"时,一个应聘者采用了以"虚"代"实"的回答:"我的动力主要来自以下三方面:首先是工作本身,我对该工作是否感兴趣,是否能发挥自己的特长,是否能胜任,是否能学到新知识与新技能,以及能否得到进一步的自我发展。其次是自我价值的承认,我能否得到别人信任和尊重,能否有晋升的机会。再次是结果,我是否能得到较高的工资和待遇。"

面试是应聘中的一个重要环节。而在面试中招聘者最希望看到的是一个"真实"而"全面"的"你"。显然,"诚实是最好的策略"。所以在面试中,应以"实"为主,以"虚"为辅,虚实都要运用得当,实要实得鲜明突出,虚要虚得合理得体,否则便会弄巧成拙。

（6）适度激将法

面试是应聘者与主考人员智慧与实力的较量,在这个较量过程中,灵活运用"适度激将法",无疑会为自己谋职成功添上有力的砝码。

例如,应聘者对"请谈谈你想要的月薪好吗?"这一类关键性的问题,就可采用适度激将法,刺激对方,给对方造成一定的压力,从而达到个人预期的目的。如,"我知道贵公司是一家盈利较多的大公司,它一定会善待一名优秀的秘书,所以我想,我的最低月薪大概不会少于2500元吧!"

运用激将法应注意:一定要适度,掌握好"火候",针对对方的特点及客观条件;同时语言一定要委婉,不能太直太露。只有这样,才能达到妙用的理想效果。

四、交谈的语言艺术

人际交往中,人们常常夸奖某人会说话,讲艺术。这里的"会"说话,讲"艺术",不仅指他的声音甜美、语气亲切、语调丰富、语速恰当,更是对其在表达语意过程中所使用的语言技巧的肯定。成功的交谈,往往简洁明快、轻松活泼、生动幽默、语言流畅、感情真挚,既蕴涵着丰富的哲理,又有很强的启发性和吸引力。怎样才能使交谈具有艺术性呢?

(一) 创设良好的交谈氛围,说话具有人情味

任何交谈都处于一定的氛围之中,谈话的双方都会受到环境氛围的影响,不知不觉地被它所感染、所同化。谈话人应以目的性为轴心,把握谈话的主动权,自然、灵活、机智地引导谈话方向,烘托适宜的和谐气氛,控制谈话局面,达到最佳的交际结果。

面对陌生的谈话人,人们总有一种距离感,要达到交际的意图,谈话人首先要消除这种距离感,使疏远变为亲近。例如:

一次,里根总统来华访问时,专程到复旦大学演讲。他在该大学校长谢希德的陪同下步入礼堂。面对100多位师生代表,里根在正式演讲之前,说道:"来华之前,我碰到一位你们复旦大学在美的留学生,她要我代她向谢希德校长问好。"随即,他转向谢校长:"现在,这个口信带到了,请您打个电话告诉那位女同学,她的电话号码是……"

这个开场白立即博得了全场热烈的掌声。一位美国总统,竟不远万里、认真负责地替一位极其普通的中国留学生带来口信,居然还记住了她在美国宿舍的电话号码,不能不让人交口称赞。里根总统成功地创设了一个轻松、和谐、亲切的谈话氛围,瞬时就拉近了他与中国与会人员的情感距离,在很大程度上消除了人们的心理隔阂。

同时,要注意谈话应有人情味。缺乏人情味,交谈便多了生硬与冷漠、距离与隔膜,而少的是亲切和随和、理解和共鸣。

中央电视台《实话实说》节目主持人崔永元,每次主持节目都尽可能体现出"人文关怀",幽默中带着浓浓的人情味,从而获得交流的成功。例如:

崔永元有他"热场"的方式。比如,当大家都争相笑着抢话筒的时候,他就注意到一些没有笑、不说话的人,然后走过去同他交流:"为什么大家笑,你不笑?""我还有点紧张。""为什么紧张?""因为我是第一次到中央电视台来。""哦,我特别理解你的心情,第一次去什么地方都会紧张,而且有这么多生人。"说罢,崔永元把一些嘉宾、工作人员都介绍一遍,然后说:"熟悉了就都是你的朋友。这样你就不紧张了!现在还有人紧张没有?"众人答"没有"之后,崔永元却出人意料地说:"现在就我紧张了。你们都不紧张,我就紧张。现在请大家陪我再放

松一次,我放松的方法非常特别,就是听音乐。我只要一听音乐就可以放松。"

崔永元的这番话,诙谐幽默,又极富感染力。他注意了对方的弱点,并给以善意的"诠释",不乏对人的理解和尊重,在不温不火的打趣中,在善解人意的侃侃而谈中,巧妙地拉近了彼此间的心理距离,为进一步交流创造了条件。

(二)谦虚和真诚

谦虚是一种美德,也是一个人有修养的表现。在交际场合,谦虚的人能创造出平等、和睦的谈话氛围,给人真诚坦率的感觉、平易近人的印象,为交际成功奠定感情基础。

怎样在交际场合坦诚地表现出谦虚呢?要做到:介绍自己时,要自谦,不夸张,不傲慢;遇到赞誉时,要谈运气和工作岗位的作用;受到奖赏时,要谈别人的帮助,团队的努力;遇到提拔时,要谈同仁的扶持,领导的提携。例如:

一次,金庸先生在北京大学作演讲时,有一个精彩的开场白。他说:"我刚从绍兴来,在绍兴的兰亭,那里的人让我写字,我说,那可不行,这是大书法家王羲之写字的地方,我怎能写?而他们不干,非要我写,于是我就写了一行'班门弄斧,兰亭挥毫'。今天北大又让我在此讲学,又是一种怎敢当的心情,于是我又写了一行'草堂赋诗,北大讲学'。"话音一落,学生们立即开怀大笑。他乘兴又补上一句:"我是搞新闻出身的,做新闻是杂家,跟专攻一学的教授不同。如果让我做正式的教授的话,那是完全没有资格的,幸亏我当的是你们的名誉教授。"结果又引来满堂喝彩。

金庸先生妙语连珠,委婉风趣,表现了一位极有修养的知识分子的谦虚、谨慎的个性。他把自谦融入文雅谦和、诚挚热情之中。他认为"兰亭"写字"那可不行","北大讲学"更"不敢当",又认为自己是"杂家",逊色于"专攻一学的教授",把"名誉教授"看作是大幸,真是谦逊得体,妙不可言,既表现了一位文坛大家的风范,又创造了一种和谐、活泼、愉快的氛围,赢得了听众的赞赏和尊重。

真诚,即真实、坦诚。谈话要真诚,就是要敞开心扉,说真话,诉真情,坦坦荡荡。只有这样,才能真实可信,具有说服力和感染力,达到交际的目的。否则,虚情假意、欺上瞒下、信口开河,势必引起对方的不满,既伤害对方感情,又误人误事。

(三)委婉

委婉,就是在谈话时运用含蓄而曲折的话语,迂回地表达本意。委婉表述能体现表达者的善意,常常辅以得体的微笑、谅解的神态,因而缺少刺激性,是处理分歧、矛盾、差异的良好表达方式。对于否定、贬斥、批评性发言有特殊的效果,运用得当可以表现说话者的策略性和对听者人格的尊重,能避免谈话对象之间出现尴尬甚至不愉快的局面,易于为对方接受。常用的方法有以下几种。

1. 给对方多留一点面子

在交际中,有时候对方出于一种自尊或自我保护的本能,即使意识到自己的失误,也不愿意正视。如果不留情面地指责,必然导致交际的失败。因此,要委婉地提出自己的看法或要求,先给对方留个情面,不伤害别人的自尊。例如:

某天,一位女士手里拿着一瓶果酱,怒气冲冲地走进商店,对服务员大声说:"刚才我儿子来买果酱,明明标注的是一斤,分量怎么这么少?"服务员礼貌地从她手里接过果酱,反复看了一会儿,微笑着说:"哦,真是太抱歉了,怎么会有这种事呢?不过,我建议你回去先称称他的体重……"这位女士愣了一下,又看了看瓶口的印记,马上就明白了。于是和服务员聊了一些别的话,服务员也微笑地向她解释,气氛变得融洽起来。

假如服务员直接说:"明明是你家孩子偷吃了果酱,为啥还来这里扯皮?"那位女士面子上一定过不去,也许会与服务员争吵起来。

2. 创设诙谐幽默的氛围

诙谐幽默可以使对方在笑声中愉快地接受说话者的观点与要求。在委婉中创造幽默诙谐的气氛也是交际中一种制胜的武器。例如,著名演讲家刘吉与青年学生有这样的对话:

问:你是怎样一下子成为党委书记的?

答:我是先成为共产党员,然后才成为党委书记的,不是一下子,而是两下子。

对学生的提问,若一五一十地回顾历史,就未免有些文不对题,因为问句的焦点在"一下子",即"快"义;但若对"快"义进行正面回答,就没有情趣,因问句有调侃之义,字面背后有为难人的动机;倘若避而不答,或计较提问人的动机,则又有失风度。所以,刘吉故意避开"一下子",即实质上的"快"义,而接过其在字面上的数量少,用"两下子"回答。严肃认真的内容,简洁明了的语言,才思敏捷,令人钦佩。

3. 从善意的角度提醒对方

有时为了提醒对方的不妥言行,不妨从其立场发话,从善意的角度予以提示,也能起到较好的沟通效果。例如:

一辆很拥挤的公交车靠站的时候,上来了一个抱小孩儿的妇女。她满头大汗,而且显得很疲惫。于是司机对乘客说:"哪位同志给这位抱小孩的女士让个座儿?"这时,在那位妇女的旁边,有一位小伙子故意低下头,眯着眼睛装睡。孩子对妈妈说:"妈妈,我累了,我想坐在叔叔这里。"那位妇女轻轻地对孩子说:"叔叔一定也累了,别打扰叔叔了,让叔叔好好地休息一会儿吧。"那位小伙子顿时脸一热,立即站了起来给孩子让座。抱孩子的妇女连忙礼貌地致谢:"谢谢你了,还是你坐吧!"那位小伙子这时也微笑着说:"别客气,快坐吧。"

年轻妈妈短短的礼貌的话语,如同一阵清风,吹进了每个人的心里,使得小伙子很乐意接受,也使小伙子挽回了自己的面子。

4. 隐喻和暗示

在口语交际中,为了说明自己的观点,可以在两种具有某种相似之处的事物中,用其中的一种暗示另一种事物,话不明言,留给对方去领会。这种委婉,既有礼貌,不至于伤害对方,又可以达到继续交流的目的。例如:

一位顾客坐在高级餐馆的桌旁,顺手把餐巾系在脖子上,这种不文雅的举止很让其他顾客反感。一个服务员见此情景,礼貌地对那位顾客问道:"先生,你是要刮胡子,还是要理发?"话音刚落,那位顾客立即意识到自己的行为失当,赶快从脖子上摘下了餐巾。

服务员的问话绕了一个大弯子,旁敲侧击,含蓄地暗示了客人从脖子上摘下餐巾。恰当婉曲的语言,实现了交际目的而又不失和气。不直接说出意思,而是给对方一种暗示,有时比直接说出来,更能达到预期的交际目的。

(四) 机智和幽默

机智,就是头脑灵活、随机应变。答问是最常见的一种口语交际形式。在答问中,往往是问者处于主动、制约地位,而答者处于被动、受制的地位。在口语交际过程中,无论处于什么样的场合,面对什么样的发问,都要在短时间内做出应对和回答。这些问题也可能有高深的、刁钻的;提问题的态度也不尽相同,有善意的,有挑衅的,正所谓"易问难答",这时应对者需要沉着冷静,从容应对。例如:

"红色资本家"王光英在"文革"后受命到香港创办光大实业公司。谁知一下飞机,外国记者就向他提出了一个难以回答的问题:"这次来香港办公司,您带来了多少钱?"这是个棘手的问题,肯定和否定的答复都不妥,钱的数目说多了或说少了都会给人钻空子。好在王光英见对方是个女记者,就急中生智,答道:"对女士不能问岁数,对男士不能问钱数。小姐,你说对吗?"王光英知难而进,避开话锋,另辟蹊径,抓住"女士不能问岁数"的特点,顺势一句妙答,化解了一个难题,不失机智和幽默。由此可见,机智和幽默能使交际和顺,变得通畅。

幽默,就是有趣或可笑而又意味深长。其特征是以看似轻松随意的语言制造轻松随意的气氛,在笑声中揭示生活中的乖讹和不通情理。可以说,幽默是思想、学识和灵感在语言运用中的结晶,是语言思维中一瞬间闪现的光彩夺目的火花。它既让人宣泄了情感,又不致造成伤害。真正的幽默深刻而不晦涩,诙谐而不油滑,通俗而不粗鄙。例如:

美国总统罗斯福在海军担任要职时,一位朋友向他打听海军在加勒比海的一个小岛上建立潜艇基地的保密计划。罗斯福向四周看了看,压低声音问:"你能保密吗?"朋友答道:"能,当然能,我会守口如瓶。"罗斯福微微一笑跟着说:"那么,我也能,我也会守口如瓶。"这个问答,真是机智幽默,异常精彩,既坚持了保密原则,又不使朋友难堪。

机智与幽默是紧密相连,相辅相成的。机智是幽默的基础,幽默是机智的反映。在交际中,具有机智和幽默,就会使谈话轻松愉快、生动活泼,使双方减少紧张、消除敌意、避免误解。那么,怎样在交际中运用机智和幽默呢?在谈话中,及时捕捉一些幽默的因素,头脑灵活,就地取材,恰当地运用夸张、对比、象征、双关、讽刺、影射等手法,随机应变,借题发挥,轻松自如地制造一个笑料,以此活跃气氛,增强谈话魅力,使谈话意味深长,令人难忘。

下面介绍一些常见的幽默艺术方法。

1. 拟人幽默

所谓拟人幽默,指赋予物以人的品格或行为能力,以达到回避难题,解除交谈中的窘境的目的,使交流产生"山重水复疑无路,柳暗花明又一村"的效果的艺术方法。例如:

有一次大作家马克·吐温要到某小城去采风,临行前有人告诉他说那里的蚊子特别厉害。到了那里,马克·吐温在旅馆登记房间时,一只蚊子在他面前盘旋不停。旅馆的职员非常尴尬,急忙驱赶蚊子。马克·吐温却满不在乎地说:"贵地的蚊子比传说中不知要聪明多少倍。它竟会预先看好我的房间号,以便夜晚饱餐一顿。"大家听了哈哈大笑。结果马克·吐温当晚睡得十分香甜。原来,店里的职员为了不让"聪明的蚊子"叮咬,全体出动驱赶蚊子,从而确保了马克·吐温一夜睡得十分安然。

马克·吐温通过对蚊子人格化的评价,极好地表达了对小城人民的友好和理解。其风趣幽默的语言,既把旅店服务人员从尴尬中解脱出来,也表现了自己的善解人意,同时,营造出一种轻松愉悦的氛围。

2. 戏谑幽默

戏谑就是开玩笑的意思。人际交往中,有的时候,为了调节气氛,让沉重的话题变轻松,可以使用一些诙谐、调侃的语言,制造出幽默效果。例如:

里根以美国总统身份,第一次访问加拿大时,在加拿大发表演说。举行反美示威的人群,不时打断他的演讲。这使陪同的加拿大总理皮埃尔·特鲁多深感不安。里根笑着对特鲁多说:"这种事在美国时有发生。我想这些人是特意从美国赶到贵国来的,他们想使我有一种宾至如归的感觉。"紧皱双眉的特鲁多,顿时被说得眉开眼笑,如释重负。演讲也得以顺利进行。

里根用一句玩笑话,既使自己由被动变主动,摆脱尴尬的处境,又显示了自己大度豁达的胸襟,风趣随和的性格,可谓一举两得。

3. 悬念幽默

悬念就是故意设置疑团,以引起对方注意,从而牵制其思想和心理的一种方法。表现为:在自己说话的关键处或精彩处突然打住,让听者有一个心理预期;或说出令人费解的话,以激起听者的好奇心,而又有意不马上满足他,从而形成悬念。例如:

清代大才子纪晓岚的好友为其母亲做八十大寿,请纪大才子当场赋诗,以示庆贺。纪晓岚提笔写了一句:"八旬老母不是人",这不是骂人吗?正在大家纳闷间,纪晓岚又写了一句"却是仙女下凡尘"。大家才一块石头落了地。谁知,下句又异峰突起,"生的儿子都是贼",众人的笑容还没有完全绽放,心又提了起来。纪晓岚未加理会,又续写道,"偷来蟠桃献至亲"。

此诗构思新巧,一波三折。一、三句设疑,二、四句解疑。读起来,一波三折,且惊且喜,妙趣横生。这种悬念幽默艺术出现在喜庆场合,引来阵阵欢声笑语,使喜庆气氛更加浓郁。

4. 婉曲幽默

婉曲,不直说本意而用委婉含蓄的话来烘托暗示的一种修辞方法。诙谐幽默的委婉语言,既能指出对方的错误,又不伤对方的面子,实在是调节人际关系的良好手段。例如:

直系军阀吴佩孚,势力强大,他少年时的同学王兆中前来投靠,吴知王才能平平,遂安排给王一个闲职,但王却想当旅长,于是申请书写道:"兆中愿率一旅之师,讨平两广,将来班师凯旋,一定解甲归田,以种树自娱。"吴佩孚批了五个字:"先种树再说。"

"先种树再说"五个字是一种暗示,吴佩孚以此委婉地拒绝了王兆中要当旅长的请求,既巧妙幽默,又态度鲜明。

5. 借语幽默

借语,即借用其他领域的术语来界定当前的行为,以达到澄清事实,缓和矛盾的交际手段。例如:

北京的一辆公交车有一次突然急刹车,车厢里一个小伙子猝不及防,撞到一个姑娘身上,姑娘责备说:"什么德行!"小伙子马上解释说:"惯性。"这个诙谐的回答引起了乘客们的一阵笑声,姑娘也只好就此作罢了。

北京话中"德行"是骂人的意思,小伙子并不是不懂"德行"的含义,但为避免不必要的争执,巧借物理学的术语"惯性",指明自己是身不由己而并非无礼撞人,同时也在暗示姑娘不该随口骂人。小伙子的回答实在巧妙,在幽默的语言引发的笑声中平息了一场可能发生的风波。

自主训练与巩固

一、结合应聘的基本要求,具体分析下面例子面试应聘成功之处有哪些。

吴琦是一个名牌大学的毕业生,由于想在女友工作的中小城市谋得一份职业,他来到一家中等规模的公司应聘,面试官和颜悦色地说:"从你的简历来看,你的能力恐怕超出了我们对这个职位的工作要求吧?"

吴琦巧妙地答道:"一个公司永远需要好的员工,如果我在这个职位上表现得很好,相信公司会给我更多的新机会。"

面试官习钻地问道:"依你现在的水平,恐怕不难找到条件更好的公司吧?"

吴琦诚恳地答道:"我认为这个不可一概而论。或许我能找到条件更好的公司,但别的公司或许在人才培养方面不如贵公司重视,机会也未必比贵公司多。我想,珍惜并且把握眼前的最为重要。"

面试官不露声色,突然问道:"你认为金钱、荣誉和事业哪个重要?金钱吗?"

吴琦微微一笑,答道:"我认为这三者之间并不矛盾。作为一名受过高等教育的大学生,追求事业的成功当然是人生的主旋律。而社会对我们事业的肯定方式,有时表现为金钱,有时表现为荣誉,有时二者兼有。因此,我认为,我们应该在追求事业的过程中去获取金钱和荣誉,三者对我们都很重要。"

看着面试官满意的表情,吴琦轻轻地嘘了口气。

二、指出下列对话不成功的原因,并就此内容重新设计一次气氛融洽的交谈。

周末,张三一个人在宿舍。这时,外边有人敲门:

"谁呀?进来。"

"你好。请问王林在吗?"

"不在。"

"我是他老乡,有点儿事想找他。你能告诉我他去哪儿了吗?"

"不知道。"

"你能把他的联系方式告诉我吗?"
"不清楚。"
"我能在这儿等他一会儿吗?"
"随便。"

三、比较下列求职交谈的优劣。

1. 求职交谈案例(一)

主考人:你成绩不错,平时一定很用功吧。

李　山:没什么,在学校考试有时是瞎蒙,而且分数不能说明问题。

主考人:啊,你有什么特长吗?

李　山:(拿出书法作品)一点小爱好。

主考人:你的书法不错呀!

李　山:没什么,没什么。

主考人:看得出,你是下功夫练习过的。

李　山:差远了,信手涂鸦而已。

主考人:……

2. 求职交谈案例(二)

主考人:你从事新闻写作多少年了?

魏　强:时间不长,三个多月。

主考人:只三个多月?

魏　强:是的,您看看我的文章吧。

主考人:(一目十行)写得不怎么样。

魏　强:请相信我没有借鉴别人的写法,这些都是我经过多次采访写出来的。

主考人:(又拿起来看)哦……写法确实与众不同。

魏　强:谢谢您的鼓励。

主考人:你独立采访,有闯劲,也有创造性,很好。暂时录取,试用3个月。

四、某同学常常通宵达旦玩游戏,白天上课时精神萎靡,一旦开口说话就愤世嫉俗,牢骚满腹。作为班干部,你准备怎样和他谈心?

五、班长通知,下午有一个座谈会,对方是某友好学校相关专业的20名学生。请全班同学做好准备,按时参加,力争使座谈会融洽顺利进行。请你设计一些话题,以备座谈会上使用。

六、小丽是一个性格内向的人,英语四级考试和普通话水平测试均没有取得理想的成绩,几天来都闷闷不乐,少言寡语。作为室友,你准备怎么劝导她?

七、你与同学小刘一起到一家公司应聘。公司领导先接待了小刘,然后单独接待了你。领导的第一个问题是:"你觉得你那个同学怎么样?你和他相比谁更适合这个岗位?"你该怎么回答?

第三节 演 讲

演讲活动是一种源远流长的社会现象,它随着人类文明的发展而发展。有人说"演讲就是说话",也有人说"演讲就是作报告",还有人说"说话加表演就是演讲",等等,可谓仁者见仁,智者见智。

一、演讲的定义

演讲,又称演说或讲演,是演讲者以口头语言为主要形式,以态势语为辅助形式,面对听众,传播知识,阐明观点,激励听众去从事某项活动的一种讲话方式。

演讲活动必备四个条件:演讲者(主体)、听众(客体)、沟通主客体的媒介和信息及主客体同处一起的时境(时间、环境)。这四者缺一不可,也就是说,离开其中任何一个条件,都构不成演讲活动。

演讲包括"讲"和"演"两个方面。"讲",是以声音为表达手段,是信息传达的主要载体,即表达演讲者的知识、思想、观点,作用于人的听觉,启迪人的心灵,转变人们的观点,改变人们的行动。"演",是演讲者运用无声语言(即态势语)来加强有声语言的感染力和表现力,增强表达效果,它作用于人们的视觉,给人以艺术的享受。演讲的传达手段是一个综合的、统一而完整的系统,只有既"讲"又"演",以"讲"为主,以"演"为辅,把"讲"和"演"有机地结合起来,形成统一和谐的感觉和形象,才能起到宣传、教育、鼓励的作用。

二、演讲的特点

(一) 公开性

演讲是一种在公开场合进行的口语独白形式,即一个人讲,众人听。演讲一般不需要听众的言语配合,听众可以是成千上万人,如五四运动中青年学生在街头进行的革命演讲,也可以是三五十人,如班级内组织的各种主题演讲。

(二) 现实性

演讲是一种现实语言交际活动,它的一切都是真实的。演讲的主体——演讲者是以现实生活中的真实姓名出现的,演讲的内容是现实生活中的真实材料和自己的真情实感,演讲的目的是解决现实生活中的某个问题或说服、影响现实生活中的听众。演讲活动自始至终都是实实在在的社会实践活动。

(三) 鼓动性

演讲是一种鼓动听众的方法或技巧。成功的演讲大都运用撼人心魄的语言内容,扣人心弦的情感色彩以及手势、眼神,拨动听众的心弦,实现心灵的沟通、感情的传递,进而形成一呼百应、万众一心的气势,产生巨大的号召力,把大家的热情、激情集中指向某一特定的方向,化成听众的行动。

(四)艺术性

演讲的艺术性主要表现在它的语言、形象和声音都能给人以艺术的美感,这正是演讲比一般言谈具有更大的感人魅力的关键所在。语言美感,表现在演讲语言吸收了多种艺术的语言特点,从而使其具有丰富多彩的变化美。形象美感,指的是演讲者在演讲中,根据表达主题的需要,运用仪表以及面部表情、身姿、手势等态势语言,对听众所产生的立体形象的动人魅力。音乐美感,主要表现在对声音高低升降、快慢缓急等恰到好处的处理上。这种美感使演讲声情并茂,更便于为听众所接受。

三、演讲的基本要求

(一)感情真挚

真挚的感情是演讲感染力的灵魂,也是激发听众美感效应的内在根据。白居易曾说过"感人心者莫先乎情",演讲者只有满怀真情地说理论事才能拨动听众的心弦,引起听众感情的共鸣。演讲者的感情总是通过口语的词句、语调、语气以及态势语中的眼神、手势、身姿等变化表现的。

(二)事例典型

事例是演讲的血肉。典型的事例能精妙得当地表现事物本质,新颖的事例新鲜、生动,符合时代潮流,具有时代感。在演讲中选择典型又新颖的事例,能反映社会现状,容易激发听众的浓厚兴趣,具有较强的说服力和代表性。需要注意的是,要以事明理,选择新颖典型的事例是为说理服务的,千万不要仅仅为了追求新奇而忽略甚至游离了主题,否则就显得华而不实,哗众取宠。

(三)道理深刻

说到底,演讲是依靠深刻的哲理征服人的。演讲的力量归根到底来自演讲者对事物现象的深刻分析、认识和提炼,因此说理一定要深刻,同时要尽量精练,任何听众都讨厌那种啰唆空泛的说理。那些不能自圆其说或破绽百出的论点、论据堆砌得再多,也难以使人接受,更谈不上以理服人了。

(四)仪态洒脱

演讲活动中演讲者是听众的审美对象,一言一行展示着个人的才华,一举一动体现着个人的修养,因此演讲者在上台前可对自己进行适度的修饰与美化,注意仪态的洒脱。上场时务必要大方自然,给人一种沉着、冷静、胸有成竹的感觉,切不可扭扭捏捏,畏首畏尾,还要克服紧张怯场心理,这是亮相得体的关键。

四、演讲稿的准备

演讲稿是演讲者事先准备的文字底稿,它为演讲的内容和范围提供依据、规范和提示,是演讲者进行现场演讲的主要依据,也是演讲者发挥自如、增强自信、获得成功的重要保证。

(一) 演讲稿的特点

1. 鲜明的对象感和现场感

演讲稿是在特定场合中面对特定听众发表演说的文稿,在写作上要具有鲜明的对象感和现场感。从内容上说,演讲者说的必须是听众想听的,所阐述的道理必须是听众迫切需要明白的。从形式上说,演讲者应根据听众的文化程度、思想状况、职业特点、年龄心理、愿望要求和接受习惯等,选择听众喜闻乐见的形式,使听众易于接受。

2. 突出的可说性和可听性

在演讲中,听是讲的一半,如果听众不听,讲就毫无意义了。演讲稿既要满足演讲者说起来"上口"的声韵美的需要,又要考虑满足听众"入耳"后由听觉而引起思维的心理需要,演讲稿要讲究结构简单,语言明确、通俗、口语化。

3. 灵活的临场性

演讲是在一定场合面对听众发表的讲话,在临场时听众往往会做出一些演讲者事先没有预料的反应,演讲时要根据临场的实际情况对稿件做出相应的变动,以使演讲者始终掌握控场的主动权,这就要求演讲者尽量事先估计临场的多种情况,并尽可能地多做几手准备。

(二) 演讲稿的开头

开头,也叫开场白,是演讲主体最自然、最恰当的"序幕",具有设置气氛、控制情绪、激发感情、制造悬念、引人入胜等作用。演讲的开头通常采用以下几种方式。

1. 开门见山式

一开讲,就进入正题,直接提示演讲的中心。

例如,鲁迅先生的演讲《少读中国书,做好事之徒》的开头:

今天我的讲题是《少读中国书,做好事之徒》。我来本校是搞国学院研究工作的,是担任中国文学史课的,论理应当劝大家埋首古籍,多读中国的书,但我在北京,就看到有人在主张读经,提倡复古。来这里后,又看见有些人老抱着《古文观止》不放,这使我想到:与其多读中国书,不如少读中国书好。

运用这种方法,必须首先明晰地把握演讲的中心,把要向听众展示的论点摆出来,使听众一听就知道讲的中心是什么,注意力马上集中起来。

2. 引用式

引用一些流传甚广的名家名言,警句格言,民间俗语、妙语,也可以引用群众的议论和一些确凿的数据。以引用式开头,往往语言凝练,表意深刻,启迪性强,可以收到生动别致,含蓄隽永的艺术效果。

例如,北京大学中文系教授谢冕,到桂林给当地大学生演讲时一上场就这样说道:

"桂林的山漓江的水,祖国的笑容这样美!"这是当代诗人贺敬之写的桂林山水诗,我以前读这首诗的时候,心中就充满了对桂林山水的无限向往之情。今天,当我有幸饱览了美如仙境的桂林山水之后,心中又涌现出了陈老总(陈毅元帅)的诗句:"愿做桂林人,不愿做神仙!"因为桂林人不仅生活在仙境之中,而且桂林人心灵,尤其是青年学生们的心灵亦如仙人一般纯洁善良,如漓江水一样清凉照人……

短短几句开场白,就引用了四句赞美桂林山水的诗,既切合情景,又含蓄隽永,从而使听众对演讲的内容产生一种强烈的追求。

3. 悬念式

制造悬念,即故意先不把要谈的对象明确告诉听众,让听众去关心,去猜测,使听众产生急切想听的心理。用这种方式开头容易把握听众情绪,赢得控制会场的主动权。

例如,在一个有关心理健康问题的演讲中,有人设计了这样一个开头:

我是一个由七个字母构成的单词。我破坏了友情、亲情、邻里之情、同学之情。我是当今青少年中最大的杀手。我并非酒类,也并非可卡因,我的名字叫自杀。

这个独特的开场白激起了听众的好奇心,促使他们继续听下去以便找到答案。

4. 抒情式

演讲开头先抒发感情,可以尽快地调动听众情绪,创造浓郁的感情氛围。抒情式开头,语言优美,含义深长,具有较强的感召力。

例如,在全国首届演讲学讲习班结业典礼上,一个学员所作的告别演讲,就采用了这种开头:

夏秋之交,我们带着吐鲁番的芳香,我们携着东海的涛声,我们吻过南国血染的土地,我们怀着大兴安岭战胜大火的豪迈,从四面八方聚江城:麦加朝圣,学艺取经;交流信息,锻炼才干!录像机曾摄下我们悉心恭听的神态,教室里留下了我们伏案的身影,宁静的校园小径回荡着我们练习演讲的声音……

这一开头语言优美,感情逼真,既有结业之际的喜悦,又有分别时的依依不舍。这样的开头一般能较快地感染听众,激发听众的感情。

5. 就地取材式

演讲开头也可以根据当时特定的环境、特定的对象、特定的氛围来就地寻找开场白,这种方法运用得好,往往会吸引听众,使听众感到亲切、生动、活泼。

例如,陈毅在新中国成立初期任上海市市长时,有一次对工商界人士演讲,讲台上摆放着名贵的鲜花和精美的茶具。他的开头是:

我这个人讲话容易激动,激动起来容易手舞足蹈,讲桌上的这些东西,要是被我碰坏,我这个供给制的市长,实在赔偿不起,所以我请求会议主持人,还是先把这些东西"精兵简政",撤下去吧。

听众即刻发出舒心的笑声,会场气氛十分活跃,这就是典型的就地取材式开头。

6. 提问式

先提出一个或几个发人深省的问题,或者从某个人们普遍关注的而又一时难以解答的问题入手,紧接着予以回答,构成提问式开头。

比如,一位教师所作的《现在更要立志成材》的演讲是这样开头的:

以美国为首的北约为什么敢炸我们?讲到底是因为我们国力还不够强大。当务之急,我们要考虑的一个问题就是:怎样使我们的国家尽快强大起来?众所周知,国力的竞争最终表现为人才的竞争。那么,我国的人才在哪里呢?我国的人才在九百六十万平方公里的土地上,在十二亿人民里面,在我们被轰炸激怒了的莘莘学子中。战争已不像我们想象的那样遥远,跨世纪的青年们现在更要立志成材。

用这种方式开头有利于一开始就引起听众的注意,激发听众思考,引起听众往下听,激发求真谛的兴趣,同时也为点明主题蓄势。

7. 故事趣闻式

用一个与演讲主题紧密相关的小故事或小趣闻,以感人的情节来吸引听众,构成故事趣闻式开头。

例如,在一个关于要重视孩子独立生活能力的演讲上,有人是这样开头的:

有一个四年级的小学生,每天要带父母亲手剥光了壳的鸡蛋到学校吃。有一次,父母忘了给鸡蛋剥壳,差点儿憋坏了孩子。他对着鸡蛋左瞅右看,不知如何下口,结果只好原蛋带回。问他怎么不吃蛋,回答很简单:"没有缝,我怎么吃?"

演讲者通过一个小学生自己不会剥鸡蛋壳的故事,既吸引了听众的注意力,又唤起听者的思考:这么容易的事情都不会做,看来我们教育孩子的方式真的有问题。

8. 幽默式

指以幽默、诙谐的语言或事例作为演讲的开场白,能使听众在轻快、愉悦之中快速进入演讲的内容。

例如,中央电视台某期《开讲啦》节目,撒贝宁有这样一段开场白:

想要做主持人的同学,我必须告诉你们,有的电视节目是特别折磨主持人的。比如说在这个讲台上,曾经有一个叫科比·布莱恩特的人。录那期节目的时候,我们的摄像老师"哭"了,他说,我实在没有办法把你们两个拍在一个镜头里。但是我仍然充满勇气地站在这里,因为我觉得今天这位嘉宾,应该不会在这个舞台上给我太大的压力,相反我觉得,可能当他出现之后,我会觉得莫名的亲切。因为过去几十年里,他塑造的各种各样的角色,安放了我大部分的青春。接下来就请我们用掌声,有请今天的开讲嘉宾——周润发。

主持人通过一种幽默的方式,引出嘉宾周润发。在开场白中撒贝宁说,摄像老师因不能将他和科比·布莱恩特拍在一个镜头里而痛苦和无奈,实际上是在突出身高上的巨大反差,非常幽默,让人们忍俊不禁。然后他又用面对科比·布莱恩特的压力反衬见周润发时的亲切,突出嘉宾周润发的和蔼可亲。

(三) 主体

主体是演讲稿的重点。既要紧承开场白,又要内容充实、主旨鲜明,合乎逻辑地逐层展开论述,还要设置好演讲的高潮,以使听众产生心灵的共鸣。

1. 主题鲜明突出

古语云:"山不在高,有仙则名;水不在深,有龙则灵。"演讲稿写作中,主题恰如山中之"仙",水中之"龙",离开了它演讲稿就黯然失神,有了它演讲稿才神采流动。单单有了主题还不够,还应使主题鲜明突出。演讲者必须抓住主干,理清支脉,围绕主题选取材料,组织内容。

2. 内容充实有说服力

演讲中,演讲者必须依靠内容的丰富、精彩来吸引和打动听众,进而引导听众接受其观点。在演讲中,只有确凿有力的事实才真正具有说服力和可信度,其效果是那些空泛的大道理无法比拟的。

3. 层次条分缕析

演讲稿的层次要注意统筹安排,给人以整体感;要主次分明,详略得当,给人以稳定感;要互相照应,过渡自然,给人以匀称感;演讲稿是讲给人听的,结构层次不能太复杂,要给人以明朗感。

演讲稿的层次排列形式,主要有:纵进式,即抓住一个问题,由表及里,由浅入深,环环相扣,步步推进,层层深入地进行分析;横列式,即横向地从不同角度或侧面去分析论题,层次之间呈"并列"关系;纵横交错式,即纵式排列与横式排列交错安排,有时纵向深入,有时横向剖析,有时纵中有横,有时横中有纵。

4. 精心设置高潮

演讲的高潮是思想内容高度升华的"顶点",是演讲者就某一论题,经过一番举例、分析、说明、论证后,对于肯定什么、否定什么所作出的最鲜明的回答。应体现出以下特点:思想深刻,态度鲜明,集中体现全篇的思想观点,是其精华之所在。感情强烈,演讲者的爱憎、喜怒在此得到尽情地宣泄。语句精练,富有气势,耐人寻味。

(四) 结尾

一个成功的演讲,有了良好的开端,精彩的主体后,还应有令人回味无穷的结尾。其任务是:再现题旨,使听众加深认识;收拢全篇,使之统一完整;鼓起听众激情,促其为之行动;耐人寻味,给予听众美的享受。结尾的方式灵活多样,一般要根据演讲的主题和结构来设计。

1. 总结式

在结束时,将所讲的内容用精练的语言,进行高度的理论概括,使中心论题突出,起到画龙点睛的作用,也会给听众留下清楚、完整而深刻的印象。

例如,美国著名作家,废奴主义者道格拉斯的《谴责奴隶制》演讲,最后以精悍有力的总结方式结束:

到你走得到的一切地方去吧。尽你的努力去寻找吧。纵然涉足旧世界所有的君主国家与专制国家,穿越整个南美洲,搜寻一切社会弊端,当你最终面对美国的日常现实时,你最终会与我异口同声地说:"讲到令人发指的暴行和恬不知耻的伪善,美国的奴隶制真是举世无双的了。"

全篇演讲将近六千字,都是谴责美国的奴隶制的。但在结尾中道格拉斯将这种制度的罪行浓缩成一句话:"讲到令人发指的暴行和恬不知耻的伪善,美国的奴隶制真是举世无双的了。"听这句话,你可以把其余六千言的演讲重现一遍,风貌尽收眼底,即使你已忘了其余六千言,这句话也能像晨钟暮鼓一样,在你耳边轰鸣震响,经久不散。

2. 感召式

以鼓舞和号召作结。鼓舞的目的是"使人信",号召的目的是"使人动",两者结合使用,使听众进一步振奋精神,准备行动。

例如,一篇题目为《再筑一道长城》的演讲用了感召式的结尾:

朋友们:让我们携起手来,用我们的思想,用我们的全部再筑一道长城,一道坚强不摧的血肉长城!让我们伟大的中国,伟大的中华民族,永远,永远立于世界民族之林!

演讲者以深沉炽热的感情,呼唤着国民国防意识的增强,用火一样的激情,诗一般的语言,点燃众人炽热的激情,再筑一道坚不可摧的钢铁长城。

3. 突出式

这种结尾的色调比较明快,是在演讲最后抛给听众一个或一连串的问号,着眼点是论题的深度而不是广度。具体体现为用正反比较作结,用问题式反语作结,用积极的建议作结。

比如,一篇题为《源泉》的演讲是这样结尾的:

最后,让我们扪心自问:假若没有母亲,假若没有老师,假若没有工人,假若没有农民,假若没有多少世纪先辈们不息的劳动抗争,假若没有这块生我养我的土地上的阳光雨露,无形的我能化为这有形的身吗?

以排比式的提问结束,突出了一种希望和期盼,以此引起听众进一步思考,深化了演讲的主题。

4. 淡出式

"淡出"本是电影艺术里的一个技术名词,表示画面色彩由深到浅逐渐淡化,直到空白。演讲结尾采用这种方式体现为用幽默和象征等含蓄的语言和动作结尾,或用富有哲理性的语言结尾等。

例如,毛泽东在《别了,司徒雷登》一文最后说:

司徒雷登走了,白皮书来了,很好,很好,这两件事,都是值得庆祝的。

5. 抒情式

结尾时巧妙利用当时的景物抒情表志,比起背诵稿件带给人的震撼要强得多。

例如,一位竞选干部演讲接近尾声时,外边电闪雷鸣,几乎淹没了他的声音。于是,他指着窗外说:

同志们,听着窗外响起的阵阵春雷,我的心中不由得一震,是啊,我们的屋内不也是春雷滚滚吗?干部聘任制度改革的春雷正在我们这块天空上震响,在这场竞争中也许我只是一个过客,但我张开双臂,为春雷春雨的到来而欢呼!

6. 引用式

是通过引用名言、警句、谚语、格言、成语、诗句等作结尾的一种方式。它的好处有:第一,可给演讲的主题思想提供一个有力的证明,使听众在联系和印证中得到更深的启发,给听众留下余韵;第二,可以使演讲收到含蓄优美的效果,使语言表达精练、生动,富有节奏和韵律;第三,有启发性和感染力,同时还可以给人生动活泼、别开生面之感;第四,它也能显示演讲者的博学多才。

例如,一篇题目是《昨天·今天·明天》的演讲是这样结尾的:

萧伯纳说得好:"人生不是一支短短的蜡烛,而是一支由我们暂时拿着的火炬,我们一定要把它燃得十分灿烂,然后交给后一代的人们。"我们如何让自己青春的火炬燃烧得更旺呢?我们怎样为后一代开拓出灿烂的前程呢?愿君深思!

7. 展示式

即展示未来画面式结束语。对于一些主题明快、积极向上的演讲,利用展示未来画面式结束语结尾,能为听众展示出一幅雄伟豪迈、欣欣向荣的蓝图,激发听众向往之情,有助于增强听众为实现这一蓝图而奋斗的信心和决心。

例如,曹木的《一个军长的离职演说》的结尾是这样的:

同志们,我们有一个挂满了锦旗和奖状的荣誉室,有一本记载着英雄集体和个人的光荣册,但是,功绩和荣誉已经属于昨天,留给你们的,是明天,是国防现代化的明天!即将上任的军长就在这里,我手中的接力棒已经交给了他,我相信他能带领前面这支英雄部队向着那个令人神往的明天迅猛前进!相信他和大家能把前面这支英雄部队建设成一个政治立场坚定、思想品德高尚、战斗作风顽强、武器装备精良的无产阶级武装集团!预祝同志们成功!

这个结尾营造出欢乐愉快的气氛,并提出了殷切的期望,使听众明确前进的方向,受到鼓舞,增强自信心和自豪感。

五、即兴演讲

(一) 即兴演讲的含义

即兴演讲,又称即席演讲或即时演讲,是演讲者在某种特定景物或某种人物、气氛的激发下而进行的一种临时性的演讲,是在事先无准备、没有拟稿的情况之下进行的演讲活动。

即兴演讲是一种被广泛应用的口语表达形式,一般可分为生活场景式和命题竞赛式两种。生活场景式即兴演讲主要表现为日常生活中的宴会祝酒、婚丧嫁娶、欢送、竞选等的讲话。这种演讲选题比较自由,演讲者的主动权较大。命题竞赛式即兴演讲,是演讲者围绕已经确定好的题目或主题进行的演讲。这种演讲难度较大,演讲者自主性较小。

(二) 即兴演讲的特点

1. 临时性

即兴演讲是演讲者在特定的人、事物或情景的触发下进行的临场发挥的演讲。演讲者没有充足的时间收集材料和锤炼语言,也不能事先进行模拟训练,大多是现想现说,具有很强的现场感和临时性。

2. 敏捷性

即兴演讲的临时性决定了演讲者必须在短时间内选题构思,快速组织材料,以简短的语句条理清晰、准确生动地表情达意,凸显演讲主题。这就要求演讲者思维要敏捷,反应要灵活。

3. 简短性

即兴演讲因为时间的限制,不可能长篇大论,只能就某一个问题或某一个方面作简短的表达。演讲者要在短短几分钟内能征服打动听众,必须在语言表达上简洁、凝练,篇幅上短小、精悍。

(三) 即兴演讲的要求

1. 做好准备

首先是做好心理上的准备。参加活动前,就要根据活动内容,考虑自己届时有无可能被指定作即兴演讲。只要有可能,就要考虑将讲些什么、怎么讲,以免到时被动。其次是如果出席活动,自己有强烈感受,想即兴发言,就更需要精心准备,打好腹稿,必要时还可列出提纲。

2. 快速构思

在即兴演讲前,演讲者要快速构思,重点是确定演讲的议题。演讲者可根据活动的主旨、时境、听众、现场布置以及自己的知识与生活积累,选择恰当的议题,找准切入点,借题发挥,引申开来。

3. 多用例证

在即兴演讲中,例证除了能论证和说明演讲者的观点外,还可以使理论观点具体化、形象化,易于被听众接受,吸引听众的注意力,使演讲渐入佳境。列举实例可以多谈自己的亲身经历,这样能使听众感到亲切、真实。对实例的叙述要具体、生动,使听众如见其人、如临其境。

4. 贴近现场

成功的即兴演讲必须贴近现场内容、时境、听众。如闻一多先生在一次晚上的即兴演讲中,触景生情,指着月亮说:"朋友们,你们看,月亮升起来了,黑暗过去了,光明在望了。但是乌云还待在旁边,随时会把月亮盖住。"这样的演讲形象生动,寓意深刻,与现场景物达到了情景交融的地步。

(四) 即兴演讲的方法

即兴演讲是一种高难度的口语表达,演讲者需要平时注意积累材料,加强思维能力训练,还需要掌握一定的演讲技巧,并进行反复训练,才能获得出口成章的演讲能力。

1. 扩句成篇法

这种方法的核心是"立片言以居要"。演讲时,开门见山地提出自己的见解或主张,然后从正面、反面进行阐释;或你要讲的是什么话题,为什么要讲这个话题,怎么去讲,需发表议论,并列举适当的事例、名言做论据,这样就能扩句成篇,形成演讲。

例如,姜昆在一次即兴演讲中说:

为青年服务,就要爱青年伙伴,注意发现他们身上的亮点。我遇到过这么一位青年伙伴。亚太地区足球赛,中国对科威特那场,我刚进体育场,前边一个青年一眼把我认出来了。他叼着烟,穿一身挺紧的衣服,说:"哎呀,快看,姜昆来了!"我忙说:"你歇会儿,歇会儿,干吗呀!咱们来看球对不对?别影响大伙儿看球!"可是他照样同我说话,弄得很多人围着我。

幸亏球赛开始了,这才为我解了围。我开始讨厌他,最后又喜欢他了。我怎么喜欢他了?李富胜扑了一个点球以后,我们攻进对方一个球——1∶0。那小伙子高兴啊,一蹦多高。当然我也蹦了,但没他蹦得高!他一会儿喊"中国万岁",回头说:"怎么样,姜昆,今晚写段相声,就写咱们的球赛。今晚我陪你打夜班了。香烟我供着,我一个人全带了!"那个兴奋劲,甭提了。当然作为一个足球爱好者应该有这种兴奋,这是对祖国的荣誉感嘛。……对足球的希望就是对祖国的希望啊!我们找到了共同点,我们共振了!

这段演讲的中心句就是开头那句话,后边的话全是它的扩展。用一个典型例子说明什么是青年身上的"亮点",以及如何发现青年身上的"亮点"。话虽不少,但结构很简单:一个观点带一个例证。

2. 散点连缀法

演讲者发言前,有时会想到一些不相关联的事物也就是思维的散落"点"。这时如果能确定发言的意脉,用这根意脉之"线",将这些"散点"连缀起来,就会组成一篇很有意义的演讲。

例如,在上海市"钻石表杯"业余书评授奖会上的一段演讲:

今天,我参加"钻石表杯"业余书评授奖会,我想说的一句话是:钻石代表坚韧,手表意味时间,时间显示效率。坚韧与效率结合,这是一个人读书的成功所在,一个人的希望所在。

这篇演讲由"钻石""手表"这两个"散点",联想到"时间""效率"另外两个"散点",以"读书"为意脉,将四个"散点"连缀成篇,可谓短小精悍。

3. 借题发挥法

这是一种借助联想而由此及彼的方法。借现场之"题",如会议或活动的特定地点、空间背景、话题焦点、观众心态、会场布置、有新意的插话等,再进行发挥,引申出另一番新意。

例如,1945年5月4日,昆明各高校在云南大学操场举行"五四"纪念大会,恰逢大雨,秩序混乱,闻一多即席讲话:

热血的青年们过来!继承"五四"精神的热血青年站起来!怕雨吗?我来讲个故事:今天是天洗兵!武王伐纣那天,陈师牧野的时候,军队正要开拔,天下大雨,于是领头的人说,

"此天洗兵",把蒙在甲胄上的灰尘洗干净,好上战场攻打敌人。今天,我们集合起来纪念五四运动,天下雨了,这也是天洗兵,不怯懦的人上来,走近来!勇敢的人走拢来!

闻一多巧妙地借"雨"发挥,号召大学生以"天洗兵"的精神发扬"五四"精神。

自主训练与巩固

一、以下列题目进行演讲训练。

1. 让青春无悔
2. 人生处处是考场
3. 诚信,从我们做起
4. 谈大学生自主创业
5. 网络文化,一把双刃剑
6. 免费是世界上最昂贵的东西
7. 每一种创伤,都是一种成熟
8. 一个人之所以能,是因为相信能
9. 不凡是瞬间的风景,平凡是永恒的罗兰

二、为下面几段演讲稿标上发音记号,然后进行演练。(感情激动……,感情平稳—,音量强F,音量弱P,语速渐慢>,语速渐快<,停顿|,重音△,降调↓,升调↑,曲调~)

1. 在我踏上征途的前夕,我明白了许许多多。社会核心不仅仅是我,也不仅仅是你。我作为社会上的一分子,时时刻刻要想到我们、你们、他们;时时刻刻想到我给予他们、给予社会的是什么。

2. 春分刚刚过去,清明即将到来。"日出江花红胜火,春来江水绿如蓝"。这是革命的春天,这是人民的春天,这是科学的春天,让我们张开双臂,热烈地拥抱这个春天吧!

3. 去年"五一"劳动节前夜,上海第六人民医院的摄影室突然起火。当时正在急诊室的一个小伙子发现火警后,立即抓起灭火器冲上三楼,撞开两道门,扑进浓烟弥漫的烈火之中。在医院职工的配合下,终于扑灭了大火。这个冲在大火中的人,就是我们厂的小秦。可有谁知道,他竟是个身患绝症的人呢?

4. 一只乌鸦正渴得要死的时候,它看到墙头上放着一壶水。乌鸦高兴极了,并很快地飞了过去,但乌鸦的嘴太短,够不着水。乌鸦失望地在树桩上蹦跳和思索。突然它发现附近有一些小石头,于是它想起了一个主意。它用嘴衔起一块小石头。它飞到水壶处,把小石头丢入壶中,水就上升了一点儿。乌鸦就这样把小石头一块一块丢入壶中,每丢入一块水上升一点。当它把全部小石头丢入后,水已上升到壶口。于是这只聪明的乌鸦在壶边安详地喝了个痛快。

5. "我们的大炮就要万炮轰鸣,我们的装甲车就要隆隆开进!我们的千军万马就要杀敌!就要去拼命!就要去流血!可刚才,有那么个神通广大的贵妇人,她竟有本事从几千里外,把电话要到我这前沿指挥所。她来电话干啥?她来电话要给她儿子开后门,让我关照关

照她儿子！走后门,她竟敢走到我这流血牺牲的战场上!"

三、分析下列语句所使用的修辞手法。

1. 竹叶烧了,还有竹枝;竹枝断了,还有竹鞭;竹鞭砍了,还有深埋在地下的竹根。

2. 南方的雨,像南方少女的爱,羞羞答答,多情、含蓄;北方的雨,像北方小伙的情,炽热如焰,热情、奔放。

3. 苏东坡写过这样的诗句:"日啖荔枝三百颗,不辞长作岭南人。"可见荔枝的妙处。

4. 爸把汽车停在急诊室门口,他们叫他驶开,说那空位是留给紧急车辆停放的。爸听了便叫嚷道:"你以为这是什么车?旅游车?"

5. 我舍不得你,我怎舍得你呢?我用手拍着你,抚摸着你,如同一个十二三岁的小姑娘。我又掬你入口,便是吻着她了。我送你一个名字,我从此叫你"女儿绿",好么?

6. 后来你目睹了一次牡丹的落花,你相信所有的人都会为之感动:一阵清风徐来,妖艳鲜嫩的盛期牡丹忽然整朵整朵地坠落,铺撒一地绚丽的花瓣。那花瓣落地时依然鲜艳夺目,如同一只奉上祭坛的大鸟脱落的羽毛,低吟着壮烈的悲歌离去。

四、分析下列演讲稿的开头或结尾所使用的方法。

1. 公民们,请恕我问一问,今天为什么邀我在这儿发言?我,或者我所代表的奴隶们,同你们的国庆节有什么相干?

2. 人最宝贵的是生命,人的生命只有一次。人的一生应当这样度过:当他回首往事时,他不会因为虚度年华而悔恨;也不会因为生活的庸俗而羞愧;临死的时候,他能够说,我把我的整个生命和全部精力,都献给了全中国最辉煌的事业,为中国在21世纪成为世界第一强国而奋斗和努力!让我们用这段光彩夺目的话来鞭策和激励自己!让自己成为一个无愧于时代的高尚的人!

3. 站在塞纳河畔,可以触摸巴黎时尚而又典雅的脉搏;身处第五大道,可以感受纽约华丽而又绚烂的气息;漫步银座街头,可以领略东京古老而又现代的文化;停留黄浦江边,可以体味上海兼容而又独特的精神……

4. 同志们,朋友们,请大家助我一"笔"之力投我一票吧,因为选我就等于选了你自己!

5. 当你穷困潦倒时,他向你伸出了援助之手;当你失意时,他为你开启了导航灯,指引着你;当你失败时,他为你铺垫了一块块基石,让你走向成功的阶梯;当你惆怅时,他为你带来了开心果;当你不幸时,他为你送来了幸福的青鸟;……然而,当他累倒下,生病躺下时,你,你又为他送去了什么,带去了什么?是冷漠,还是备至的关怀?

6. "江南可采莲,莲叶何田田。"汉乐府用她那独特的婀娜带着江南的清香,伴着燕语呢喃飘入人们梦中,使那梦境亦真亦幻,氤氲的水汽打湿人们的易感动的心,何其妙哉!

7. 我们习惯用血染的旗帜来形容国旗的鲜艳,当看到今天的会场上这片火红的颜色的时候,您想到了什么?五星红旗!提到我们可爱的国旗我首先想到了一个日子:1949年10月1日。

五、根据下面设定的情景,分别做即兴演讲。

1. 假定在学校的一次朗诵比赛中,你荣获一等奖,在颁奖仪式上,主持人要你代表全体获奖同学发言。

2. 假定你和 10 位同学一起到中学实习,在该校的一次全体教师会上,校长把你们这些实习生介绍给大家,并致了欢迎辞。随后,同学们推举你代表发言。

3. 在班上组织一次即兴演讲比赛。方法是让学生每人在一张纸条上写一个题目,演讲者提前三分钟抽取一张纸条,进行准备,三分钟之后上台作即兴演讲。演讲时间不得少于两分钟。

4. 有人认为,青春像一座山背负一路感伤;郭敬明也曾说,青春是一道明媚的忧伤。请围绕"青春"这个话题,自拟题目,做即兴演讲练习。

第四节 复 述

一、复述的定义

复述,就是把听过的或读过的现成材料,通过回忆,在理解的基础上重新整理,再次用口语讲述语言材料的一种独白式的口语表达形式。

复述的过程是一种复杂的语言信息处理、转换的过程。它把视觉和听觉感知的语言信息加以理解、加工和记忆,再根据要求,将记忆的信息内容转换为口头语言表述出来。

复述不仅要理解、记忆材料的内容,还要把握材料的逻辑结构,因此,复述并不是记忆力训练,而是一种综合思维训练,有益于提高理解力、记忆力、逻辑思维能力和口语表述能力。

二、复述的基本要求

(一)忠实原作,准确完整

复述必须忠实于原作,内容完整,准确地体现原材料的中心和重点。不得篡改主要情节和观点,即使是简要复述也要多引述原材料中的重点词句。

(二)层次分明,条理清晰

复述时要能够完整记忆内在的线索和主要事件,复述时一定要交代清楚时间、地点、人物、事情的起因、经过、结果等,线索清晰,层次分明。复述要有条理性,详略得当,体现各部分内容的逻辑关系。

(三)感情真实,生动流畅

复述要真实地传达出原作的思想感情,把书面语转换成口语,要做到声音响亮,吐字清楚,语句通顺,前后连贯,语气贴切,语调自然,可用适当的表情动作,增强表达的生动性、形象性。

(四) 想象合理自然

复述在必要时可以加入个人想象,可以根据原材料进行合理性的延伸,但必须注意适度原则,不得背离原意和基本框架。

三、复述的形式

(一) 详细复述

详细复述是一种非常接近原始材料的复述。就是用自己的话基本上按原始材料的内容和顺序,准确、完整地述说。详细复述可以将语法结构复杂的书面语句式简化为结构简单的口语句式,将长句化为若干短句,将成语或方言转化为通俗易懂的词语,将文言转化为符合语法和词汇规范的现代汉语等。

详细复述要注意:第一,按照原材料的叙述顺序,逐段复述内容;第二,重复的信息、重要的情节、精彩的部分、优美的语句,特别是关键语句的主要内容,基本保持不变;第三,按照原材料原有的逻辑结构,有层次地复述。

例如,《少年纪晓岚联趣故事》原文。

"铁齿铜牙"纪晓岚祖籍沧州,儿时便被誉为神童。

一天中午,六岁的纪晓岚在自家院子里玩耍。父亲走过来,让他到学堂去叫哥哥回来吃午饭。纪晓岚答应了,一蹦一跳地来到学堂,推门进去一看,只见哥哥正低着头、垂着手,站在先生的面前。他大叫一声:"哥哥,快回家吃午饭。"哥哥稍微抬了抬头,没有说什么,就又低下头去了。纪晓岚见哥哥不动,跑上前去,想拉他回家。先生阻拦道:"慢着,你哥哥正在挨罚呢!"纪晓岚睁大双眼问:"为什么?"先生说:"我出了个上联叫他对,他对不出来,所以挨罚。"纪晓岚眨眨眼睛:"啊!原来是这样呀!先生,我替哥哥对上,行不?"先生见纪晓岚只是一个五六岁的小毛孩,笑了笑,就顺口答应:"行,不过,对不上,可得连你也一起罚。"纪晓岚说:"好,你出上联吧!"先生见他真的要对,就认真地想了想,说了上联:"苇草编席席盖苇"。这时,天色已晚,田地里耕作的农民纷纷回家,一个农夫扬着鞭子赶着牛从门前经过。纪晓岚发现了这一情景,脑袋一歪,头一抬,立即得了一个妙句,于是朗声答道:"牛皮拧鞭鞭打牛。"先生听后,大吃一惊,连连点头,嘴里不断说:"好!好!好!反应如此敏捷,真不愧是一位神童!"并挥手示意,让他哥俩回家吃饭。

纪晓岚到了七岁,两位叔叔拉着他到县城里去应童子试,考场设在贡院大街的一家书院。那院落十分宽敞,环境清雅。纪晓岚早早来到,跟一群考生童子在院中追逐戏耍。这时,教谕忽然进了书院大门。活蹦乱跳的纪晓岚来不及把手里的树枝扔掉,便悄悄塞进袖筒里。教谕看见了他的小动作,觉得这个小家伙非常机灵,便走过来对他说:"你这娃娃,挺调皮的,不知书念得怎么样?"纪晓岚毫不怯场,自如地回答道:"一会儿入场考试,大人您就知道了。"他这句颇有自信的话,把教谕给逗乐了,便说道:"现在未入考场,我先考你一考,给你出一个上联:'小童子暗藏春色'。"纪晓岚笑了笑,知道他是指自己袖里藏树枝的事,于是马上便对出了下联:"老宗师明察秋毫。"教谕听罢,大为惊奇,想不到这个蹦蹦跳跳的小娃娃对答的联语如此工整,如此天衣无缝,而且还那么敏捷,便称赞道:"神童,果然是神童!"

详细复述实录。

"铁齿铜牙"纪晓岚祖籍沧州,小时候就被称为神童。

一天中午,六岁的纪晓岚在自家院子里玩耍。他父亲走过来,让他到学堂去叫哥哥回来吃午饭。纪晓岚答应了,一蹦一跳地来到学堂,推门进去一看,只见哥哥正低着头、垂着手,站在先生的面前。他大叫一声:"哥哥,快回家吃午饭。"哥哥稍微抬了抬头,没有说什么,就又低下头去了。纪晓岚见哥哥不动,跑上前去,想拉他回家。先生阻拦道:"慢着,你哥哥正在挨罚呢!"纪晓岚睁大双眼问:"为什么?"先生说:"我出了个上联叫他对,他对不出来,所以挨罚。"纪晓岚眨眨眼睛:"啊!原来是这样呀!先生,我替哥哥对上,行不?"先生见纪晓岚只是一个五六岁的小毛孩,笑了笑,就顺口答应:"行,不过,对不上,可得连你也一起罚。"纪晓岚说:"好,你出上联吧!"先生见他真的要对,就认真地想了想,说了上联:"苇草编席席盖苇。"这时,天已经快黑了,田地里耕作的农民纷纷回家,一个农夫扬着鞭子赶着牛从门前经过。纪晓岚发现了这一情景,脑袋一歪,头一抬,马上有了一个妙句,于是大声答道:"牛皮拧鞭鞭打牛。"先生听后,大吃一惊,连连点头,嘴里不断说:"好!好!好!反应如此敏捷,真不愧是一位神童!"并挥挥手,让他哥俩回家吃饭。

纪晓岚到了七岁,两位叔叔拉着他到县城里去应童子试,考场设在贡院大街的一家书院。那院子十分宽敞,环境清雅。纪晓岚早早来到,跟一群考生童子在院中追逐戏耍。这时,教谕忽然进了书院大门。活蹦乱跳的纪晓岚来不及把手里的树枝扔掉,便悄悄塞进袖筒里。教谕看见了他的小动作,觉得这个小家伙非常机灵,便走过来对他说:"你这娃娃,真调皮,不知书念得怎么样?"纪晓岚一点不害怕,自如地回答道:"一会儿入场考试,大人您就知道了。"他这句很自信的话,把教谕给逗乐了,就说:"现在还没进考场,我先考你一考,给你出一个上联:'小童子暗藏春色'。"纪晓岚笑了笑,知道他是指自己袖里藏树枝的事,于是马上便对出了下联:"老宗师明察秋毫。"教谕听完后,非常惊奇,想不到这个蹦蹦跳跳的小娃娃对答的联语这么工整,简直是天衣无缝,而且还那么敏捷,就称赞说:"神童,果然是神童!"

这个详细复述是忠于原文的,内容无增减,结构无变化,连细节也不缺少,复述得清楚完整。不同的是,个别语句有所变动,变动后非但没有改变原意,反而更适于口语表达了。

(二) 简要复述

又叫概要复述,是根据复述的目的要求,对原材料加以浓缩、选择和概括,然后用简明扼要的语言陈述出来的表达方式。简要复述类似于作文中的"缩写",它不是简单的缩短,而是对原材料的再创作,必须保留原材料的中心要点,前后衔接,结构完整,可略去那些解释、举例、描写、过渡和背景材料。

简要复述的要领是,把握整体,厘清线索,保枝去叶,反映原貌,但要防止取舍不当,偏离中心。比详细复述所用时间更短,语言更精练。

例如,《少年纪晓岚联趣故事》的简要复述实录。

纪晓岚在六岁时,有一次看见哥哥在学堂挨罚,就问先生:"为什么?"先生说:"我出了个上联叫他对,他对不出来。"纪晓岚说:"我替哥哥对上,行不?"先生答应:"行,不过,对不上,可连你也一起罚。"纪晓岚说:"好。"先生的上联是:"苇草编席席盖苇。"这时,正巧有一个农夫扬着鞭子赶着牛从门前经过。纪晓岚答道:"牛皮拧鞭鞭打牛。"先生连连说:"好!真不愧是神童!"就让他哥俩回家吃饭了。

纪晓岚七岁时到县城里去应试。纪晓岚早早来到考场,跟一群考生童子拿着树枝在院中玩耍。教谕进了考场,纪晓岚来不及把树枝扔掉,便塞进袖筒里。教谕看见了他的小动作,说:"你这娃娃,挺调皮的,不知书念得怎么样?"纪晓岚回答道:"一会儿入场考试,大人您就知道了。"教谕说:"现在还没进考场,我先给你出一个上联:'小童子暗藏春色。'"纪晓岚笑了笑,马上便对出了下联:"老宗师明察秋毫。"教谕听后,非常惊奇:"果然是神童!"

该简要复述保留了故事的主要情节和重要细节,主题和题材没有变化。虽然篇幅减少一半,但中心更明确、重点更突出。这个简要复述删减恰当,完整连贯,语言简练,使人一听就知道故事的主要内容。

(三)扩充复述

也叫创造性复述,是在把握原始材料基本内容的前提下,加上自己的见解和想象,对其内容和形式做某些创造性的扩充展开,然后把内容讲述出来的表达形式。

扩充复述要注意:第一,以原材料为基础,合理想象,扩展情节内容,不能背离原意和基本框架;第二,根据原材料的中心思想确定扩展创作的重点,就某一方面进行扩展,不需面面俱到;第三,可以根据表达的需要运用描述、论证、比喻、对比、夸张等多种手法。改变顺序、改变角度、变换结构、改变人称、改变体裁、增删内容等,运用渲染、插叙、描摹等多种技法,都是创造性复述的具体方法。

例如,以第三人称据《泊船瓜洲》(原诗略)改写成的小故事。

宋代诗人王安石应召从故乡江宁出发赴京担任翰林学士。

这天下午,王安石乘船顺江而下。他站在船头,望着滔滔的江水,欣赏两岸的景色,只见初春的江南一派生机勃勃:草长莺飞,鸟语花香,柳树长出了绿芽,小草从土里探出头来,花儿绽开了笑脸,蜜蜂、蝴蝶在花丛中翩翩起舞,竹笋也出来凑热闹……眼前美丽的春色,勾起了他对家乡的无限思念,不禁暗暗感叹:"阳春三月的江南,是多么美丽啊!我却在此时匆匆离开家乡……"对家乡的眷念让王安石产生了想返回家乡的念头。但是,这个念头很快被打断了,因为这次上任是皇上的旨意,不得违抗。王安石没有心思再欣赏这春意盎然的美景,愁容满面地走进了船舱,浓浓的思乡情让他不禁泪流满面。

到了傍晚,船在瓜洲靠岸,王安石想到离京口不远的南京,想到自己的家乡,他再也睡不着了。他走出船舱,只见月亮悄悄地出现在夜空中,皎洁的月光引起了诗人的联想:春天去了可以再来,而我这一去,不知道什么时候才能回来,于是他一边吟诵一边挥笔写下这样一首诗:

京口瓜洲一水间,钟山只隔数重山。春风又到江南岸,明月何时照我还。

王安石觉得"春风又到江南岸"的"到"字用得不好,就改为"过",接着又改为"入""满"等字。经过反复推敲,他从"春风何时至,已绿湖上山"这诗句中受到启发,觉得用"绿"字形象生动,感觉春风迎面吹来,便改为"春风又绿江南岸"。一首著名的思乡诗就这样诞生了!

自主训练与巩固

一、阅读下文,并进行详细复述。

邓亚萍是乒乓球历史上最伟大的女子选手,她5岁起就随父亲学打球,1988年进入国家队,先后获得14次世界冠军头衔;在乒坛世界排名连续8年保持第一,是排名世界第一时间最长的女运动员,成为唯一蝉联奥运会乒乓球金牌的运动员,并获得4枚奥运会金牌,其中包括单打和与乔红组合的双打。

童年的邓亚萍,因为受当时体育教练父亲的影响,立志做一名优秀的运动员。但是她个子矮,手脚粗短,根本不符合体校的要求,体校的大门没能向她敞开。于是,年幼的邓亚萍跟父亲学起了乒乓球,父亲规定她每天在练完体能课后,必须还要做100个发球、接球的动作。邓亚萍虽然只有七八岁,但为了能使自己的球技更加熟练,基本功更加扎实,便在自己的腿上绑上了沙袋,而且把木牌换成了铁牌。

对一个孩子来说,这是多么难能可贵!这不但要使身体备受煎熬,心理方面也要承受巨大的压力。小小的她,每闪、展、腾、挪一步,都可以用举步维艰来形容!

腿肿了!手掌磨破了!这是家常便饭!但她从不叫苦,不喊累!负责训练的父亲,有时心疼得掉眼泪!付出总有回报,由于邓亚萍的执着,10岁的她便在全国少年乒乓球比赛中获得团体和单打两项冠军。

进入国家队后,邓亚萍都是超额完成自己的训练任务,队里规定上午练到11时,她就给自己延长到11时45分,下午训练到6时,她就练到6时45分或7时45分,封闭训练规定练到晚上9时,她练到11点多。邓亚萍为了训练经常误了吃饭时间,她就自己泡面吃。

在队里练习全台单面攻时,邓亚萍依旧往腿上绑沙袋,而且面对两位男陪练的左突右奔,一打就是2小时!在进行多球训练时,教练的球似连珠炮打来,邓亚萍每次都是瞪大眼睛,一丝不苟地接球,一接就是1000多个。

每一节训练课下来,汗水都湿透了邓亚萍的衣服、鞋袜,有时甚至连地板也会浸湿一片,不得不换衣服、鞋袜,甚至换球台再练。长时间从事大运动量、高强度的训练,从颈到脚,邓亚萍身体很多部位都是伤病。为对付腰肌劳损,她不得不系上宽宽的护腰,膝关节脂肪垫肿、踝关节几乎长满了骨刺,平时只好忍着,实在痛得厉害了就打一针封闭,脚底磨出了血泡,就挑破它再裹上一层纱布接着练。就算是伤口感染,挤出脓血也要接着练。

邓亚萍的出色成就,改变了世界乒坛只在高个子中选拔运动员的传统观念。国际奥委会主席萨马兰奇也为邓亚萍的球风和球艺所倾倒,亲自为她颁奖,并邀请她到洛桑国际奥委会总部做客。

二、对下文进行简要复述。

我国古代很重视幼儿的早期教育。大凡知名的人物,从小几乎都受到了良好的家庭教育。这方面的许多故事于今不无积极的借鉴意义。

900多年前,北宋仁宗明道元年和次年,即公元1032年和1033年,在我国湖北省黄陂先后诞生了兄弟二人,这就是被后人称为"洛学"代表的程氏二兄弟。兄程颢,弟程颐,他们都是我国历史上著名的学者。学术上,是宋代"理学"的一派代表人物,在教育活动方面也有显著成就。他们有很高的个人修养,和蔼可亲,尊师敬长,堪称一代楷模。

程氏兄弟从小就受到了良好的家庭教育。他们的母亲是一个贤淑善良的女人,喜好读书,知情达理,博学多识,通晓古今。她不但自己温敦厚道,而且能息夫怒,严教子,宽仆人,和谐地操持着家庭生活。二程的父亲一生为官,有时因官事而烦躁动怒,程母总是想法宽慰劝解,使他在孩子们面前不失去家长应有的尊严。孩子有了过失,程母绝不袒护遮掩。她认为,有的孩子之所以不好,大多数是因为父母的溺爱。程氏兄弟很小的时候,有一次,他们互相追逐奔跑,不小心都跌倒了,于是,小哥俩就躺在地上拼命地哭喊。这时,仆人赶紧跑过来要去搀扶他们。程母却拦住仆人,而让兄弟俩自己从地上爬起来,一面叫他们止住哭声,一面呵责他们说:"你们如果安稳一些,不这样莽撞,难道能跌倒吗?"这件事给兄弟二人印象极深,多年之后,程颐只要看到谁能够安静地用功,就认为这个人善于读书,是一定能够有成就的。

又有一次,吃饭时,桌子中央摆了一盆蛋羹,程颐和程颢就吵着要吃,说这是最好吃的。程颐还伸出小手,想把盆拉到自己跟前来。程母用筷子轻轻地打了他一下,然后严肃地说:"这是绝对不行的!你们刚刚几岁,小小年纪就挑称心的吃,什么都要舒舒服服,那长大以后,会成什么样子呢?要学会吃苦,才能耐劳,将来才会有出息。"从此以后,程氏兄弟很注意自己的言行,一心攻读,对于饮食无所择求,衣着也很随便。他们一生一直不富裕,但始终安贫乐道,这和程母的教诲有着密切关系。

三、对下文进行扩展复述。

1. 结庐在人境,而无车马喧。问君何能尔?心远地自偏。采菊东篱下,悠然见南山。山气日夕佳,飞鸟相与还。此中有真意,欲辨已忘言。

2. 司马光字君实,陕州夏县人也。父池,天章阁待制。光生七岁,凛然如成人,闻讲《左氏春秋》,爱之,退为家人讲,即了其大指。自是手不释书,至不知饥渴寒暑。群儿戏于庭,一儿登瓮,足跌没水中,众皆弃去,光持石击瓮破之,水迸,儿得活。

3. 马棚里住着一匹老马和一匹小马。

有一天,老马对小马说:"你已经长大了,能帮妈妈做点事吗?"小马连蹦带跳地说:"怎么不能?我很愿意帮您做事。"老马高兴地说:"那好哇,你把这半口袋麦子驮到磨坊去吧。"

小马驮起口袋,飞快地往磨坊跑去。跑着跑着,一条小河挡住了去路,河水哗哗地流着。小马为难了,心想:我能不能过去呢?如果妈妈在身边,问问她该怎么办,那多好哇!可是他离家很远了。

小马向四周望望,看见一头老牛在河边吃草。小马"嗒嗒嗒"跑过去,问道:"牛伯伯,请您告诉我,这条河,我能过去吗?"老牛说:"水很浅,刚没小腿,能过去。"

小马听了老牛的话,立刻跑到河边,准备过去。突然从树上跳下一只松鼠,拦住他大叫:"小马!别过河,别过河,你会淹死的!"小马吃惊地问:"水很深吗?"松鼠认真地说:"深得很呢!昨天,我的一个伙伴就是掉在这条河里淹死的!"小马连忙收住脚步,不知道怎么办才好……

第五节 评 述

一、评述的定义

评述是对客观事物或事理发表自己的见解的一种表达方式,是带有评论性的叙述。"评"就是评论,是表达自己的见解和感受。"述"是用复述或描述的方法介绍要评论的内容。评述是把叙述和议论有机结合起来,相辅相成,相得益彰。因此,"评述"是具有综合性特点的口语表达方式。

课堂评述可以帮助学生深入理解所学的内容,解决疑惑,提高认识和鉴赏能力。在日常生活中,也常常看到很多评述类节目,例如《焦点访谈》《今日说法》等。

二、评述的基本要求

(一)明确评与述的关系

首先述是手段,评是目的。评述的归宿是表达对特定事物的见解,重点应在评上。其次,述有选择,评有针对。即不必面面俱到地叙述事实,述要有所取舍,要为评服务,评要注意针对述的内容。再次,述要具体,评有分寸。即不要过于抽象地述,而评必须用语谨慎、逻辑合理、把握分寸。最后,评述一致,评述相连。即评与述是不可分割的整体,观点和材料高度统一。

(二)态度客观、公正

评述中,评的态度要公允、中肯,述的内容要真实、准确。评与述要一致,互相关联,因此,评的态度要公正,意见要公允、中肯,不能主观、片面;述要实事求是,准确无误,不可夸大其词,粉饰无度。

(三)观点鲜明,理由充分

评和述的关系也可说是观点与材料的关系,你赞成什么,反对什么,强调什么,突出什么,都要态度鲜明,观点明确,不可模棱两可,含糊其词,不知所云。有了观点,理由应当充分,不能泛泛而谈,言之无据。

(四)语言精练,表达严谨

评述讲究论证,论证要逻辑严密,条理分明,概念明确,推论合理。在语言运用方面,评述要用词精准恰当,通俗流畅,开口评人说事,不要声色俱厉,否则将事与愿违。评要做到要言不烦,述要做到简练概括。

三、评述的类型

按照"评"和"述"的顺序,可以将评述分为先述后评、先评后述、边述边评三种类型。

(一)先述后评

先述后评是先用复述或描述的方式表述材料内容,再对材料进行评论的评述方式。这种评述,"述"与"评"明显地分为两部分,"述"的内容较多,而"评"的成分较少,观点集中,有针对性。评述的终结,是使人们对一个问题从感性认识提高到理性认识。在评述事件、新闻或发言时,常常使用先述后评的方式。

例如:中央电视台新闻节目主持人白岩松曾对韩国女老板罚中国工人下跪一事发表评述。白岩松在评述中先交代这个事件的过程,然后描述韩国女老板骄横霸道,下跪雇工的愚昧懦弱,拒跪者的大义凛然,最后议论道:

"……关于女老板罚中国工人下跪的事,在这里我不想再议论这个女人了,因为她连被议论的资格都没有。不过这件事让我想起 47 年前毛主席在天安门城楼上宣布,中国人民从此站起来了。然而,这些人面对的不是战场,更不是在刺刀、枪口的面前,而是面对一个口袋里装满金钱的外国女人。我不禁要对同胞们说,曾经的贫困,不该是我们觉得比别人低一等的理由,金钱更不是我们膝盖发软的原因。我要说,在奔向富裕的道路上,站直喽,别趴下,不要跪下!"

这段评述坚持以小见大、由表及里、由此及彼的评述思路,句句都是肺腑之言。

再如,关于著名纪实散文《挥手之间》里的一个片段的评述。

站在前面的中央负责同志们迎上前去。主席伸出他那宽大的手掌,和大家一一握手道别。主席的脸色是严肃的,从容的,眼睛里充满了无限的关切和鼓舞之情。然后望着所有送行的人,举起右手,用力一挥,便朝着停在前面的飞机一直走去。

机场上人群静静地立着,千百双眼睛跟随着主席高大的身形在人群里移动,望着主席一步一步走近飞机,一步一步踏上飞机的梯子。主席走到飞机舱口,停住,回过身来,又向着送行的人群,人们又一次像疾风卷过水面,向飞机涌去。主席摘下帽子,注视着送行的人群,像是安慰,又像是鼓励。人们不知道怎样表达自己的心情,只是拼命地挥手。

主席也举起手来,举起他那顶深灰色的盔式帽,举得很慢很慢,像是在举一件十分沉重的东西,一点一点地,一点一点地,等到举过头顶,忽然用力一挥,便停在空中,一动不动了。主席这个动作给全体在场的人以极其深刻的印象。这像是表明了一种思索的过程,作出了断然的决定。主席完全明白当时人们的心情,而用自己的动作把这种心情表达出来。这是一个特定的历史性的动作,概括了历史转折时期领袖、同志、战友和广大革命群众之间的无间的亲密,他们的无比的决心和无上的英勇。

这是方纪的著名纪实散文《挥手之间》里的一个片段,从头到尾,没有一句是用语言表达,全是动作语。但效果远胜过有声语言,尤其是主席挥手的动作,充分表达了他的决心和力量,表达了领袖对群众的致意。

这段文字有四个自然段,第一到第三段是方纪详细描述毛主席做出挥手动作的全过程以及心理活动,是"述"的内容,所占篇幅较大。第四段是《语言交际艺术》一书的作者张先亮进行的评论,用语简洁,重点突出。

(二) 先评后述

先评后述是先阐明自己对事物或事理的见解和感受,对评述对象作出评价,然后通过叙述事实或举例证明自己观点的正确性的评述方式。从表达的动因来看,将"评"放在前面是为了强调观点,先声夺人,以引起注意。在这类评述中,材料的引述多用概述,少用描述,可以多方面多角度引述事实,证明论点。其特点意在强调自己的观点。

例如,《百家讲坛》蒙曼讲武则天第三集《狐媚惑主》(节选)。

第一点,孝顺。李治是个好孩子,温情脉脉。贞观十年(636年),长孙皇后去世。当时李治才九岁。他悲不能忍,哀感行路,他爸爸和舅舅都被深深感动了,都想着以后好好照顾照顾这孩子。对母亲这样,对父亲也是如此。贞观二十年,唐太宗打高丽回来,在路上,腿上长了一个毒疮,不能走路。李治看见二话没说,扑上去就把毒给吮出来了。这可不是一般人能做到的,这都是可以上孝子传的孝行啊。

第二点,聪明感性。《旧唐书·高宗本纪》说,唐高宗幼而"歧嶷",所谓"歧嶷",就是不一般的聪明,是聪明绝顶。李治的才气,表现在文学方面,他擅长写华丽的诗文,如行云流水;表现在书法方面,他的字写得大气磅礴,可能李唐皇室没有字写不好的,唐太宗、唐玄宗都擅长书法,当时是一个书法艺术流行的时代。他还酷爱音乐,曾经为舞蹈配乐,在宫中演奏,风靡一时。从这几个方面我们可以看出,他的才华主要表现在文学艺术方面,很感性,有艺术家气质。

蒙曼老师以先评后述式评述了唐高宗李治的五个主要性格特征中的两个,即"孝顺"和"聪明感性"。第一段中,"孝顺"是评价的结论,评述者举了唐高宗对待母亲和父亲这两个实例充分证明自己的观点,语言通俗易懂,形象生动。第二段中,"聪明感性"是评价的结论,评述者使用了引用法证明了他的聪明,又从文学、书法、音乐三个方面证明了他多才多艺的感性特征。可以看到,评述者使用先评后述的评述方式,集中鲜明地表达了自己的见解,既包含着民族自尊感,又具有无可辩驳的逻辑力量。

(三) 边述边评

边述边评是一种综合性的评述方式,是在复述或描述客观事物或事理时,巧妙自然地融进评述者的见解和看法,"述"与"评"水乳交融地交叉进行,做到"述中有评、评中有述"。课堂、讲座、演讲、辩论中经常使用这种评述,它要求评述者既能有条理地"述",又能有针对地深刻"评",因而评述者必须对问题有着相当深刻的理解和认识,才能开拓听众的眼界,带听众进行深层次的思考。例如,余华在演讲《我们生活在巨大的差距里》这样说道:

社会生活的不平衡必然带来心理诉求的不平衡。20世纪90年代后期，中央电视台在六一儿童节期间，采访了中国各地的孩子，问他们"六一"的时候最想得到的礼物是什么？一个北京的小男孩狮子大开口要一架真正的波音飞机，不是玩具飞机；一个西北的小女孩却是羞怯地说她想要一双白球鞋。

两个同龄的中国孩子，就是梦想都有着如此巨大的差距，这是令人震惊的。对这个西北女孩来说，她想得到一双普通的白球鞋，也许和那个北京男孩想得到的波音飞机一样遥远。

这就是我们今天的生活，不平衡的生活。区域之间的不平衡、经济发展的不平衡、个人生活的不平衡等等，然后就是心理的不平衡，最后连梦想都不平衡了。梦想是每个人与生俱有的财富，也是每个人最后的希望。即便什么都没有了，只要还有梦想，就能够卷土重来。可是我们今天的梦想已经失去平衡了。

演讲中，余华老师以边述边评的方式评述了对当今社会生活的认知。首先是"评"，即社会生活的不平衡必然带来心理诉求的不平衡；然后是"述"，以一个北京小男孩和西北小女孩为例展开阐述，陈述他们两人由于生活水平的差异导致梦想的巨大差距；接着余华再"述"，描述什么是不平衡的生活，从单纯的个人生活到全面复杂的社会生活，由物质生活到精神生活；最后余华再"评"，"我们的梦想已经失去平衡了"。边述边评的评述方式，让人们在认清事实的基础上不断地深入思考究竟这种不平衡产生的原因是什么，发人深省。

再如，一位教师关于《牡丹亭》的讲评片段。

从"被诗章讲动情肠"到游园时春情难遣这一阶段，杜丽娘对"良辰美景"充满渴望，但在封建礼教的严重束缚下又无法实现，便造成了沉郁的心灵苦闷。杜丽娘生在官宦家庭。为了"他日嫁一书生，不枉了谈吐相称"，也为了"他日到人家知书知礼，父母光辉"，她的父亲便请来陈最良教她习女德，修女言。按照父母的意愿，她就要被培养成"安分守己"、循规蹈矩的贞节烈妇，却丝毫没有独立人格可言。杜丽娘也确实不负众望，表现出了应有的恬静与顺从。听到父亲责备便连忙说："从今后茶余饭饱破功夫，玉镜台前插架书。"正像她的母亲后来所形容的："每日绕娘身百千遭，并不见你向人前轻一笑。"然而，这种性格本不是杜丽娘的天性，所以就像沙滩上的建筑一样，一推就倒。而《关雎》之鸣，春园之游，正是这导火索。

这是一位老师讲评《牡丹亭》的片段。老师一边介绍原作内容，一边表达自己的看法，使"述"与"评"相互交错，融为一体。

自主训练与巩固

一、《黄河大合唱》每个乐章前都有一段旁白，就是对这个伟大史诗的经典评述，请赏析其特点。

朋友，你到过黄河吗？你渡过黄河吗？你还记得河上的船夫拼着性命和惊涛骇浪搏战的情景吗？如果你已忘掉的话，那么，请听吧！

朋友，黄河以她英雄的气魄出现在亚洲的原野，她表现出我们民族的精神，伟大而又坚强。这里，我们向着黄河唱出我们的赞歌。

黄河,我们要学习你的榜样,像你一样的伟大坚强。这里,我们要在你的面前献一首长诗,哭诉我们民族的灾难。

二、请用相应的方式评述下列题目。

1. 一件难忘的趣事(先述后评式)
2. 网络改变了我们的生活(先述后评式)
3. 己所不欲,勿施于人(先评后述式)
4. 没有比人更高的山(先评后述式)
5. 我喜欢的一部影视作品(边述边评式)
6. 当我第一次走进大学的时候(边述边评式)

三、有人说"毁掉一个孩子,一部手机就够了",意思是手机给孩子们带来了太多负面的影响,不利于孩子们的成长。请以"手机的好处"为话题,作"先评后述"的练习。

四、运用下面材料作"先述后评"的练习。

有个楚国贵族,在祭祀过祖宗后,把一壶祭酒赏给门客们喝。门客们拿着这壶酒,不知如何处理。他们觉得,这么多人喝一壶酒,肯定不够,还不如干脆给一个人喝,喝得痛痛快快还好些。可是到底给谁好呢?于是,门客们商量了一个好主意,就是每个人各自在地上画一条蛇,谁先画好了这壶酒就归谁喝。大家都同意这个办法。

门客们一人拿一根小棍,开始在地上画蛇。有一个人画得很快,不一会儿,他就把蛇画好了,于是他把酒壶拿了过来。正待他要喝酒时,他一眼瞅见其他人还没把蛇画完,他便得意地又拿起小棍,自言自语地说:"看我再来给蛇添上几只脚,他们也未必画完。"边说边给画好的蛇画脚。

不料,当他正在给蛇画脚的时候,手上的酒壶便被旁边一个人一把抢了过去,原来,那人的蛇画完了。这个给蛇画脚的人不依,说:"我最先画完蛇,酒应归我喝!"那个人笑着说:"你到现在还在画,而我已完工,酒当然是我的!"画蛇脚的人争辩说:"我早就画完了,现在是趁时间还早,不过是给蛇添几只脚而已。"那人说:"蛇本来就没有脚,你要给它添几只那你就添吧,酒反正你是喝不成了!"

那人毫不客气地喝起酒来,那个给蛇画脚的人却眼巴巴看着本属于自己而现在已被别人拿走的酒,后悔不已。

五、请以下列素材进行评述练习。

1. 富养女儿,穷养儿子。
2. 家长用金钱鼓励子女好好学习。
3. 智商固然重要,情商更有价值。
4. 有些人关心集体,积极工作,却得不到别人的理解,被人认为是出风头,表现自己。
5. 随着网络迅猛发展,每年都会出现一些网络热词,比如"坑爹""柠檬精""显眼包""确认过眼神""小镇做题家""特种兵式旅游"等,请就你熟悉的热词进行评述。
6. 2023年6月,一女子从杭州西兴大桥跳进江里,路过的外卖小哥彭清林发现有人落水后,赶紧停了下来,翻到大桥护栏外,稍做犹豫,纵身跳到了距离桥面 10 多米的江里。当被记者问到为什么敢于从 10 多米的大桥跳下救人时,小哥说小时候也有溺水被人救起的经历,因为曾被温暖过,所以用尽全力去帮助他人。

下编　教师职业口语训练

第六章 教学口语

第一节 教学口语概说

一、教学口语的含义及特征

教学口语是教师在课堂上根据一定的教学目标和任务,针对特定的教学对象,依据规定的教学内容,按照一定的教学程序和方法,在有限的时间内,为取得某种预期的效果而使用的语言。它是教师进行课堂教学的工作用语。

教学口语是经过转化的书面语和经过优化的口头语的结合。相较于一般口语,它更具规范性和严谨性;相较于书面语,它又较通俗化,流畅性较强。具体来说,教学口语有以下几个特点。

(一) 规范性

这是教学口语最基本的特征。教学口语的规范性既表现在形式上,也反映在内容上——使用规范的普通话,符合共同语的语法习惯;语义确切、真实、可靠,不发生歧义,能清晰明确地表现教学的具体内容。具体来说教学口语的规范包括:语音标准,用字准确,语法正确,逻辑性强,具有条理性。

(二) 科学性

教师要清楚、明白地向学生传授知识,必须遵循科学规律,只有用准确、严密的语言表达,才能保证知识传授的正确性,学生理解知识的准确性。也就是说,教师必须使自己的教学用语符合逻辑的本质,讲授的知识必须准确无误,讲道理必须有理有据,解说符合客观实际,评判恰如其分。

(三) 教育性

教书育人是教师的重要职责。因此教师在与学生讲话时,要时时做到眼中有学生,心中有学生。教师授课既不能脱离教材天马行空,也不能只看教材照本宣科。一个成熟的教师应熟练地运用教学口语,自然地将"育人"寓于"教书"之中。

(四) 生动性

教师要充分利用汉语的结构美、音韵美,力求做到抑扬顿挫、缓急适度。同时,再辅以优美恰当的体态语,使教学口语显得生动而富有感染力,使学生如临其境,从而激发学生的学习兴趣,加深对知识的理解。

(五) 启发性

教学口语不仅是对有关知识精到细致的讲解,还承担着启发学生思维、让学生有所领悟的任务。因此,教师的教学语言既要内容充实,又要适时点拨,引发学生主动思考。

(六) 综合性

教学口语是一种专业口语,需要各种语言形式的结合。教师要根据课堂教学的需要,用叙述、描绘、解释、评议、分析等语言形式,排比、拟人、夸张、对偶、反复、顶真、摹状等修辞格以及陈述、疑问、祈使、感叹等句型,在教学中注重表达方式和表现手法的多样性,增加语言的说服力和感染力,达到良好的教学效果。

二、教学口语的作用

(一) 教学口语是提高课堂教学效率的重要保证

每位成功的教师无不得益于富有感染力的教学口语艺术。生动形象、优美而又富有感情色彩的语言,对学生有极强的感染力,不仅能提高学生的学习兴趣,而且能唤起学生丰富的想象力。反之,如果教师的语言平淡无味,听起来如同嚼蜡,不仅使学生的学习效率不高,还会给学生带来精神上的痛苦。

(二) 教学口语是培养学生口语能力的重要途径

中小学阶段,是学生学习掌握语言的重要时期,学生对教师的语言习惯以及肢体语言特点都非常敏感。因此,教师的语言应成为学生的楷模,教师应使每一节课都成为言语训练课。要使学生学会普通话,说话口齿清楚,咬字正确,声音响亮,语言完整,简明扼要,用词确切,那么教师首先要做到这些。事实上,受具有语言魅力的教师长期熏陶的学生,其语言能力显然要强于一般学生。

(三) 教学口语是融洽师生关系的润滑剂

教学语言不仅是传递知识的工具,还是沟通师生关系、交流师生感情的纽带。优秀的教师常借助语言的魅力,沟通师生情感。学生取得成绩时教师热情的赞扬,学生受到挫折时教师真诚的鼓励,学生碰到困难时教师及时的疏导,学生遭到不幸时教师关切的安慰,学生情绪低落时教师幽默的逗趣,学生遇到难堪时教师巧妙的解围,都是增进师生情谊、融洽师生关系的有效方式。

三、教学口语的基本要求

(一) 规范准确

课堂教学中教师要力求做到：一是语音标准。语音是教师进行"传道、授业、解惑"的重要工具。其准确清晰与否，直接影响语义信息的传达效果。教师要使用标准的普通话进行教学，力求发音准确、吐字清晰、语流畅达。二是语义准确。语义作为语言的信息载体，其准确性直接影响学生的接受度。课堂教学中，语言表述内容要准确，要能正确、深刻地分析和传授知识。三是语法规范。语言的规范性主要体现在语言的逻辑上。如果教师在课堂上概念表达含混不清，问题判断模棱两可，语义指向模糊不清，必然会造成学生思维的混乱，达不到教学目的。

(二) 通俗生动

教学口语不仅需要将教科书的无声语言转化为有声语言，还要针对学生的心理认知特点和思维模式特征，运用生动形象的语言，吸引学生的注意力，化无形为有形，视可见、触可及、听有声、嗅有味。这样，课堂学习才会变得生动有趣，才能在活跃而愉快的氛围中激发学生丰富的想象力和强烈的求知欲。

(三) 机智灵活

虽然教师课前精心备课，但教学过程中还是难免会出现一些始料未及的"意外"，而且通常必须现场快速应对解决。这就需要教师能够拥有随机应变，充分掌控课堂局面的能力，甚至还能够利用意外情境为自己课堂所用，取得良好的教学效果。

(四) 声情并茂

"声"是指教师的教学口语要有节奏感。教师要根据教学内容的变化和教学的实际需要，调整语速快慢、声音高低的变化，使学生的精神兴奋中心不断得到调节、转移和强化。"情"是指教师用富于情感的语言感染学生，使其受到激情的感召，跟随教师思路运转。课堂上教师的动情讲述会拨动学生的心弦、触动他们的情思、引发学生心灵的震撼。

四、教学口语的分类

按表达方式的不同教学口语可分为以下四类：叙述语，多用于历史、语文、地理、政治、工艺等课程。描述语，常用于文学、艺术、体育、技术等传授感性知识较多的课程。解说语，讲授文化科学知识时最常用。评述语，其方式多样，可细分为教师独白式评、学生述教师评、教师述学生评、师生共评共述、边评边述等。

按教学环节和教学功能的不同教学口语可分为以下几种：导入语、讲授语、提问语、沟通语、应变语、过渡语、结束语等。下面将以此分类进行讲解。

第二节 导入语

一、导入语的定义

导入语,是教师在讲授新内容之初,根据教学目标设计的用以激发学生学习兴趣的语言,又叫"导语""开讲语"或"开场白"。

俗话说:"良好的开端是成功的一半。"成功的导入语不仅能沟通师生心灵,活跃课堂气氛,还能激发学生的学习兴趣,诱导学生积极思考。导入语是一门艺术,是教师口语重要的内容之一。

二、导入语的作用

(一) 引起注意

在课堂教学中,学生的注意力是保证听课效果的首要条件。学生的注意力越集中,学习效率越高;注意力集中越持久,课堂效果越好。巧妙的导入可以瞬间吸引学生的注意力,使学生进入最佳学习状态,提高课堂效率。相反,如果导入枯燥,学生对学习产生消极情绪,学生被动地参与,教学就会显得犹如一潭死水。

(二) 激发兴趣

教育家第斯多惠曾谈到,教育成功的艺术就在于使学生对所教的东西感到有趣。兴趣是情感的体现,也是学习的向导,还是激发学生学习的最实际的动力。通过精彩的导入,激发兴趣,变苦学为乐学,变被动学为主动学,这样才能达到预期的课堂教学效果。因此,好的教师在教学开始时,总是千方百计地设计自己的教学语言,以激发学生的求知欲。

(三) 承上启下

学习要"温故而知新",由旧知识引入新的知识,符合学生循序渐进的认识规律,使学生有准备、有目地进入新课的学习。好的新课引入,既能体现知识的整体性与连贯性,又能帮助学生复习旧知识,明确新知识的要点,从而使学生明确学习目标,自然过渡到新课的学习上来,为新知识的学习铺平道路、打下基础。

三、导入语的基本要求

(一) 目标明确

导入语的目标要紧紧围绕教学内容而设计,不能游离于教学内容之外任意发挥。同时,导入语的目标设计要切合学生的学情,有的放矢。教师绝不可随心所欲,信口开河。

（二）贴切自然

导入语是将学生引入正题的切入口，一定要贴切自然。贴切自然的导入语能使学生在不知不觉中进入教师预定的教学内容，切忌把不相关的事物生拉硬扯在一起。

（三）新奇有趣

学生闻所未闻才感到新奇，因为新奇才觉得有趣，深感有趣才会去学。导入语的目的是激发学生的兴趣，只有把学习兴趣调到最佳状态，才能收到事半功倍的效果。因此，导入语必须新奇有趣。当然，也不能为了追求过度新奇而过于轻松，失之随便。

（四）简洁精练

导入语仅仅是一堂课的引子，要精心设计，力争用最少的话语、最短的时间，迅速而巧妙地缩短师生间的距离，将学生的注意力集中到听课上，切忌拖沓冗长，啰唆重复。

四、导入语的类型

每位教师有自己的课堂授课习惯和特色，针对不同的学生，不同的课程，不同的主题，新课导入的方法也会多种多样。教师要根据实际情况设计选取恰当的方式，以取得良好的效果。

（一）故事导入

即教师结合教学内容的实际，从故事、轶闻、趣事、童话、寓言等入手，导入新课。这样容易吸引学生的注意力，激发学生的学习积极性，但故事的选取须有关联性、趣味性、启发性。例如，《拿来主义》的导语：

师：在一次酒会上，来自法国、俄国、美国和中国的4位商人在一起聚会。这时，法国人拿出了白兰地，俄国人拿出了伏特加，中国人拿出了茅台，美国人呢？他拿起酒杯不慌不忙地倒了点白兰地，又倒了点伏特加，最后再倒了点茅台，然后告诉大家：这就是我们美国的鸡尾酒！同学们，你们是否欣赏这位美国人的做法呢？他的可取之处在哪里呢？

（二）教具导入

也叫教具演示导入，是指教师通过实物、模型、图表、玩具、影音资料等教具的演示，引导学生进入新课的学习。这种方法较直观，学生会觉得新鲜、生动，而且方便、简洁、语境真实，是学生最感兴趣，也是最能吸引学生注意力的教学手段之一。这种直观的新课导入有利于学生完成由形象思维到抽象思维的过渡。例如，"圆锥侧面积的计算"的导入：

师：同学们看一下我手里，我用纸板制作了一个圆锥体，现在用剪刀沿着一条母线剪开，大家注意观察，它是不是变成了一个扇形？那么思考一下：这个扇形的弧长和半径分别怎么计算呢？

师：对，有同学已经发现了，扇形的弧长就是底面圆的周长，扇形的半径是圆锥的母线。

（三）对话导入

在进行新课之前，教师可根据课堂内容或单元主题与学生展开真实的对话以导入新课。

对话导入常常伴随着提问交流的形式,即教师就与新课有关的问题与学生展开问答,引导学生思考,在对话交流中提出本课主题,让学生自然而然进入新课的学习。例如,《桥》的导入语:

师:大家见过桥吗?

生:见过,有木桥、石拱桥……

师:课文中的桥与大家见过的桥不一样,大家想不想知道这是一座什么样的桥?

生:想。

师:好,咱们一起去书里寻找答案吧!

(四) 实验导入

上课伊始,教师根据新课内容设置实验,让学生通过观察去发现规律,探究原因,导入新课。通过形象的实验和演示导入新课,不仅能帮助学生认识抽象的知识,而且能激发学生自觉地分析问题、探索规律。运用这种导入法要注意两点:首先,实验设计要巧妙、新颖,有针对性。其次,要善于根据实验中出现的现象和结果来提问和启发,以促进学生思考和探究。例如,"大气压强"的导入语:

教师模拟马德堡半球实验:有两个橡皮半球,用力将它们挤压而合在一起,请两个力气大的同学上来,看他们能不能把两个半球拉开。

师:他们费了九牛二虎之力都没有拉开,这是为什么?空气,显然是空气对球施加了压力。这个实验生动地告诉我们,大气存在压强。

(五) 游戏导入

就是教师根据课程的内容及特点,设计与之相符合的游戏,上课伊始,先组织学生做游戏,再导入对新授知识的学习,以吸引学生的注意力,提高学生的学习兴趣。该方法在小学低年级的教学中应用较多。例如,"概率初步认识"的导入:

摸球游戏:在一个纸盒里放入大小、形状完全相同的15个白球和5个黄球。

(1) 摸一摸。4人轮流摸球,共摸20次,摸出一个球,小组长记录一次颜色,然后把球放回盒内再摸;

(2) 记一记。记录时,白球用"√"表示,黄球用"×"表示;

(3) 议一议。小组交流:摸到( )球的次数多,摸到( )球的次数少,跟你们的猜测一样吗?为什么会出现这样的实验结果?

(六) 温故导入

巴甫洛夫指出,任何一个新的问题的解决都是利用主体经验中已有的旧工具实现的。根据知识之间的逻辑关系,找准新旧知识的联结点,以旧引新,可以使学生不断拓宽学习内容。例如,《孙权劝学》的导入语:

师:在第一单元中,我们学过一篇课文《伤仲永》,同学们还记得吗?

生:记得。

师:这篇课文讲述的是一件什么事?

生:仲永由一个天资非凡的神童沦为平庸无奇的普通人的故事。

师:这个故事告诉我们一个什么道理呢?

生:天资固然重要,但更要注重后天的学习和教育。

师:是的,后天的努力学习才是个人成才的关键。今天我们认识的这位主人公就通过后天勤奋努力地学习,最终由一介武夫变成一个博学多识的大将。

(七) 设疑导入

设疑导入是教师利用问题,提出疑惑,设置悬念,激发学生思维的技法。运用该方法应注意:设疑要针对教学内容的关键、重点和难点,要把握难度,既使学生暂时处于困惑状态,又不能过难、过悬,令学生百思不得其解,要使学生的思维尽快得到启动并活跃起来。因此,教师必须掌握一些提问的方法与技巧,并善于引导,使学生学会思考和解决问题。例如,《强项令》的导入语:

师:同学们,我们都知道"新官上任三把火"的谚语。这谚语是不是把新官到任时的得意与威风,描绘得非常生动形象啊?

师:可在汉朝有一位名叫董宣的新官,却带了一副给自己的棺材来上任了,这是为什么呢?(师暂停,设置悬念)

(八) 情境导入

情境导入法就是利用语言、设备、环境、活动、音乐、绘画等各种手段,创设符合教学需要的情境,让学生在一个真实或虚拟的情境中进行交流,以激发兴趣,诱发思维,使学生处于积极学习状态的技法。运用此法时,教师要考虑学生已有的生活经验和现实素材,教学口语要具有文学色彩,描绘的情景应是学生熟悉的。例如,《自选商场》的导入:

把课堂设置成一个虚拟的自选商场。把学生分成若干组,各组桌上摆放着商品(食品类:面包、牛奶、火腿肠、蛋糕;日用品类:牙膏、毛巾、洗衣粉、肥皂;文具类:铅笔、尺子、作业本、转笔刀)。每组选一同学当营业员(佩戴标志),其余同学扮演顾客,排队"购买"商品,可以向营业员咨询商品的用途、特点,也可以与营业员讨价还价,还可到其他组"购买"商品。

这样创设情境,学生转变了角色,好似步入生活,进入商场,在自主实践和语境中,还增强了礼貌待人的意识以及买卖的技巧。

(九) 实例导入

教师从生产、生活中选取一些与教学有关的实例作为佐证,引入新课的方法就是实例导入法。此法可以使抽象的知识具体化,让深奥的道理通俗化,不仅能激发学生的兴趣,而且有助于学生具体生动地理解知识。例如,《身边的诱惑》的导入语:

师:老师的手机前天传来了中20万的好消息,这对我是个很大的诱惑,但条件是先交手续费900元,扣除个人所得税后,会把剩余的钱汇入我的个人账户里,你们觉得我该不该交这笔费用?你们听说过类似的事情吗?

这个导入语通过用生活中的真实事例引起孩子们的兴趣,自然地揭示出了"诱惑就在人们的身边,要正确看待诱惑"的主题。

总之,教学有法,但教无定法。在实际教学中,教师们要根据教学学科的特点,针对不同的教学内容及课程的类型设计不同的导入方法,其目的是激发学生参与课堂的兴趣,开启学生探索知识的大门。事实上,各种导入方法并不相互排斥,更多的时候是需要几种方法的融合,这样才能使教学更加自然、和谐,更能提高课堂的教学效果。

自主训练与巩固

一、分析下面导入语的类型及特点。

1.《赠汪伦》的导入语

同学们都知道李白是唐朝的大诗人,那么你们知道汪伦是什么人吗?汪伦是一个平民百姓。一个大诗人怎么与一个普通的老百姓建立了深厚的友谊呢?原来李白一生中有两大嗜好:一是喝酒,二是赏桃花。这个秘密让汪伦知道后,写了一封信给李白,说自己家乡有"千里桃花""万家酒店",邀请大诗人光临。李白接到信后,兴致勃勃地来到汪伦的家乡泾县,一看,哪有什么"千里桃花""万家酒店"?其实只是一个方圆十里的"桃花潭"和一个姓万的开的一家酒店。然而,李白并没有扫兴,他深深地为汪伦交友的盛情所感动。因此两人在一起饮酒谈天,越谈越投机。渐渐地两人情同手足,离别时难舍难分。试想这依依惜别之情能用什么衡量出来呢?

2. 地理"经纬网"的导入语

在茫茫的大海上,有艘轮船突然发生了故障,失去了控制,报务员立即发出呼救信号,报告了出事地点。于是临近它的船只纷纷前往营救,不久直升机也出现在这个海域的上空。而海洋上没有其他的目标,遇难船只是怎样报告自己的位置,营救者又是怎样找到它的呢?原来他们靠的是"经纬网"。

3. "圆的周长计算"的导入语

(在上节课结束时,老师就布置一个任务,让学生预先用硬纸板做好大小不同的圆形,并量出圆形纸板的周长和直径,记下每次测量的结果。)

师:同学们,我们现在来做一个游戏。把你们测量得出的圆的直径或周长告诉老师,老师不用量就能立即说出相对应的圆的周长或直径的长度,请同学们检查老师说得对不对。游戏开始。

生1:直径3厘米。

师:周长等于9.42厘米。

生2:周长18.84厘米。

师:直径等于6厘米。

师:游戏结束,你从刚才的游戏中发现了什么?圆的周长和直径有什么关系?你想知道这个秘密吗?那么,我们共同来学习圆的周长计算。

4. 生物"遗传物质"的导入语

遗传物质到底是核酸还是蛋白质呢?在相当长的一段时间内,人们普遍认为是蛋白质,因为蛋白质的作用太重要了。就人体而言,吃下去的食物靠酶消化,酶是蛋白质;呼吸时把氧气送到全身的血红蛋白,是蛋白质;运动要靠肌肉,肌肉中的肌原纤维也是蛋白质;与侵入人体的病菌作斗争的抗体,还是蛋白质。所以对什么是遗传物质这个问题,人们自然而然地认为,这么重要的功能,非蛋白质莫属。但是,1952年,美国科学家做了一个噬菌体侵染细菌的实验(略),请同学们想一想,这个实验说明遗传物质是什么?

5. "24时计时法"的导入语

师:"5月9日是星期天,也是明明的生日,他想邀请好朋友琳琳和笑笑参加他的生日会,就给他们发了一封邀请信。邀请信是这样写的:琳琳和笑笑,请你们于5月9日8:00到豪盛商场旁边的麦当劳参加我的生日会。琳琳和笑笑接到邀请非常高兴,9日上午8:00他们准时赶到豪盛商场旁边的麦当劳,可是左等右等也不见明明的身影。你知道这是为什么吗?"

(学生们这时深深地被故事里的情境所吸引,并极有兴趣地投入故事中所提到问题的讨论中。)

师:看来要清楚地表示一天的时间非常重要,而在生活中,表示时间的方法有两种:12时计时法和24时计时法。你能说出生活中的24时计时法吗?

生:在电视、电脑、手机里,或车站等处见过。

师:今天我们一起学习怎样用24时计时法表示一天的时间。

二、下面是《孔乙己》的两个精彩导入语,请指出其差异。

1. 凡读过鲁迅小说的人,几乎没有不知道《孔乙己》的;凡读过《孔乙己》的人,无不在心中留下孔乙己这个遭到社会抛弃的苦命人的形象。据鲁迅先生的朋友孙伏园回忆,鲁迅先生自己也说过,在他创作的短篇小说中,他最喜欢《孔乙己》。为什么他最喜欢《孔乙己》?孔乙己究竟是怎样的一个艺术形象?鲁迅先生是怎样运用鬼斧神工之笔来精心塑造这个形象的呢?

2. 有人说,古希腊的悲剧是命运的悲剧,莎士比亚的悲剧是人物性格的悲剧,易卜生的悲剧是社会问题的悲剧。看到悲剧,使人泪下。《孔乙己》这篇小说写了孔乙己悲惨的一生,可我们读了之后,泪水不会夺眶而出,而是感到内心一阵酸楚。那么,孔乙己的悲剧,到底是命运的悲剧、性格的悲剧,还是社会问题的悲剧呢?

三、根据下列场景,分别设计恰当的导入语。

1. 上课铃响了,你走进教室。有很多学生依然趴在教室窗户上,看着外面漫天飞舞的鹅毛大雪,叽叽喳喳地说个不停。请设计一段导入语,把学生们的注意力拉回你要讲的新课《自然现象》上来。

2. 你刚刚讲完寓言《揠苗助长》,现在又要讲寓言《守株待兔》了。请你设计一段导入语,将两个寓言的内容联系起来。

3. 今天,你要上一堂物理课。当你走进教室时发现热闹非凡,学生们正在争论中午篮球比赛的输赢。面对此情此景,你该说些什么才能把学生们的心思拉回到课堂,并顺利引入新的教学内容呢?

四、以"保护环境"为教学内容,按下列导入语类型,各自写出一段导入语,比较不同导入方式的效果。

1. 直接导入 2. 故事导入 3. 情境导入 4. 设疑导入 5. 实例导入

第三节 讲授语

一、讲授语的定义

讲授语也叫阐释语,是教师系统连贯地向学生阐释教学内容、传授知识技能、培养情感和价值观的教学用语,是课堂教学中最基本的语言表达形式,是教学语言的主体。

二、讲授语的作用

(一) 传授知识,解疑释惑

教师运用讲授语的首要目标,是把知识准确清晰地呈现在学生面前,使之记牢、会用。讲授能使深奥、抽象的书本知识通过教师的语言变得具体形象、通俗易懂,有助于学生准确地掌握教科书的内容,领会蕴含在知识体系中的思想观点、思维方法和情感因素。

(二) 创造氛围,沟通情感

与教科书、学具、标本、挂图、音响和网络等载体相比,教师的讲授更易于和学生沟通交流,能给学生创造富有活力和情感的学习氛围,使课堂教学具有情境性和感召力,从而激发学生学习的热情和信心,产生良好的课堂效果。

(三) 启发思维,培养能力

教师在深入钻研教材、分析学生认知结构和课堂心态的基础上,精心设计的讲授语,能够叩击学生心扉、抓住学生的思维、开启学生的智慧。同时,准确明晰、逻辑严密的讲授语,对学生的语言发展和思维能力的提高也有积极的影响。

(四) 传道育人,培养习惯

教师向学生讲解教材内容的同时,融入积极向上的情感,引领学生以真善美的标准比对人生、衡量世界,使之成为学生精神财富的重要源泉。课堂讲授有利于学生良好行为的培养与形成,潜移默化地影响学生的心理、情感以及价值观。

三、讲授语的类型

(一) 讲述语

讲述就是教师运用叙述、描述等方式说明事件、现象的发生发展的过程及规律,使学生理解的课堂教学行为。讲述重在述说、渲染,适用于各种以示过程、讲知识、明观念,从感性到理论、由现象到本质等为着力点的讲授。讲述语的基本要求是井然有序,详略得当,通俗简练,形象生动。例如,"黄金分割律的使用价值"一节的讲述语:

师:在数学中有个基本而重要的定律,它表示1∶0.618的比例关系。乍看起来,它与生活无关,可是试验美学家通过大量的事实证明:一个长方形,当它的长宽比满足了黄金分割比时,看起来最美最和谐! 奇怪吗? 毫不奇怪! 数学来自自然,只不过是用数字、符号、图形来表示自然规律罢了。数学定律所提示的和谐当然与自然界的美是高度统一的,这就是说,数学是追求美的最有力的工具。一旦认识了这个问题,数学定律就被广泛应用于生活了:利用黄金分割律,在绘画与摄影时,避免了把主景放在画面正中而造成呆板的对称;人们完美设计了电视屏幕、门窗等;发现并应用了具有重大经济效益的快速优选法;姑娘们的发束也偏侧到脑袋的一侧,增加美感。

(二) 讲析语

讲析也就是讲解分析,是教师在讲授过程中对事物、现象、概念、定义、定理分门别类,分析出其本质及内在联系。讲析,重在解释、说明、剖析,适用于各种概念成分构造、意义原理的说明,公式定理的推导与证明。讲析语的基本要求是设计灵活多样,既要深入浅出,通俗晓畅,又要严谨缜密,富有启发。例如,"目"字讲析语:

师:(课件展示"眼睛"图)同学们,看看这是什么?

师:对,这是一只明亮的大眼睛。(一边指一边说)这是眼眶,这是眼珠。同学们,听美术老师说你们特别会画画,那么你们能把这只美丽的大眼睛画下来吗?

师:哇,大家画的眼睛真漂亮! 这不仅是一只漂亮的眼睛,还是一个古老的文字呢! 在四千多年前,我们的古人就是这样,根据物体的形状画图,这些图就成了最早的文字。由于这些文字与所代表的物体形状极为相似,我们就叫它们象形字。(在课件"眼睛"图下面出现古象形字"目"。)

师:(课件演示"目"字的演变过程,并将古象形字"目"与"眼睛"图进行重叠)随着人类的进步,为了书写的方便,字形就逐步发生了变化。(出示"目"变化的系列字体)这就是现在的字。(在图片下出示带拼音的"目"字。)

师(小结):"目"就是这样慢慢演变而来的,大家看,"目"外面的部分表示我们的眼眶,里面的两横表示我们眼珠的轮廓,"目"就是眼睛。

教师通过讲析,把"眼睛"图与"目"字结合在一起,既有助于学生对"目"字的理解,又有助于学生加深对"眼睛"结构的掌握。

(三) 归纳语

归纳就是教师在讲授过程进行到一定的阶段时,对前边所讲的内容进行简明的提要。这符合人们认识事物时由感性到理性、由现象到本质、由局部到整体的规律,有助于学生及时消化、巩固所学的知识,能够获得良好的教学效果。教师讲授时归纳的方式,可以先归纳后讲析、先讲析后归纳、边讲析边归纳等。例如,关于百草园的描写的归纳语:

师:这一段对百草园的描写有声、有色、有形、有味(板书"四有"),就像一幅图画,给人一种绚丽明快、充满生气的感觉(板书"绚丽明快、充满生气")。鲁迅先生幼年时的形象以及他对百草园的眷恋也在这里展示了出来,而这又真实地反映了鲁迅先生对自由自在、无拘无束的生活的向往与热爱。

这一段归纳语准确而简洁地概括了作者关于百草园的描写手法、语言特点及这一描写所反映的思想感情,既有助于学生从总体上把握文章,又为下文的讲述做好铺垫。

(四) 点拨语

点拨,即点化、拨正。在教学中,教师抓住重点或要义,一两句话点明实质,使学生幡然领悟,获得新的思路,进入新的境界,就是点拨。点拨语是教师为了拨正学生在听课过程中所出现的不正确的思维或观点而使用的语言。教师应及时观察和了解学生的问题所在,灵活地设计点拨的话语,引导学生自己去解决知识的难点,以达到让学生茅塞顿开的教学效果。例如,《我的伯父鲁迅先生》的点拨语:

师:什么是呻吟?
生:就是声音很微弱的说话。
师:那你们小声说话叫呻吟吗?回答问题声音小叫呻吟吗?
生:在非常痛苦的情况下,小声地自己哼哼。
师:对,生病了,或是哪儿痛了小声哼哼,叫呻吟。

四、讲授语的要求

(一) 提纲挈领,重点突出

教师讲授时,要善于寻找教材中的重点概念、关键词语,紧紧围绕教学目标,做到内容集中、凝练,中心明确。教师应抓住要点,突出重点,解决疑点,突破难点,这是讲授成功的关键。

(二) 规范流畅,严谨科学

为便于学生准确地掌握教学内容,教师的课堂讲授要做到普通话语音标准,词汇规范,语法正确;吐字清晰,语调恰当,语速音量适中;话题集中,条理清晰,衔接得体;讲授内容准确无误,符合学科规范与特点。

(三) 启发诱导,重在点拨

教学过程是师生沟通、对话、交往、共同构建意义的过程,师生互教互学,彼此形成一个学习共同体。教师的角色是促使学生学习、成长的导演。因此,教师在教学时的讲授语要求少而精,重点应该是启发和诱导。

(四)深浅适度,循序渐进

学生的理解能力是有限的,讲授语的选择要考虑学生的接受水平,做到深浅适度;教师还要根据教学大纲的要求,依从每节课的教学目的、重点、难点,结合教材,精心分析,选取合适的讲授语,做到主次分明、条理清晰,使学生能够把握讲授的思路。

(五)通俗易懂,深入浅出

对于教材中难懂的词句、深奥的道理、陌生的概念和定理,学生往往难以把握。教师的讲授必须化难为易、化深为浅、化抽象为具体,做到通俗明白、深入浅出、生动传神,帮助学生有效地接受新的知识。

(六)因材施教,讲授适时

教师应根据学生的层次设计难易适中的讲授语,尽量使每一个学生在课堂上都能有所收获;同时,教师应掌握好讲授的内容和时间的关系。尤其低龄儿童连续注意的时间是有限的,需要适时用无意注意加以调节。如果要讲的内容较多,则应按其内在联系分成若干部分,中间注意加以调节。

自主训练与巩固

一、请用恰当的方式讲授下列概念。

生态　意识觉醒　辩证法　质量　癫狂　自修

二、分析下列讲授语的特点和效果。

1."生物工程"

生物工程是什么呢?生物工程是指在工程领域内应用下列技术的总称,包括基因操作技术、细胞融合技术、细胞培养技术及生物转化技术等等。生物工程主要包括基因工程、细胞工程、酶工程、发酵工程和组织培养等方面的内容。

2."加法运算"

16+95+84=?

38+47+32+53=?（老师在黑板上写上两个算式）

师:同学们不要着急算,先看下这两个算式中有没有哪些数可以交换位置?哪些数可以结合?

3.《刻舟求剑》

师:小朋友,听老师讲个故事。一个孩子经常烧饭,一家三口两碗米,天天这样。有一次,忽然来了一位客人,而孩子烧饭时仍然只量两碗米。吃着吃着,饭不够了,这时,孩子发现自己不对了。那么,不对在什么地方?为什么不对呢?

生:他少量了一碗米。

生:他按老办法做事。

生:他不懂得多一个人吃饭,烧饭的米也应该增多的道理。四个人也量两碗米,是他看不到情况的发展变化。

师:从烧饭这件事联系到"刻舟求剑"的那个人,是不是说明一个道理呢?

4.《枫桥夜泊》

月亮落下去了,天地之间一片幽暗,一片朦胧。这时秋风瑟瑟地吹来,吹过枫树,吹过枫林,吹着火红的枫叶,吹呀,吹呀……乌鸦啼叫的声音是凄凉的,甚至还有点儿让人恐惧。当几声凄厉的乌啼在寂静的秋夜消失的时候,茫茫秋夜变得更加沉寂……

三、请以唐代诗人李白的诗歌《将进酒》为内容,组织一段讲授语。

君不见黄河之水天上来,奔流到海不复回。君不见高堂明镜悲白发,朝如青丝暮成雪。人生得意须尽欢,莫使金樽空对月。天生我材必有用,千金散尽还复来。烹羊宰牛且为乐,会须一饮三百杯。岑夫子,丹丘生,将进酒,杯莫停。与君歌一曲,请君为我倾耳听。钟鼓馔玉不足贵,但愿长醉不复醒。古来圣贤皆寂寞,惟有饮者留其名。陈王昔时宴平乐,斗酒十千恣欢谑。主人何为言少钱,径须沽取对君酌。五花马、千金裘,呼儿将出换美酒,与尔同销万古愁。

四、观察本专业不同学科教师上课的过程,做好记录,认真体会他们讲授语的不同风格。

五、请参考下面的教学目标、教学重点、教学难点,分别完成两节课的课堂讲授。

(一)《秋天的怀念》

教学目标:

1. 了解借景抒情的写作手法。

2. 反复朗读,抓住人物的动作、神态、语言等描写体会人物形象。

3. 领悟文章蕴涵的深沉无私的母爱,联系生活实际,激发学生的感恩情怀。

教学重点:

深入文本,圈画、朗读、品味文中描写母亲的动作、神态、语言等语句,领悟文中蕴涵的深沉无私的母爱。

教学难点:

仔细朗读体会课文最后一个自然段,了解作者是如何借景抒情的。

(二)《贞观之治》

教学目标:

1. 知识与技能

(1)通过学习,了解唐朝的建立,贞观之治和女皇武则天的基本史实。

(2)掌控"贞观之治局面形成的原因"。通过材料分析和历史故事,加深对唐太宗和武则天的认识,培养正确评判历史人物的能力。

2. 过程与方法

通过分组讨论"贞观之治局面形成的原因",培养综合分析历史问题的能力和合作学习的能力。

3. 情感、态度与价值观

(1) 通过学习,明白"成由节俭,败由奢"的道理。认识虚心接受他人正确意见的好处。

(2) 从唐朝的强大中,增强民族自豪感,建立为今天中华民族的振兴而奋发读书的决心。

教学重点:

贞观之治。

教学难点:

对唐太宗的正确评判。

第四节　提问语

一、提问语的定义

提问语是教师根据教学内容和学生实际创设问题,促使学生思考以加深理解的一种教学语言形式。课堂提问是一项重要的教学手段,它被用于整个教学活动的过程中,成为联系师生思想活动的纽带,是实现教学反馈的方式之一。

二、提问语的作用

(一) 启发思考

在教学过程中,当学生的思维还没有启动时候,教师的提问就像是投入平静水面的一颗石子,瞬间能激起学生思维的涟漪。因此,教师的提问能起到启发学生思维、帮助学生开辟新的思维通道的作用。

(二) 集中注意

教师讲课时,学生总是处于被动的状态,这就使他们不同程度地游离于课堂教学之外。提问能使学生的注意力高度集中,激发学生的积极思考。学生调动自己的知识、启动自己的智慧,经过反复思考,最后自己得出结论,这样留下的印象更深刻,更难忘。

(三) 沟通调控

教学过程是一个处于动态变化、受到各方面因素影响的系统,提问能起到沟通调控的作用。针对教师提出的问题,学生用语言表达理解和认知情况,这就是信息反馈。教师根据反馈了解学生对知识的掌握情况,灵活调整后续的教学活动,才能增强教学效果。

(四)增进感情

教师与学生之间情感融洽,能使教师在愉悦的状况下进入教学的最佳状态,能使学生对教师产生亲近感,乐于与教师配合,积极认真地进行学习。提问语作为课堂上师生间的直接对话,往往能成为师生情感交流的手段,拉近师生的距离。

三、提问语的要求

(一)要适时

提问要与学生的认知进程相吻合,即要在学生有疑、有思、欲问、欲解而又不知如何表达之时提出。一堂成功的课,教师的提问语应该用得恰到好处,达到多一问嫌太多、少一问嫌不足的境界。

(二)要明确

这里的"明确"有两层含义。一方面,提问的目的要明确,即为什么要提这个问题,通过提问要解决什么问题。另一方面,所提的问题本身要明确具体。若问题不明确具体,学生就无法正确地回答。

(三)要适度

"适度"主要是指问题的难度要适当,即所提的问题不能低于或过分高于学生的实际水平。另外,"适度"还指提问的数量要适当,不可无节制地"满堂问",这会使教学秩序散乱,学生厌答,影响教学效果。

(四)要有可操作性

所谓可操作性,是指学生根据教材和有关教学内容对教师所提出的问题能确切地把握并可用简明的语言进行表述。有了可操作性,学生才能通过自己的努力寻求到问题的答案,从而加深对教学内容的理解,教师提问的目的也才能真正达到。

(五)要讲究策略

一是面向全班,方能调动全班学生的思维。二是因人而问,即根据不同学生的接受能力。三是不可逼问,当学生回答不出问题时,教师可适当提示,留给学生思考的空间。四是注重沟通,教师应态度和蔼,以温和的目光注视学生,用语言鼓励学生。五是把握好节奏,语速不宜过快,语音要清晰,可以运用追加和反复的技巧。

四、提问语的类型

(一)直问式

直问就是正面提出问题。这种提问语主要是从教材思路、教学重点、学习难点出发,引导学生把握课文的关键,促使学生注意,引导学生思考。应注意,提问"少而精",问到点子上,方能奏效。例如:

鲁迅的《孔乙己》要求学生理解文章揭示了封建社会以及科举制度的罪恶。围绕教学要求,一位教师结合文章最后的一句话"大约孔乙己的确死了"来进行以下的提问:为什么说孔乙己"大约"死了?为什么说孔乙己"的确"死了?学生通过深入的思考,最后得出结论:鲁迅用看似矛盾的语言,揭示出封建社会和科举制度的罪恶。教师通过直问,厘清是非,使学生一目了然地理解了文章的实质。

(二) 迂回式

迂回提问,不针对疑点、难点直接发问,而是绕一个弯子,然后再逐步引入正题。例如:

一位数学教师在讲"黄金分割"时这样发问:"在舞台上报幕员或独唱演员为什么都不站在台中央或台角?为什么成年女士喜欢穿高跟鞋?"教师先从学生熟悉的生活现象入手,进行迂回诱导,连续提问,激发了学生的求知欲望,凸显出学生在课堂教学中的主体地位。同时,这种形式的提问,还能把枯燥无味的数学内容变得妙趣横生。

(三) 释疑式

释疑式提问即于学生无疑处设疑,引导学生对问题思考得更加深入。巧置矛盾,激疑设问,是释疑式提问的关键。这种提问,能够培养学生发现问题、分析问题、解决问题的能力,促进学生真正理解和掌握知识,起到举一反三、触类旁通的奇效。例如:

在初中生物课"输送血液的泵——心脏"一节中,血液循环的途径既是难点,又是学生的疑点,因此可提问肺循环、体循环的起点和终点各在哪里?这两种循环各发生了哪些物质交换和气体交换?这两条循环途径对人体有什么意义?这样有针对性地提出问题,既解决了学生的疑点,又让学生明确了难点,真正发挥了提问的作用。

(四) 比较式

比较式提问语是通过运用对比、类比、反比等方法提出问题,使学生发现矛盾,在比较中提高认识和识别事物的能力,养成分析的习惯。这种提问不仅有助于培养学生的发散思维能力,而且可以扩大学生的知识面,开阔学生的视野。例如:

历史教师在讲授"第二次鸦片战争是第一次鸦片战争的继续和扩大"这一问题时,学生觉得很难把握和理解。于是教师把疑点放在"继续和扩大"表现在哪些方面?并提示学生从原因、列强、规模、时间、后果等方面与第一次鸦片战争比较,这样学生就比较容易找到答案了。通过比较,学生不仅掌握了"第二次鸦片战争是第一次鸦片战争的继续和扩大"的基础知识,对"继续和扩大"的含义有了更深的体会,而且使比较思维得到了训练。

(五) 递进式

递进式提问是教师按照教学内容的逻辑层次和学生的认识能力,安排的内容由易到难,由浅入深,层层铺垫,成阶梯形连续发问,最后水到渠成,自然解决问题。这种提问有助于学生把握问题的方向,深入思考课文,培养其逻辑思维能力。例如:

一位历史老师在讲授"美国独立战争的原因"时,先提出第一个问题:"发生战争必然有矛盾,这个社会矛盾是什么?"(引导学生总结出"北美资本主义的发展受到英国殖民统治的严重阻碍。")继而提出第二个问题:"这体现了什么社会发展规律性?"(生产力和生产关系的辩证关系。)然后提出第三个问题:"所以它是决定战争发生的原因,也就是这对矛盾的存在和发展,使战争必然发生,早晚都要发生。那么,谁能预见战争将在什么时期发生呢?"(引导学生分析战争大约将在18世纪六七十年代发生。因为这一时期,北美人民反英斗争不断高涨,表明战争的时机成熟了。)最后第四个问题:"如果再精确些,战争到底会在哪一个时间发生?"(启发学生:将在1773年12月之后不久。)因为这时发生的波士顿倾茶事件成为战争的导火线,使战争一触即发。

这种提问层层推进,前者是后者的铺垫与基础,后者是前者的延伸和发展,环环相扣,结论自然天成。不仅可以激发学生求知的欲望,而且可以使学生掌握解决此类问题的一般方法:一是如何寻找事件发生的根本原因。二是何时发生要看时机何时成熟。三是事件的最终发生只需要一根导火线。同时,也向学生揭示了历史发展的必然性和偶然性的辩证关系原理。这样,学生不仅可以掌握这一问题,还可以做到触类旁通。

自主训练与巩固

一、分析下面一位教师讲授《项链》一课时设问语的特点。

师:作者写《项链》的目的是什么?

生:是为了批判玛蒂尔德。

师:批判玛蒂尔德什么方面?

生:批判她爱慕虚荣、贪图奢侈豪华的生活。

师:批判她爱慕虚荣、贪图奢侈豪华的生活。但是作者就只是为了批判她这么一个人吗?

生:不是,是批判许许多多像她这样的人,她是其中的一个。

师:说得很好!玛蒂尔德是当时的小资产阶级妇女的典型代表。她的这种思想性格是与生俱来的吗?

生:不是,是受当时的社会的影响。

师:对了,她的思想是资本主义制度和社会关系的产物。可见,作者是借一个爱慕虚荣、一心向上爬的小资产阶级妇女的不幸遭遇,尖锐地讽刺了爱慕虚荣、追求享乐的思想,批判了资产阶级上流社会的奢侈生活,诅咒和谴责了整个社会。

二、分析下列提问语的类型与特点。

1. 什么是动物?

师:为什么说鸡、鸭、猪都是动物?

生:因为它们都会叫唤。

师:是吗?蚯蚓不会叫唤,不也是动物吗?

生:蚯蚓会爬,会爬、会走的都是动物。

师:水里的游鱼、空中的飞鸟,不会爬也不会走,不也是动物?

生：它们都会活动,能活动的叫动物。
师：飞机会飞,汽车会爬,是不是动物?
生：它们自己不会活动,不是动物。

2. 在"探究形变与弹力的关系"一节中,教师提出如下一系列问题：
让学生拿起小弹簧轻轻地拉一拉或压一压,并用手捏橡皮泥、用力压木板等。
师：在弹簧被拉伸的同时,你的手有什么感觉?
师：用手捏橡皮泥、用力拉弹簧、用力压木板,它们会发生什么变化?
师：产生形变的原因是什么?
师：在做完微小形变的实验后,我们发现物体受力都能发生形变。形变后的物体对跟它接触的物体之间又有什么作用呢?
师：通过上面的学习,你能否归纳出弹力产生的原因呢?
师：定性地分析弹力的大小跟什么因素有关?方向怎样?

3. 一位教师在教"圆"这个概念时运用了如下提问语：
师：车轮是什么形状?
生：圆形。
师：为什么车轮要做成圆形呢?难道不能做成别的形状吗?比方说,做成三角形、四边形?
生：不能!
师：那就做成椭圆形,怎么样?
生：车子前进时就会一忽高,一忽低。
师：为什么做成圆形就不会忽高忽低呢?
(学生议论后找到答案：因为圆形车轮上的任何点到轴心的距离都是相等的。)

三、请指出下列提问语的不妥之处
一位小学教师在讲"天花板"一词时,本来只要指着天花板,然后用科学的语言阐释一下即可,这位老师却故弄玄虚,滥用启发式教学：
师：你头上是什么?
生：头发。
师：头发上面呢?
生：是帽子。
师：(有些急躁)帽子上面是什么?
生：(恐惧,用手摸帽顶)是老鼠咬的窟窿。
(众生哄堂大笑)

四、选择与自己专业相关的内容设计提问语,深入理解有关提问语的方法和技巧

第五节 应变语

一、应变语的定义

应变语就是教师在课堂上及时调整师生关系、巧妙处理突发事件时所运用的语言形式。课堂上的意外情况或源于教师的个人疏忽,或源于学生的突然诘问,或源于无法预料的外界影响,这些突发因素都可能影响教学过程的顺利进行,对教师处理突发情况、驾驭课堂的能力构成挑战。在强调构建以学生为主体的课堂背景下,课程由预设走向生成是一个必然的趋势,突出合作和互动的生成课堂,对教师的应变能力提出了更高的要求。因此,应变语的妙用便是"教学机智"和"言语机智"的联袂出演,对提高课堂教学的质量具有重要作用。高质量的应变语应该蕴含教师的事业心、品德修养、创造性思维品质、言语表达功底、课堂民主作风、积极参与意识等诸多因素。

二、应变语的要求

(一) 沉着机智

应变语是教师发挥应急能力的重要工具,是教师心态沉着优势显现的着力点,更是教师语言功底的最好体现。面对课堂上出现的偶发事件,教师要努力做到临危不乱,冷静面对,敏锐思考,迅速找到问题症结所在,随机应变,妥善解决,维护课堂秩序的正常进行。

(二) 有针对性

对于课堂上发生的一切偶然事件,教师都要针对教学活动中学生思维活动的特点和走向,以进一步激活学生思维、最有效地调动学生学习的积极性为目的运用应变语。也就是通过教学应变语的运用,课堂教学能够正常进行。

(三) 自然适度

应变语的运用不是教学过程的节外生枝,而是自然融入教学过程的有效语言。教师在运用应变语时,既不宜过分夸张、做作,也不能过分平淡。在内容和时间的处理上,教师也应该相机而定,使教学内容过渡自然、衔接紧凑、不露痕迹、顺理成章。

三、应变语的类型

(一) 应对教师自身失误的应变语

1. 自嘲解围式

课堂教学是一种多元化、复杂动态的师生交流过程,尽管教师已做了充分的准备,但在课堂上,仍有偶尔的失言或失态,如果处理不当会影响课堂气氛,对教学产生消极影响。假

如教师能够机智、幽默地对自己的失误进行自嘲,反而会起到意想不到的课堂效果。例如:

一位语文教师在一个阶梯教室上公开课,由于情绪紧张,又穿着高跟鞋,走动时差点摔倒,学生顿时发出一阵惊叫声。老师急中生智说道:"你们表现得太好了,我都为你们而倾倒了。"课堂立时变成一个笑声的海洋。等大家的笑声小了些以后,老师又说:"我想告诉大家,人生没有平坦的大道,只有不怕摔倒,才能攀登理想的高峰。"老师说完,教室里响起了热烈的掌声,又形成了一个教学高潮。

这位教师运用自嘲语言,既纠正了自己教态的失误,又教育了学生,还活跃了课堂的气氛,取得了良好的效果。

2. 将错就错式

课堂教学中,也会出现因教师的疏忽而导致的明显错误或问题。作为教师,既要实事求是地为学生纠正失误,又要让自己避免尴尬和窘迫。优秀教师往往可以机智巧妙地将错误或失误转化为可利用的教学资源,这种化弊为利的教学也是非常有意义的。例如:

一次化学公开课上,老师在实验前定论:"当我们把燃烧着的金属钠伸到装满氯气的集气瓶中时,将会看到钠剧烈燃烧并且生成大量白烟。"在实验进行中,集气瓶里却冒出了黑烟,场面很尴尬。这位老师面带微笑提问一个学生:"你看到了什么?"学生不敢回答。"实事求是,看到什么说什么!这才是科学的态度!"学生说:"老师,我没看到白烟,而是黑烟!"老师说:"对。这样看来,刚才燃烧的东西就不是金属钠了!可是,这的确是块金属钠。那么刚才为什么冒出黑烟呢?请同学们回忆一下金属钠的物理性质和贮存方法。"学生齐答:"金属钠性质活跃,不能裸露在空气中,而是贮存在煤油中。"老师说:"对,由于我的疏忽,实验前没有将沾在金属钠上的煤油处理干净,结果发生了刚才的实验事故。为了揭示错误的原因,我不打算回头处理煤油,而是将这块金属钠继续烧下去。请大家想想,烧的过程中,烟的颜色将发生什么变化?"学生齐答:"黑烟之后,将会出现白烟!"金属钠继续燃烧,黑烟慢慢变淡。老师把金属钠移到另一只氯气瓶中。白烟翻滚。老师微笑着说:"同学们!你们的预言实现了!"

这位教师遇到意外情况,并没有惊慌失措,而是沉着应对,把教学事故机智地变成了一次生动的经验总结课。

(二) 应对学生偶发事件的应变语

1. 因势利导式

也叫作顺水推舟式应变语。就是教师灵活机智地借助学生的问题,点拨诱导,将课堂内容的讲解引向深入,从而提高课堂效果。例如:

一位教师请学生用"尾巴"一词口头造句。一个学生站起来说道:"人是有尾巴的。"话音刚落,全班学生都哄笑起来。面对这种课堂意外,教师却亲切地说:"你能积极发言,很好。你造的句子从语法上讲没问题,然而现代人没有尾巴。如果改成'人类最早的祖先是有尾巴的'就好了。"这位教师似乎意犹未尽,接着说:"不过呢,说'人是有尾巴的'也不能完全算错。我们平时不是说'他有一点成绩就翘尾巴'吗?这里的'尾巴'和我们说的'人类最早的祖先有尾巴'是不是一个意思?"学生们马上七嘴八舌地议论了起来,课堂气氛更加活跃。

课堂上,教师面对学生的失误从容应对,因势利导,以学生的问题作为立足点巧妙地多维度阐发,不仅机敏地化解了不利局面,而且精彩的应变语言把这节课推向一个高潮。

2. 幽默风趣式

幽默风趣式应变语指教师在课堂上遇到突发事情时,用幽默的语言,巧妙地化解不和谐局面。课堂上恰当进行幽默调侃,不仅能活跃课堂气氛,吸引学生的注意力,而且也有助于教师个人魅力的提升。例如:

一位数学老师发现学生总是把小数点末尾的"0"保留下来,讲了多次都不见效。一次当一个学生上黑板演算将 3.64+2.16 之和写成 5.80 时,老师从讲桌下拿起一把明晃晃的大剪刀,并问学生:"谁知道我要用这把剪刀做什么?"学生们都愣住了。教师接着说:"我要给这个得数剪尾巴了。"这时学生才恍然大悟,在会心的笑声中对根除这一毛病有了深刻的印象。

这位教师面对学生屡教不改的毛病,没有恶言相向,而是通过风趣、幽默的应变语言,机智地把学生的注意力集中在教学任务上,使学生对所犯毛病有了深刻印象,从而促使其根除这一毛病。

3. 移花接木式

移花接木的方法就是教师将课堂上发生的意外枝节,奇妙地嫁接在教学的主干上,从而机智、巧妙地调控教学活动。例如:

缪老师第一次走上讲台面对着 40 多位学生,开始了自我介绍:"同学们,我姓缪。"说着转身在黑板上板书"缪"。突然,一个淘气的学生在座位上发出了"喵——"声音,学生们顿时哄堂大笑。缪老师镇静淡定,微笑着说:"同学们,我还没有开始讲课,就有人急着夸我讲课'妙'!莫急莫急,从今天开始,我将和你们一起学习探索,等到期末时,请大家再来评价我的课讲得到底妙不妙,如何?"此语一出,立刻赢得了全班学生热烈的掌声。

当学生在课堂上故意调皮捣蛋时,教师利用汉语的谐音词,以"妙"谐"缪"巧妙嫁接,将调皮学生不太友好的调侃转化成对自己的赞扬,既维护了自身的尊严,又融洽了师生关系,轻松地化解了课堂中的尴尬,改变了课堂上一触即发的紧张气氛。

4. 旁敲侧击式

旁敲侧击式是指教师不正面批评学生,而是抓住合适的讲授机会,点到学生会意即止,使其警醒、认识并改正错误。例如:

语文课上,教师正在讲课文,教室里突然响起了呼噜声,同学们都笑起来。教师看了看打呼噜的张林同学,继续讲道:"描写生动,要使用象声词,绘声绘色地描写事物的声音形状。绘声,就是用象声词模仿声音。比如,睡觉的鼾声,就可以用现在的声音来描摹。请你们注意倾听。"老师做出倾听状,同学们都笑了起来,睡觉的张林也被笑声惊醒了。教师又接着说下去:"那么你们的笑声又该怎么临摹呢?对,鼾声是刚才张林发出的响亮的'呼噜'声,笑声就是大家发出的'哈哈'声。"

这位教师始终没有正面批评上课睡觉的学生,但是已经在讲课中旁敲侧击批评了他的错误。这样做,既没有中断教学,又不太刺激学生。

5. 以退为进式

在课堂上,某些学生可能会提出稀奇古怪,甚至是故意刁难的问题。遇到这类情况,教师可以不急于回答,而是巧妙地反过来把问题抛给学生回答,以退为进,把直接解答变为启发学生思考问题的机会,最后再综合学生的解答及自己的理解得出结论。例如:

年轻的女教师在讲《从百草园到三味书屋》,正分析"美女蛇"时,一个男同学举手问道:"老师,有美男蛇没有?"同学们哄堂大笑。这位教师没有直接回答这位学生的问题,而是机智地说:"这个问题问得有趣,谁能来回答呢?"然后组织学生讨论。当学生讨论完毕时,这位教师说道:"好,大家接着学习,看看作者的思路是什么就能回答这个问题了。作者的思路不像XXX同学那样对美女美男感兴趣,而是在美女和蛇的对比上。'美女'是迷人的外表,'蛇'是害人的本质。'美女蛇'比喻披着画皮的坏人,在当时暗指自称'正人君子'的现代评论派陈西滢之流,他们可算是正儿八经的'美男蛇'。所以'美女蛇'和'美男蛇'一样,都是害人的蛇,都是容易骗人的害人虫。这样从现象到本质去思考,才能理解'美女蛇'的寓意。"

这位教师面对出其不意的问题时,没有措手不及,而是用以退为进的方式把问题抛给学生,化解了自己的尴尬,顺利地回归讲授主题。

自主训练与巩固

一、欣赏下列精彩的应变语,并分析其类型及特点。

1. 一次英语课上,教师正在教单词 cock(公鸡)。突然,有个学生怪声怪调地问:"英语里有没有母鸡?"顿时班上响起一片哄笑声,正常的教学秩序给搅乱了。面对这种情况,教师不动声色,平静地说:"有,而且还有小鸡这个单词。"接着他把这两个单词写在黑板上,带领学生齐读,很快地把学生的注意力引到教学内容上来。然后,教师把话题一转:"XX同学不错,不但想学会'公鸡'怎么读,还想学会'母鸡'这个词,现在全班同学都多学会了两个单词,但是刚才你提问题的语调不太好,下次注意。"

2. 一名学生在简介《赤壁之战》的作者时说司马迁是宋朝人,全班同学哄笑。教师也笑着说:"虽是一字之差,却让司马迁多活了一千多年,但这能全是我们同学的错吗?谁让司马迁和司马光的名字只是一字之别,谁让他们又都是史学家、文学家,谁让《史记》与《资治通鉴》又都是史学名著兼文学名著,谁让我们刚刚学完司马光的文章又学司马迁的文章呢?"

3. 有位英语教师在教学单词 pencil 和 pen 时采用了直观教学的方法,用实物来启发学生思考。但是,教师无意中把手中的铅笔说成了 pen,等他意识到自己说错时,有些学生也意识到了。这位教师没有马上纠正自己的错误,而是干脆反问一句:"Is this a pen?"学生齐声回答:"No, it isn't. It is a pencil."这种灵活而果断的问答,使学生误以为教师在考问他们的句型呢。

4. 冬季的一天,老师和学生正沉醉于课堂的快乐中。突然,教室的门"咣当"一声猛地打开了,老师头也没回下意识地问:"谁?"学生听后哄笑起来,原来是风把门吹开了。老师停下讲课,边走去关门边说:"你们瞧瞧,连风都知道知识的重要,拼了老命想挤进教室来听课。我们还不得珍惜这学习的好时光,认真地学呀!"学生一听,脸上笑意依在,心却有所悟,神情更为专注了。

5. 在讲解《朱德的扁担》一文快下课了,教师问:"还有不清楚的地方吗?"一个学生举手说:"老师,那时候人们都很穷。读不上书,哪有人认识'朱德记'三个字呢?"老师肯定了学生学习积极性后说:"是呀!谁来回答这个问题呢?"几十个孩子随着老师的反问陷入沉思……一场热烈的争论开始了。"读函授学校。""自学。""上扫盲夜校。"老师又接着引导:"没有上夜校呢?""打仗那么紧张,哪能天天学文化?"……在师生相互作用下,终于得出了"红军一边打仗,一边互教互学文化"这一结论。

6. 一位教师在上公开课《第一场雪》时,要求学生闭上眼睛,倾听由其他学生朗读的一段雪后的美景。老师说:"看看谁的朗读能带着大家进入美丽的雪景中。"第一个学生朗读完毕,没有达到预期的效果。老师诙谐地问:"他把我们带进去了没有?"学生小声地回答:"没有。""只是把我们带到边上,是不是?"学生和听课的老师齐声笑起来。老师接着用鼓励的语气提出:"谁能再试一试,把大家带进去。"另一学生又站起来朗诵。比较之下,还不如第一个学生。此时,底下的学生和听课教师的心情都非常紧张和不安,也不知道老师该怎样应付这种尴尬的局面。全场静得连根针落地也能听得见。只见老师神色泰然,风趣地开了一句玩笑:"哦,他不但没有把我们领进去,反而将我们领出来了。"霎时,严肃、紧张的气氛一扫而光,课堂气氛立刻活跃起来。学生们敬佩地注视着老师,争先恐后要求朗读。老师先赞扬了学生们的积极性,然后因势利导要求大家随老师的领读一齐朗读这段课文,课堂活动就此顺利进行下去。

二、一位语文教师在作文讲评课上对学生说:"描写人物应该抓住他的外貌特征、性格特点以及习惯……"这时有位学生提出:"老师,请您用一段话描写一下您自己,可以吗?"如果你是这位教师,将如何回答并较好地满足学生的要求呢?

三、教师正在讲课,一只燕子飞进教室,绕了一圈又从进来的那个窗户飞出去了。燕子的这一活动分散了学生们的注意力。请根据这个情境,设计一段应变语。

四、一位数学教师利用发现法教"圆的面积",让学生拼摆事先准备好的学具。有的学生把圆拼成了长方形,有的学生把圆拼成了梯形、三角形。无论拼成长方形、平行四边形,还是拼成梯形,都顺利地推导出圆的面积公式:$S=\pi r^2$。但是,由三角形推导圆面积公式时出现了误差,竟推导出:$S=2\pi r$,教师意识到讲错了,可是复查推导过程,未能查出,如果你是这个教师,该如何积极应变呢?

五、一位教师教小学语文《鸟的天堂》,为配合教学提前在电脑中储存了相应视频。但上课时教师放错了视频,画面出现的却是青海湖的美丽风光。学生看了一小段很感兴趣,要求接着看。请根据这个教学情境,设计一段应变语。

第六节 结束语

一、结束语的定义

结束语又叫断课语、结尾语、小结语。是课堂教学即将结束时,教师在引导学生对所学知识与技能进行及时的总结、巩固、拓展、延伸与迁移的教学活动时所使用的语言。结束语不仅发生在一节课的结束时,也发生在每一个教学环节之后,是课堂教学不可或缺的重要环节。

二、结束语的作用

(一) 梳理总结,巩固记忆

一个成功的结束语要对课堂所学知识、概念等进行概括和总结,形成完整的知识网络,引导学生对教师所讲授的内容形成清晰、系统的认知构架,从而实现整理概括、巩固记忆、深化认知的功能。

(二) 拓展思维,延伸认知

在完成教学任务的前提下,结合教材内容提出一些有争议的问题,让学生讨论,或提出新的思考题,让学生课后进行思索、探讨,这样可以引导学生将知识融会贯通,拓展延伸,激发学生热情,启发学生思维,迁移运用所学新知,解决新问题,形成新能力。

(三) 衔接过渡,形成铺垫

课堂小结不仅承担着对所学知识画龙点睛、归纳总结的作用,而且还要为下一节的学习做好铺垫,设下新的悬念,激发学生的求知欲,从而使前后内容紧密衔接、过渡自然,强化知识的连贯性和系统性。

三、结束语的要求

(一) 简洁明了,画龙点睛

结束语是整节课的"点睛之笔",用准确的语言提示知识结构和学习重点,把重要的概念总结深化,使学生感到"言已尽而意未穷"。因此,语言要简洁、明了、清晰,起到提纲挈领、纲举目张的作用。

(二) 生动灵活,耐人寻味

结束语应根据教学内容的特点和教学语境的差异精心设计,使学生情绪放松,对课程兴趣盎然,在"乐学"的氛围中逐渐走向"好学"。因此,结束语不仅要求语调富于变化,而且在方式设计上也应求新求异,力争奇妙有趣,余味无穷。

四、结束语的类型

(一) 归纳总结式

总结归纳式结束语,是在教学结束时,教师运用准确、精练的语言,对讲授的知识结构、主线进行归纳总结。这样做不仅便于学生提高认识,加强记忆,还有助于学生巩固所学知识,并将其纳入原有的认知结构中。这种结束语在表述时,要讲究逻辑性,持论要有依据,使用概念要准确,语句组织要有条理,语速要放慢,语调要平稳。例如,"正比例应用题"的结束语:

师:今天我们学习了什么?

生:正比例应用题。

师:还记得我们解决该类问题的解题步骤吗?

生:①弄清题意,判断两种相关联的量是否成正比例;②设未知数 x;③根据判断列比例式;④解比例;⑤验算。

这位教师通过提问归纳小结,锻炼学生用准确、简练的语言将新课内容进行概括,同时帮助学生整理思维,对新知识加深理解。

(二) 设置悬念式

教师在讲授某一知识时,提出有一定难度的下次课要探讨的问题,有意留下一个"尾巴",让学生带着疑问结束一节课的学习,从而激起学生理解真相的期待感,促使他们课后积极寻求答案,实现寻根究底启发思维的教学目的。例如,"洋务运动"的结束语:

师:今天我们学习了"洋务运动",它是清朝统治集团内部一部分官僚先后提出"自强""求富"的口号,倡导和推行学习西方科学技术、创办和发展近代工业的统治者的自救运动。这一运动,客观上促进了资本主义的产生和发展。但它失败了,它将西方近代科学技术嫁接在腐败的封建制度的肌体上,好比一颗新芽嫁接在一株腐烂的枝干上,是不能成活的。那么,要想让新芽活下去,首先要废掉腐烂的枝干。于是,清朝的一些进步人士独具慧眼,决定改变腐朽的社会制度,那么,他们是怎么做的呢?

生:维新变法。

师:对,这就是我们后面要学习的维新变法和辛亥革命。同学们课前做好预习。

(三) 拓展延伸式

拓展延伸式结束语,就是在教学结束时,教师根据教材的内容特点和学生的认识基础,因势利导,将课内学习延伸到课外活动,把书本知识扩展到社会实践活动,从而扩大学生的知识面,开阔学生的思维,启发学生的创造力。主要做法有:一是利用课堂小结推荐一些与教学内容有关的课外读物,扩大学生的知识视野;二是利用课堂小结指导学生把所学的知识尽可能地迁移到课外,应用于实践,激发学生探索新知的兴趣。例如,有关《泊船瓜洲》的艺术特色的结束语:

师:可见,古代没有一个有成就的作家不在词语的锤炼上下功夫。杜甫说:"为人性僻耽佳句,语不惊人死不休。"卢延让说:"吟安一个字,捻断数茎须。"贾岛说:"两句三年得,一吟双泪流。"曹雪芹谈写《红楼梦》体会时说:"字字得来皆是血,十年辛苦不寻常。"古人勤奋、严谨的治学精神,确实值得我们好好学习。

这段结束语教师列举出四位古代著名文学家在词语锤炼上的看法和体会,由此引发拓展到治学精神上,不仅强化了课堂教学内容,而且拓展了学生的思路。

(四) 巩固点睛式

巩固点睛式结束语,就是教师在讲课结束时用精练的语言对本堂课的重点、难点、关键点进行点拨,以弥补学生学习上的疏忽,并通过布置一定数量的作业,或安排相应的课后思考和练习达到巩固学生学习效果的目的。例如,《谈骨气》的结束语:

师:这是一篇说理文章,作者引用孟子的话来解释骨气,然后用三个例子进行论证。用文天祥拒绝元朝高官厚禄的劝诱,英勇不屈,论证"富贵不能淫";用齐国闹饥荒,一个穷人宁可饿死,也不吃富人黔敖施舍的食物,论证"贫贱不能移";用闻一多面对凶顽,拍案而起,痛斥敌人,坚信革命必胜的事例,论证"威武不能屈"。这三个例子从不同的角度有力地论证了"我们中国人是有骨气的"论点。这三个事例的位置不能换,是按说理的顺序安排的。下课后,同学们在完成教材罗列的议论文写作时,也要选择事例证明观点,事例和观点之间必须保持一致性。

这个结束语,教师抓住课文的关键画龙点睛,不仅解开了学生争论的疑团,而且让学生意识到"行文有序",选择事例要为观点服务的道理。顺势布置课后作业。可谓是一气呵成,恰到好处。

(五) 承上启下式

承上启下式结束语往往是在前后内容有紧密联系时所采用的。教师通过总结上节课或上面的内容,引出下节课或下面的内容,并诱导学生将具有某种内在联系的知识进行比较,在新旧知识之间架起联系的桥梁,起到瞻前顾后的榫接作用、新旧联系的桥梁作用、知识勾连的过渡作用。例如,"隋的统一及发展"一节课的结束语:

师:通过学习"隋的统一及发展",我们了解了隋文帝统一天下和隋炀帝开凿大运河的历史功绩。大运河的开凿虽然给中国经济文化的发展带来了极大的便利,然而隋炀帝大兴土木给人民带来了无穷的灾难。那么,隋炀帝究竟有哪些历史的罪责呢?要知道这些,等我们下节课学习"隋末农民大起义"后,便会见分晓。

这样的结束语不仅总结了前面的内容,更主要的是引出了下面将要学习的内容,激发学生渴望学习新知识的欲望。知识沟通,情感相连,总结了旧课,提示了新课,收到"欲知后事如何,且听下回分解"的艺术效果。

自主训练与巩固

一、欣赏下列结束语,分别指出其类型及特点。

1. 一位教师上自然课"怎样认东西"时,充分利用实物逐一讲清了:"用眼看""用耳听""用鼻闻"……认出东西后,讲了这样一段结束语:"(边指黑板边说)我们靠眼睛看颜色、看样子,可以认东西;靠耳朵听东西发出的声音,可以认东西;靠鼻子闻东西发出的气味,可以认东西;用舌头尝出东西的味道,可以认东西;靠我们的手摸物体的硬软,可以认东西。课后请小朋友用今天老师教认东西的方法,去多认识一些身边的东西。"

2. 讲解"叶序"时,教师出示了盆栽的天竺葵,稍倾斜着花盆对学生说:"大家可以看到,天竺葵相邻两节的叶片永远是互不遮盖的,在植物界,无论叶在茎上生的次序属于互生、对生还是轮生,都是这样,这叫叶镶嵌。这种排列方式使植物能获得更多的阳光。研究植物的结构和功能是非常有趣的,模仿生物来设计新型建筑物,在今天应用得很广泛。例如,数学家研究车前草,发现它的叶子是按照对数螺旋线有规律地排列的,每片叶子的夹角是$137.5°$。这样排列,每片叶子都有机会得到充足的阳光进行光合作用。对数螺旋线也是采光面积最大的排列方程。根据车前草调节日光辐射的原理,有人设计了几十层的大厦,使每个房间都能得到温暖、明亮的阳光。"

3. 一位教师在教《飞夺泸定桥》一课时,设计的导入语是这样的:"课文为什么不用《过泸定桥》,而用《飞夺泸定桥》作题目?'飞夺'是什么意思?过桥就行了,为什么要夺呢?"当这一系列问题在课堂上解决后,老师的结束语是这样设计的:"这一课《飞夺泸定桥》'飞'既说明速度快,又体现了战士机智、勇敢、顽强、不怕牺牲的精神。这就是作者通过飞夺泸定桥的故事,歌颂我们红军的优秀品质,也就是这篇文章的中心思想。"

4. 一位数学教师讲完等差数列,下节课预备讲等比数列,在上课结束时提出问题:"数列:20,10,5,2.5,1.25……的第10项是多少?"这时,学生马上活跃起来,有的在一项一项地算下去,有的企图寻找什么规律。这时教师抓住学生的心理说:"其实第10项是很容易找到的,等下一节课我们讲了等比数列就知道了。"

5. 一位教师在完成《林黛玉进贾府》的讲解后,结束语是这样的:"总体来说,《林黛玉进贾府》是《红楼梦》中写得极其精彩的篇章之一,具有很高的艺术价值。第一,它具有精细而富有典型特征的环境描写,具体表现在宏伟的外观、讲究的布局、华贵的陈设(板书)三个方面。第二,它描写了几个具有鲜明个性特征的人物形象。林黛玉小心谨慎,美貌多情,体弱多病;贾宝玉眉清目秀,英俊多情而又蔑视世俗;王熙凤精明强干,惯用权术(板书)。第三,它具有严谨而独特的戏剧性结构。通过林黛玉的耳闻目睹,展现了小说的典型环境和典型环境下的典型人物(板书)。"

6. 一位数学教师在讲"配方法"时,设计了这样的结束语:"这几天我们学的都是解一元二次方程的方法。上节课我们学了'直接开平方法',这节课我们又学了'配方法'。有些同学可能心里会琢磨:'还有没有其他更好的解一元二次方程的方法?'有!下节课我们要讲的

'公式法'就会满足大家的要求。"

二、下面是两位教师在教学"9的乘法口诀"时所使用的结束语,请分析其特点和作用。

第一位教师安排的是动物找家门。四幢房子的门上各写着:54、27、72、18。8只不同的小动物(学生扮)各拿着一个乘法算式(3×9、9×3、8×9、9×8、6×9、9×6、2×9、9×2)。如果乘法算式的得数等于房门上的数,那么这只动物就算找到家了。请小朋友找一找:哪两只小动物的家在同一幢房子里?

第二位教师的安排是带领学生用自己的双手来表示9的乘法口诀。教师先示范了三句口诀的手势表示法,然后让学生探索其规律,并用手势表示其他几句9的乘法口诀,最后再分小组进行用手势表示9的乘法口诀的竞赛。

三、为下列课文内容分别设计两种不同的结束语。

《荷塘月色》《皇帝的新装》《茶花赋》《为人民服务》《热量的传递》

四、假设你现在给学生讲完了朱自清的《春》,下节课你要讲老舍的《济南的冬天》,请你在《春》的结束语中,运用"悬念结束语"把两篇文章关联起来。

五、观察本专业不同学科教师上课的过程,做好记录,认真体会他们结束语的不同风格。

六、请参考《绿色蝈蝈》的教学目标,用不同的方式完成其结束语。

教学目标:

1. 整体感知课文,通过快速阅读归纳课文内容。

2. 通过朗读品味生动优美的语言,并说说其作用,并积累美词佳句。

3. 培养仔细观察事物的习惯,激发探索科学奥秘的兴趣以及关爱动物、尊重生命的感情。

教学重点难点:

1. 培养学生阅读文章,概述内容的能力,体会文章的语言特色。

2. 掌握描写动物的具体方法。

第七章 教育口语

第一节 教育口语概说

一、教育口语的定义

教育口语是教师依据党的教育方针和德育任务,在对学生实施思想品德、行为规范教育过程中所使用的具有说服力、感染力的工作语言。

教育口语与教学口语一样,贯穿整个教育过程,是每个教师必备的基本功,是完成教育任务不可缺少的工具,对学生思想品德的养成、智力的开发、人际关系的处理都有着直接的重要作用。

教育口语的内容虽多种多样,但其主要的功能皆是"育人"。无论是在集体场合,还是私下交流;无论是严厉批评,还是热情鼓励;无论是校内,还是校外,教师都应以"育人"为最终目的,通过各种各样的方式,对学生进行思想品德教育,用语言去规范学生的行动,提高学生的认识水平,培养学生良好的品德,帮助学生学会协调人际关系,促使学生逐渐形成正确的信念和职业理想。

二、教育口语的特点

(一) 针对性

所谓针对性,指教师必须针对不同的教育对象、教育内容和教育环境运用不同的语言,即因人施言、因事施言、因时施言、因地施言,也就是通常所说的"因材施教""对症下药"。

(二) 说理性

说理就是用摆事实、讲道理的方法说明是非得失的原因,辨明曲直,使受教育者从中获得正确的认识。教育口语的核心在于一个"理"字。在实施教育的过程中,教师要明确说理的依据,把握说理的难点,清楚说理的要求,掌握说理的方法。

（三）疏导性

疏导就是教师针对学生的道德行为、习惯进行疏通、引导。"疏"，就是化解学生思想上的困惑，变阻塞为顺畅；"导"，就是当学生不知道该怎么做时，教师适时给予引导，为其指明方向。在教育过程中，教师不仅要将事理明白地告诉学生，还应在思想上给予点拨、引导，促使其思考，鼓励其行动。

（四）情感性

教育是一个情感交流的过程，教师的语言应具有强烈的感情色彩。既晓之以理，又动之以情，即"以情育人"。在与学生的谈话中，教师饱满的热情和精彩的言辞，一方面可唤起学生深刻的理性感悟，另一方面可给予学生强烈的情感体验。

三、教育口语的要求

（一）正确教育，爱护学生

学生是祖国的未来，教师要尊重、爱护学生。教育的初衷是关爱学生，帮助其健康成长，要本着正面教育的原则，切忌挖苦讽刺、胡乱定性。

（二）实事求是，平等民主

教育学生时，要从实际出发，实事求是。教育是双向交流的过程，教师和学生一样具有独立的人格，有其自身的价值和尊严。师生在人格上是平等的。尊重学生，才能获得学生的尊重；平等待人，才能真正成为学生心中的榜样。

（三）找准症结，因材施教

教师应通过摆事实、讲道理来说服、教育学生，切忌空洞说教。所谓"一把钥匙开一把锁"，就是要找准学生的症结所在，因人而异，对症下药，让学生心服口服。

（四）文明得体，情理兼备

教师对学生进行思想教育时，应力求语言简洁概括、生动真挚，切忌啰唆冗长，吐字不清、敷衍塞责；语气亲切、自然，切忌生硬、粗暴；使用文明礼貌的用语，切忌使用粗俗、低级的语言训斥、责骂学生。

第二节　启迪语

一、启迪语的定义

启迪，就是开导、启发。启迪语是指教师针对学生思想上存在的问题，运用报告、对话、发言、谈心、交谈等形式，给学生以开导和指引，启发学生积极思考并主动进行自我教育的一种语言。启迪语最大的特点,就是通过教师的讲话指引学生积极思考,使其明理,并形成约束自己的能力。

启迪语的广泛运用,一方面,表现了教师对学生的尊重和信任,即相信学生有自我完善的能力,有在教师的引导下进行自我教育的能力;另一方面,也为学生在教育活动中更好地发挥主体作用,调动学生进行自我教育的主观能动性创造了条件。

二、启迪语的要求

(一)切合实际,润物无声

启迪语要切合学生的思想实际和认知水平,选取学生最易接受的角度和直观形象的事物,使学生产生联想,发现并认识自己思想、行为与公德和行为规范的差距。启迪语要有明确的教育目的,以及确定的寓意和指向,层层牵引,逐步深入,使学生在教师耐心的引导下提高认识。

(二)因人而异,因事设理

教育活动中,教师要根据学生的年龄、个性特点等,采用不同的启迪方式。比如,针对优等生,用委婉诱导的方法使其正确评估自己,攀登更高的山峰;针对后进生,则要用其自身的闪光点促进其内因的转化。当然,启迪的话语也要针对不同的事件、不同的问题、不同的情况区别对待。

(三)积极赞扬,热情鼓励

教师赞扬某种美好的事物,其本身就是一种具有指向性的启迪和引发。善于发现学生具有的美好品质或好的变化迹象,并适时予以热情的赞扬和积极的鼓励,往往能使学生体会到温暖和关怀,从而通过积极的思考完成自我评价,增长克服困难、追求更大进步的勇气,最终将认识变为行动。

(四)富有耐心,升华提高

思想的启迪不是一蹴而就的事情,教师在启发教育学生时一定要有耐心。有时可能需要教师对同一学生的同一问题进行多次启迪,也可能需要教师对同一问题,对不同的学生进行多次启发。教师要用概括、总结的口语耐心帮助学生把思维上升到理性高度,强化对规律的认识。

三、启迪语的类型

(一)设问引导式

设问引导是教师依据教育内容,设计出一系列问题让学生思考,启发引导他们通过自我感悟明辨是非,最终实现自我教育。这是师生对话活动中常用的形式。例如:

夏天,小强上课老爱脱鞋,味道特别难闻,同学们劝他很多次都没有结果,最后找到老师寻求帮助。于是老师找他单独谈话。谈话围绕下面四个问题展开:你知道,你为了自己凉快把鞋脱掉,但汗臭味同学受不了。我们能只图自己方便,而不管别人怎么想吗?你还记得我们学校《小学生行为守则》第五条是怎么说的吗?和老师一起念一遍好吗?这一个星期,我会随时问你,是不是还脱鞋,你可要给我满意的回答啊!

教师谈话的主旨是启迪学生改正上课脱鞋的不良卫生习惯。第一个问题从侧面提出,第二个问题反问,第三个问题直接点题,第四个问题其实"不成问题"——老师要求把认识转化为行动,提出纠正和督促的方法。这几个问题由谈话中心一以贯之,其导向性、启迪性、层次性都很强,对学生提高认识、改正不良习惯具有较好的开导作用。

(二) 类比启迪式

类比启迪就是利用学生擅长形象思维的特点,依据教育内容,或选择有针对性的小故事,或用生活中一些生动的例子打比方,启迪教育他们。这种启迪语维护学生的自尊,往往不会引起他们对教育的抵触情绪。例如:

班级里总有一些同学喜欢评头品足,这些议论往往起消极作用。比如,说勤奋学习的同学是书呆子,说助人为乐的同学是假积极,说主动帮助老师做事的同学是拍马屁,等等,弄得一些积极表现的同学无所适从。老师针对上述情况给全班同学讲了一个小故事:一天祖孙二人骑着一头驴去赶集,路人议论说:"俩人骑一驴过于残忍。"于是爷爷下来让孙子骑。路人纷纷议论说:"孙子不孝。"孙子赶紧下来让爷爷骑上去,路人又说:"爷爷心肠太硬。"后来两人都不骑了,路人又说:"放着驴不骑,太傻。"老师问同学们:"大家说,这爷孙二人该怎么办?"同学们会心地笑着说:"走自己的路,让别人去说吧。"从此,爱议论别人的同学没有"市场"了。

教师抓住教育的契机,以故事中祖孙骑驴的场景作为教育材料,指出由于路人的评论使如何骑驴成为祖孙二人的烦恼,提出问题引发学生们的思考。路人议论祖孙与学生消极议论同学形成类比,富有启发性,使学生们认识到自身的错误。

(三) 榜样暗示式

榜样暗示式启迪语也是通过举例比较进行引导教育,其所举的例子肯定都是正面的,教育者的观点是隐含在榜样的言行中的。这种方法常常用于和小学高年级一些自尊心特别强而心理又比较敏感的学生的谈话中,可以保护他们的自尊心,继而又起到教育作用。例如:

小辉上课注意力不集中,爱在底下说话和搞小动作。这次期中考试,他的成绩很不好。下课后,班主任老师让小辉来办公室帮忙收拾屋子。小辉跟老师说:"老师,我就想玩,帮你做这些事,我十分乐意,就是不喜欢上课、做作业和读书。"老师笑了笑说:"谁不愿意玩呢。我也爱玩啊,我还一直认为爱玩不一定是缺点,而且,玩还要玩痛快。"小辉听后赞同地点了点头。老师顿了顿接着说:"不知道你注没注意,李华同学好像也不勤奋,从没在课间或放学后学习,下课还出去踢球。""嗯,但是他成绩一直很好。"老师问:"那为什么呢?"小辉想了想说:"他上课认真听讲,发言积极,老师布置作业后,他很认真地完成。他回家第一时间就是做作业,做完才玩。我就不是,放学后我把书包一丢,就去找朋友玩,玩完再说。"说完低下头,陷入了沉思。

这位教师没有因为学生不爱做作业和读书,将他归于差学生的行列,而是请他来和自己一起做事,创设一个自由、平等、轻松的对话的机会,也使学生感受到教师的信任和尊重。教师对于学生暴露的贪玩不想学习的真实想法给予认同,接着似乎是在不经意间提到一个既"不勤奋"又学习"成绩一直很好"的学生,暗中为他树立了榜样,然后通过好奇的追问,不着痕迹地引导启发这位学生去思考琢磨那位同学是如何学习的,自然而然地将榜样好的学习习惯和行为总结出来了。这样,教师并未直接教诲,学生已经找到既能玩好又能学好的方法。

(四)自我思考式

自我思考式启迪语是教师对学生的启迪教育,有时可以先将问题提出,让学生自己思考和感悟。这种启迪语可以使学生感受到教师对自己的信任,因而能更好地发挥自己的主观能动性,在更大程度上实现自我教育。例如:

在餐厅里吃饭时,一位农村来的学生将一只肉包子掰开,啃掉肉馅,随手将剩下的部分扔进了垃圾桶。这个动作刚好被班主任老师看到了。下午,班主任找他个别谈话:"这次的作文你就写写丢包子这件事。如你感到难写,我建议你想想下面几个问题:你当时是怎么想的,过后有没有想过这件事?肉包子是你花钱买的,但这买包子的钱是哪儿来的?父母如果看到了你刚才丢包子的情景,会做出什么反应?我今天建议你写这篇作文,你认为有必要吗?以后你再吃包子的时候,你想怎么做?"

这个示例中,教师在发现学生扔包子的事情后,让学生以写作文的形式反思自己的行为,并进行了适当的提示,实现了学生的自我教育。

实际上,教师提出问题请学生思考后,这个教育活动并未真正完成,教师还需继续关注学生的思考结果。像上面的例子,学生思考的结果将通过作文反映出来,教师就要对学生的作文认真阅读,检验教育的效果。有时,教师只是提出一些问题让学生思考,并不要求学生将思考的结果用书面的形式呈现,那么教师就要从点滴细微之处看学生是否发生了预期的变化,由此判断教育的效果。

自主训练与巩固

一、分析下面使用启迪语进行教育的案例,分别谈谈其特点及好处。

1. 有位同学作业潦草,老师把他叫到办公室,拿出一本字迹工整的作业递给他说:"你看这位同学的作业写得怎么样。"这位同学看了一眼,没说什么。老师又拿出一本字迹不工整、错误较多的作业给他看,再问他:"你看这本怎么样?"这位同学看了后说:"跟我差不多。""你再看看两本作业的名字。"这回同学疑惑了:"都是孙海的?"老师抓住时机,诚恳地说:"差的一本是孙海以前的作业,另外一本是他现在的作业。"老师亲切地说:"你现在的作业和去年孙海的作业差不多,老师相信你一定会像他一样,用不了多长时间就能将作业写好。"

2. "我连做梦都在希望,"石头对泥土说,"希望像你,身上长出青青的芳草,茂盛的树木,可是始终不能如愿,你说这是什么原因呢?""你先回答我一个问题,"泥土笑了笑,说,"你的身上几时能吸收一点养分?"

3. 亮亮是班里个子最矮的小朋友,经常受到其他小朋友的嘲笑,因此闷闷不乐,渐渐变得比较内向。老师发现了这一情况,跟亮亮做了一次谈话。老师问:"亮亮,最近怎么不高兴了?"亮亮低着头说:"小朋友们说我是小矮子。"老师笑了笑,说:"还记得老师讲过《山羊和长颈鹿》的故事吗?它们俩谁比谁强大啊?"亮亮回答:"一样强大。山羊个矮能从洞中够到园子里的青草,长颈鹿个高能摘下树上的果子。"老师又说:"是啊,个矮也有优势的。其实有很多伟人个子也不高,知道邓小平爷爷吧?他身高只有1.57米,还有大文豪鲁迅1.58米;航天员加加林1.57米,现在的俄罗斯总统普京也只有1.70米,但他们都勤奋读书,学习本领,所以才建立了伟大的功业。亮亮好好学习,将来一定和他们一样有出息!不过,亮亮也要好好吃饭啊。"亮亮听后,抬起头自信地笑了。

4. 小伟给周周起外号,周周把小伟的书包扔在地上,为此老师找周周谈话。老师对他说:"一个人走路时被路边的石头绊了一脚,脚好痛。他生气极了,又用脚狠狠向石头踢去。你说他聪明吗?"周周说:"傻瓜一个!""傻在哪里?""脚已经痛了,再踢不是更痛吗?""那该怎么办?""绕开走不就得了。""别人也会被绊跌跤呀,最好的办法是什么?"周周想了想,说:"把石头搬到墙角或垃圾箱里。""对!这样做,脚既不痛,又做了好事。"过了一会儿,沉思后的周周说:"老师,小伟给我起外号是错的,好比石头绊了我的脚。我扔他书包,就好像踢石头。这样既伤害了他,又伤害了我自己。我去找小伟谈心,共同把这块'石头'搬掉!"

二、根据下列场景,设计合适的启迪语。

1. 你是一位初一班主任,发现班里有学生早恋了。你如何针对学生的心理,运用启迪的方法,巧妙地讲清早恋的危害?如何在不伤害学生自尊的前提下,让其愉快地接受你的劝说,并加以改正?

2. 夏明在课桌上涂画,邻桌的张涵报告了老师。老师把他叫来准备批评。夏明理直气壮地说:"班上又不是我一个人画了,为什么就叫我?"还嘀咕说:"就是张涵爱打小报告!"请就这个教育情景,进行启迪语设计,注意要创设良好的交谈氛围,用真情实感打动夏明同学。

3. 临近高考,高三各门功课都抓得很紧,教语文的老师自然也把弦绷得很紧。可不少学生希望留点自由支配的时间,对老师管头管脚、死卡硬压颇为不满。一次,老师收作文时,一个同学不但不交,还向他发火:"现在还写啥作文?烦死人啦!"老师低声提醒:"别嚷嚷,等会儿再跟你谈。"下课后,老师叫这个同学到办公室。他一进门就擎头偃脑,一副不服气的样子。请你针对以上情况,运用启迪的方法,设计一个谈话方案,达到启迪教育的目的。

三、请将下面这位老师的批评语设计成启迪语。

上学的路上,一个同学边走路边拍球,差点被车撞到。老师看见,吓出一身冷汗,生气地对他说:"你真是活得不耐烦了!什么地方不能拍球?偏偏在车这么多的路上?你有几条命?把球交出来,以后再也不准你玩球了!"

四、班里有些学生上课不听讲、睡觉、玩手机,学习成绩也不好。经了解这些大都是跟着爷爷奶奶生活的留守儿童,他们认为不必刻苦学习,将来像父母一样外出打工靠体力也能挣钱过日子。你作为班主任,如何在班会上用启迪的方法跟学生谈不好好学习的危害,让他们愉快地接受你的劝说,及时加以改正?

第三节　激励语

一、激励语的定义

激励语,是指教师运用赞美、表扬、鼓动的语言促使学生奋发向上的教育口语。教育过程中,教师运用激励语能针对学生的动情点给以刺激,激发学生积极向上的情绪和意志,鼓励学生拼搏进取,还能帮助学生形成良好的习惯,培养学生的自制力和韧性,潜移默化地从心理的角度影响学生的意志品质,促使其个性的健康发展。

二、激励语的要求

(一) 要有积极的思想和明确的目标

教育工作中,教师要不断激励学生在思想上要求进步,勇于克服困难,要善于及时发现学生身上的"闪光点",第一时间予以肯定、鼓励,促进其思想上进步因素的扩展与稳定。教师要帮助学生确立明确的奋斗目标,勇往直前,不断激励学生为实现目标而努力拼搏,发掘其内在的潜力和热情,扬长避短,发挥才干。

(二) 要把握激励的角度和尺度

教师要选择好激励的角度,巧妙地寻找学生的最佳接受点。要根据学生的不同情况和心理状态,以及年龄、性格等不同特点,在一定的场合、范围,并利用恰当的时机进行激励。教师把外界的影响与学生思想内部的需要与动机、情感与意志联系起来,把握好火候,才能恰当地实施有效的激励,收到理想的教育效果。

(三) 要注入真情实意

实施激励教育,教师应从情入手,架起师生之间理解、沟通的桥梁。教师满怀深情的话语,往往能使学生产生自觉的情绪体验,在和谐融洽的气氛中谈话,效果一般都很好。教师对每一位学生的微小进步都给予关注,并适时加以表扬和鼓励,就能增强学生进取的信心,调动他们的积极性、主动性和创造性。

(四) 要公平合理,保护学生的自尊心

教师对学生进行奖励、信任、关心或表扬、批评时,尽量做到公正、合理。如果同样的付出没有得到与别人同样的报偿,学生就会产生不公平感,伤害他们的自尊心,轻者内心不平,行为消极,重者愤怒不满,消极对抗,有的甚至还会做出不理智的举动。对此,教师应有清醒的认识,要热爱、关怀每一位学生,做到一视同仁。

三、激励语的类型

(一) 目标激励

目标激励就是教师根据班级或学生的实际情况,科学地确立奋斗的目标,调动学生的积极性和主动性,并激发学生的上进心和自信心。有了目标,便于学生找出自己与目标之间的差距,同时也有了努力的方向。例如:

某校五年级召开主题为"明天的栋梁"的班会,班主任先神秘地让学生们一一轮流看一只盒子。老师说,里面装着一张祖国明天栋梁的照片。其实盒子里放的是一面镜子,每一位同学看到的都是自己的形象。班主任所说的"明天的栋梁"指的就是班上的每一位同学。同学们高兴极了,这时候班主任说:"是的,同学们,祖国明天的栋梁就是你们呀!你们是祖国的未来,社会主义建设需要你们去接班,科学事业需要你们去接班呀!但是,做栋梁之材可不是件容易的事,从小要勤奋学习,打好基础……让我们像窗外的小树一样,如饥似渴地吸取知识的养料,不断地增长自己的才干吧!"

班主任的话语重心长,既给学生指出做"祖国明天的栋梁"的高远目标,又指出实现目标的途径和要求。教师恳切地对学生提出了希望:为了成为祖国明天的栋梁之材,现在就要发奋努力!

(二) 榜样激励

榜样激励是指教师讲述值得学习和可作范例的好人好事来激励学生。人们常说,榜样的力量是无穷的,榜样是无声的教育。正确利用学生的偶像心理,以一个合乎标准和合乎自身理想的榜样,刺激学生不断产生模仿、学习、超越榜样的行为动力,这是教师的重要任务之一。例如:

初一(3)班的小强同学崇拜明星到了无以复加的地步,在他的书包上、文具盒上,甚至教材封面上都贴满了港台明星的照片,明星的生日、爱好、逸事等知道得一清二楚,并扬言自己某一天会成为追星的"明星"。班主任知道后找他谈话,说:"青少年中的这种追星现象十分普遍,喜欢某个明星并没有错。但你现在是个学生,主要任务不是追星,而是学习。在学习上,我们学校的'明星'也很了不起。例如我们班的小叶,她喜欢音乐,喜欢唱歌,也喜欢她所崇拜的歌星,但不是盲目崇拜。你看她每天都在认真学习,对班级工作以身作则,团结同学,关心集体,同学们都很喜欢她。在学习阶段,我希望你向这样的'明星'看齐。"

接着,班主任老师又找到小叶,让她在学习上帮助小强,两人结成了互帮互学对子,小强以小叶为榜样,克服了以前的毛病,思想认识提高很快,两年后,进入了三好学生的行列。

上例中教师选择与学生生活背景、成长经历相近的典型进行榜样教育,让学生认同身边的榜样,并在榜样的带动下走出心理误区,同时,努力效法榜样,最后使自己也成为他人的榜样。

(三) 情境激励

情境激励语就是创造教育情境,以情动情,引起学生感情的共鸣,使其在感情上受到强烈感染的语言。教师使用这种方法,需要用巧妙的话语设置具有形象性、感染性的教育情境,表达上要做到声情并茂,充分激发学生的道德动机。例如:

班会上,教师手里拿着一把筷子,并从中抽出一根,请一位学生到讲台前把它折断。这位学生力气很大,几乎不费劲就完成了教师交给的任务。接着,教师又抽出一根,让另一位坐在前排的、瘦弱的女生上来折筷子,这位女生也完成了任务。老师接着说:"刚才两个同学都很容易地把筷子折断了。现在请我们班力气最大的同学上来,把剩下的这些筷子一次折断。"结果,那位力气最大的学生并没有折断那把筷子。教师由此启发学生:"刚才我们做的这个实验,说明了一个什么道理呢?"……在学生思考、回答的基础上,教师接下去说:"对呀,这就是我们常说的:团结就是力量。我们的班级也是这样,每个人的力量是有限的,如果我们全班的同学团结成一个坚强的集体,那么力量就很大了。同学们说对吗?"学生们认同地点头笑了。

为了培养学生的集体观念,教师通过折筷子的事例加以引导,生动形象,引人思考。在这样的情境下,老师引导学生由感性认识上升到理性认识,和学生一起总结出"团结起来力量大"的道理。

(四) 竞争激励

竞争激励是指根据学生现状,结合其年龄特点、兴趣、爱好和特长,合理地选择竞争内容与形式,鼓励学生构建多方位、多框架的竞争机制,是教育口语的又一种方式。例如:

初三班学习气氛很浓,学生们每天晚上普遍到10点半才睡觉,个别学生甚至更晚。期末体育考试,大部分学生不及格。班主任针对这种情况,组织了一次班会,他说:"我很赞赏同学们刻苦学习的精神。学习是一项长期的劳动,如果没有好身体,学习再好也不是成功者,身体是工作、学习的本钱,你们要珍惜、爱护自己的身体。现在我们班大部分同学的身体状况不符合国家对学生身体素质的规定和要求,我希望同学们从现在起开展一项体育达标竞赛活动,看谁能在下学期的体育测试中完全合格,希望同学们有勇气、有能力迎接这个挑战。"

教师针对班里大部分学生体育测试不合格这个事实,及时组织班会,并倡导学生们参加体育竞赛。这个活动搞得有声有色,学生们积极参与竞争,身体素质提高很快,在毕业体育达标测验中,全部达到合格。

(五) 情感激励

情感是影响人们行为最直接的因素之一,任何人都有各种情感的需求。这就要求教师要多关心学生生活、精神需求和心理健康,提高学生的情绪控制力和心理调节力,努力营造相互信任、相互关心、相互体谅、相互支持、团结融洽的班级氛围。例如:

某幼儿园大班评选"健康宝宝",其条件之一就是不挑食。评选时,平时不爱吃饭的波波很想得到这个荣誉,所以就向老师表示要吃完。可是,豆沙卷却是他不喜欢吃的,吃着吃着,就磨磨叽叽不想吃了。老师陪伴在他身边,抚摸他的头,微笑着说:"波波,你真棒。老师最喜欢看你大口吃东西的样子,相信你一定能吃完的,加油!"老师的亲近使波波产生我要听老师话,让老师永远喜欢我的心理。于是,波波开心地点点头,爽快地把豆沙卷吃完了。

自主训练与巩固

一、分析下列激励语的类型,并指出其特点及好处。

1. 一天早晨,班主任李老师到教室去,远远看见王浩同学拿着一把扫帚在讲台上挥舞,苦练"武功"。见老师来了,王浩赶紧溜到教室后面,扫起地来。李老师把这一切看在眼里,不动声色地走进教室,见只有他一个人,便说道:"王浩,这么早你就来扫地了。"王浩红着脸说:"反正我起得早,早点打扫,就不会影响同学们自习了。"李老师当即赞许道:"非常棒!老师为你点赞!"后来李老师又在班会上表扬了王浩同学"早起打扫卫生"的事迹。

2. 这学期,刘老师接了一个差班,一踏进教室,便听到学生说自己班是"烂班",称自己是"烂学生",自卑的阴影笼罩着全班。面对这种情况,刘老师诚恳地说:"从今以后,我便是咱班中的一分子,我跟大家荣辱与共。谁说咱班是'烂班',谁说咱班是'烂学生'?我们班人才济济,有会唱歌的'百灵鸟',有长跑第一的'飞毛腿'……咱班同学是最聪明的,是最有潜力的,咱班是最有希望的,是藏龙卧虎的,咱们应有自己的地位和价值……"老师真诚而充满感情的鼓舞,激发起了学生们积极进取的决心。向来受尽冷遇的学生,第一次受到如此尊重,于是师生感情靠拢了,学生们的自尊心复苏了,对自己开始充满信心,班级各项成绩上升很快。

3. 少年时代的孙晋芳在苏州业余体校练排球,因感到辛苦劳累,又单调乏味,索性不去了。教练多次登门无效,最后一次教练说:"我看你也不是个打排球的料。"一句话激起了她的逆反心理,她抱着"非打给你看"的想法立即返回了体校。

二、根据下列情境设计合适的激励语。

1. 一位学生,品学兼优,最近被评为全省"十佳"少年,受到省教育厅的表彰,并到各地巡回演讲。学校因势利导,树她为学习楷模,收集、整理她的先进事迹,利用广播、墙报广为宣传,并深入组织讨论学习,召开"学先进典型,做优秀学生"的主题班会。请设计一段激发青少年学先进、赶先进的激励语。

2. 学生段睿普通话语音标准,声音清脆悦耳,大家对她参加学校朗诵比赛充满希望。但是在临赛的前一天,学校通知她更换朗诵内容。班主任按要求给她重新选好了材料,可她却以时间紧准备不充分为由,打算放弃比赛。作为班主任,你将如何激励段睿鼓起勇气参加比赛呢?

3. 小玲在班上学习成绩不算好,最近由于生了一场病,学习更是落下了一大截,期末考试时,她拖了全班的后腿。小玲担心自己的成绩跟不上,又担心老师和同学们歧视她,心里很压抑,整天无精打采,她的最大愿望就是受到老师和同学们的肯定与尊重。请设计一段针对小玲的激励语。

4. 某班是落后班级,在学校的各项活动中排名经常靠后。在学校运动会前夕,大家对参加运动会都没有多大的热情。作为班主任,你将用什么话语激励学生呢?

5. 高考临近,成绩优秀的学生,一心向往的是名牌大学;成绩差的学生做了两种准备:要么考上一所专业热门的专科学校,要么再复读一年;成绩中等的学生则为报不报师范院校犹豫不决。请你设计一段鼓励学生报考师范院校的激励语。

6. 王小帅平时性格开朗,踏实好学,成绩也不错。最近,父母因离婚的事吵吵闹闹,让他很受打击,觉得父母都不爱他,抛弃他了,甚至觉得同学们都在歧视、孤立他。课堂上,王小帅总是没精打采,心不在焉;下课后也是闷闷不乐,独来独往。作为班主任,请设计一段帮助王小帅振作起来的激励语。

第四节 批评语

一、批评语的定义

批评语,是对学生表现出来的错误思想和不良行为进行否定,以促使其改正的一种教育口语。批评是教师对学生进行思想品德教育的一种方法,主要用来指出缺点和错误,总结经验教训,提出正确的做法,以达到学生修正错误、提高认识的目的。适时、适地、适度、有针对性的批评有助于纠正学生的缺点和错误,帮助学生成长。

二、批评语的要求

批评语是一种育人手段,运用得当可以促使人警醒,反之就会产生副作用。因此,教师要慎用批评语,运用时应注意以下几点。

(一) 尊重事实,注重引导

教师批评学生,首先应了解情况、尊重事实,有理有据,切忌偏听偏信、简单粗暴、主观臆断。在批评教育学生时,一定要帮助学生分析错在哪里,为什么会错,使学生明辨是非、心悦诚服;还要给学生改正缺点和错误的机会,既要指出缺点错误,更要帮助学生鼓起改正的勇气。

(二) 充满爱心,与人为善

教师在批评学生时,应充满爱心,饱含善意,应循循善诱,晓之以理,动之以情,与学生平等、真诚的交流,使学生真正感受到教师的善意和温暖。不说过火的话,不以尖刻的指责、讽刺挖苦、上纲上线或粗话谩骂等言行代替批评教育;不摆出居高临下的架势训斥学生。

(三) 注意方式,讲究策略

教师批评学生要讲究策略方式,要因人而异,即根据不同的人和事,根据学生所犯错误的性质、大小、程度、影响以及学生不同的个性特点,采取不同的方式,巧妙化解矛盾。有时候,教师应给学生以良性刺激,甚至寓批评于幽默、诙谐之中,这样能消除学生的戒心和顾虑,使其心悦诚服地接受批评,效果会更好。

(四) 细心观察,关注反应

即使是最温和的批评,对学生而言,也是很扫兴的。受批评之后,学生很可能产生诸如自卑、情绪低落、意志消沉等抑制性反应,教师应细心观察,多角度地反馈信息。一方面要引导学生正确对待批评,另一方面要对其受批评后的进步,哪怕是微小的进步,也及时给予肯定性评价。这样,学生就不至于产生逆反的情绪。

三、批评的类型

(一) 正面批评

也叫直接批评。就是直截了当地指出学生所出现的问题并进行教育,促其改正。适用于对性质严重、影响较大事情的批评。例如:

某校长在全校学生大会上严肃地批评道:"同学们,通过几天的观察,我发现我们食堂浪费粮食的现象非常严重。早上,满满一缸稀饭、馒头,中午、晚上又是满满的大米饭,缸的四周撒满饭粒,一天下来怕有一二十斤吧? 而且周而复始,天天如此! 一粒粮食,从播种到收获,要经过几十道工序。'锄禾日当午,汗滴禾下土,谁知盘中餐,粒粒皆辛苦。'这首诗大家都会背,意思也懂得,可为什么还要这样浪费粮食呢? 我们当中大部分学生来自农村,父母都是农民,知道粮食来之不易,可为什么一踏入学校大门就随意浪费粮食了呢? 当前我国耕地不断减少,人均只有几分地,形势非常严峻,可我们却还在这里当阔少爷、贵小姐! 浪费粮食绝不是小事一桩,它反映了一个人的思想、觉悟和道德品质。明人不用多说话,响鼓不用重槌打。这件事今天在这里讲了,请大家重视起来。各班要把反对浪费提上议事日程,要组织讨论,制定措施,杜绝此类现象发生。"

校长对种种浪费粮食的现象,用"粒粒皆辛苦"的共知之理,"形势非常严峻"的共识之实,进行了正面批评,丝丝入扣,层层推进,以理服人,让人不得不认真反省,暗下改正之决心。

(二) 以褒代贬

以褒代贬就是不直陈学生的缺点和错误,而是用态度真诚的表扬形式指出其不足,似扬实抑,巧妙地用夸赞其进步代替批评其不足,寓否定于肯定。其特点是语气委婉,既激发其自尊,又不损伤面子。此方法适宜于自尊心、上进心强的学生。在表扬学生闪光点时,激发学生积极上进。例如:

教语文的张老师在女生吴涵还他的书本里看到其写给一个高年级男生的情书。于是利用一次课外活动的机会找到吴涵,告诉她老师看过了她的文章,并感谢她对自己的信任。接着,张老师说:"你这篇文章写得很好,是一篇很优美的散文。不过我建议,你以后写文章,题材可以广一点,试写其他方面的内容。如果只局限于一种题材,写作水平很难提高,更何况你年纪还小,对这种题材不甚了解。"吴涵的脸一阵红一阵白,不停地点着头。

一个星期后,吴涵拿着一沓稿纸红着脸走进张老师的办公室。"张老师,谢谢您提醒了我!"她低着头,"请您放心,我一定努力写好文章,长大了当个女作家。这是我最近写的两篇文章,请您帮我批改,好吗?"看着她那满脸认真的样子,张老师开心地笑了……

这位教师根据学生的特点,采取先扬后抑、避重就轻、点到为止的批评方式,向学生伸出援助之手。既尊重了学生的人格,保全了学生面子,又达到了批评教育的目的。

(三) 正话反说

正话反说是指教师在批评学生时所使用的与表达初衷相反的话语。这种批评语变换语言表达的方式和角度,正话反说,先让学生听进去,然后让他们自己去思考、去得出结论。例如:

初三班主任发现班里不少学生偷偷吸烟,危害极大。他没有直接正面指责,而是对全班学生说:"今天想与大家谈谈吸烟的好处。至少有四:一则可以防小偷。因为吸烟会引起深夜剧咳,小偷怎敢上门。二则可以节省衣料。咳的时间长了,最终会成驼背,衣服可以做短一些。三则可以演包公。从小就开始吸烟,长大后脸色黄中带黑,演包公就惟妙惟肖,用不着化妆了。四则永远不老。据研究报道,吸烟的历史越长,寿命越短,当然永远也别想老了。"

对吸烟的学生,教师没有直接批评,而是设置了一种心理相容的教育环境,运用了幽默风趣的语言,正话反说,进而实现了预定的教育目标。

(四) 旁敲侧击

旁敲侧击就是对学生的错误不从正面阐明本意,而是采用迂回的方式表达批评之意,借助历史典故、别人的教训或批评别的类似现象,以引起学生的自省和悔悟。例如:

班里有两名学生出现了早恋苗头,班主任并没有"兴师问罪",而是当着全班学生讲了早恋贻误青春、铸成大错的几个典型事例。最后,语重心长地说:"我们班的同学都很聪明,老师相信你们不会喝早恋酿成的苦酒。"之后,这两个学生的关系没有进一步发展,而是很有分寸地保持着较好的同学关系。

早恋是在学校中会常常碰到的问题,需要教师及时关注,并正确引导。在没有确切证据的情况下,教师用此办法批评学生,既提醒了当事者,又可使其他人受到教育。

(五) 故事隐喻

故事隐喻就是教师通过讲述行为相似、寓意深刻的故事,侧面指出学生的不良品行,让其对照故事检查自身的缺点。例如:

教室里新安装了多媒体设备,班主任周老师告诉大家要爱护公物,不可以随便乱动,更不能敲打,以免损坏设备影响使用。但是,仍有少部分学生出于好奇,总找机会偷偷摸一摸,敲一敲。于是,在班会上,周老师给大家讲了个故事:小明不爱护设备。有一天,他还没进教室就听见投影机和音响在唉声叹气地说话,"唉,小主人们一点儿也不爱护我,昨天下课的时候有人往我的头上扔铅笔、尺子,砸得我好疼啊!"音响说:"是啊!前几天那个叫小明的还和同桌轮番跳起来拍我的脸,拍得我晕头转向,好难受啊,到我发声的时候费了好大劲儿也没同时顺畅!"……小明停听了投影机与音响的对话,惭愧地低下了头。

接着,班主任从故事转到班级里的现象,告诉学生们"设备也会疼的,所以我们一定要爱护他们。"从此以后,班级里再也没出现类似现象。

这里,教师通过故事,讲述"投影机"和"音响"的感受,让冰冷的设备变得鲜活、生动,有血有肉,给学生留下了深刻的印象;也通过讲故事的方式暗示学生存在的缺点,让学生认识到自己的不良行为,受到教育。

(六)委婉幽默

委婉幽默就是不直接表明意思,而是用风趣、诙谐又意味深长的言语使人领会真意。这种方式可以避免直接针对学生错误而产生的负面影响,能使学生在轻松愉快中接受批评,在笑声中完成心理沟通,同时又不伤害到学生的自尊心。例如:

有一位老师在讲课之前,突然跟学生说:"我们班的同学看来都很节俭啊!老师也准备向你们多多学习。"大家听到老师的称赞很开心,忙问:"是吗?什么事情?什么事情?老师您都要向我们学习什么?"老师举起手里的一叠作业,说:"大家看,各位同学的'作业本'都是来自废物利用的呢,有的是随便捡来的一张草稿纸,有的是撕下的半页作文纸,有的一面写数学一面写我的语文,呵呵,全是'散装'的,可见我们班的同学都是很会精打细算的,继承了我们中华民族勤俭节约的优良传统啊!"大家一听,哄堂大笑。笑过之后,他们觉得有点不好意思了,向老师解释道:"老师,教学楼重建,教室不定,有时忘了带作业本,又要交,就只能这样了,下次我们不会了!"就这样,老师让学生在笑声中接受了批评,收到很好的教育效果。

(七)勉励激发

勉励激发是指教师使用勉励激发的语言对学生进行批评教育。批评的目的在于教育,在于帮助学生认识错误,改正缺点,让学生沿着健康的轨道茁壮成长。所以,善于批评教育的老师,常常是少批评多鼓励,多使用勉励激发的语言。例如:

一位教师是这样对待考试成绩不理想的学生的:这次你两门功课没有考好,真出乎我的意料。有人说你脑子不够聪明,我认为并不是这样。恰恰相反,说明你反应很快,就是舍不得用功。一次考试失败了并不可怕,可怕的是无动于衷,自甘落后。我想你一定能吸取这次的经验教训,发挥你的聪明才智,在期末考试时打个翻身仗,让事实证明你是好样的!

学生的考试成绩不理想,教师不是指责、批评,而是诚恳地分析学生的长处、优点,勉励学生吸取经验教训,在下次考试中取得好成绩。教师的话语让学生看到了希望,无形中注入了向上的力量。

自主训练与巩固

一、分析下面各例批评语的类型,并谈谈其特点与好处。

1. 有一位很胖的女生找到刘老师,说大家都叫她很难听的绰号"肥婆"。早会上,刘老师问大家:"谁最先喊人家绰号的?自觉站起来,罚扫地一周!"学生异口同声地说:"是孙二愣!"接着就一阵窃窃私语。原来孙二愣叫孙二龙,因为上课总是走神,刘老师曾在班上说过:"还二龙呢,常在那儿发呆,叫孙二愣还差不多。"于是孙二愣的绰号就叫开了。此时刘老师知道已骑虎难下,就说:"我宣布一个决定,自本周起我扫一周作为惩罚。同时,我向孙二龙同学表示道歉。"于是,刘老师每天第一个来到教室扫地,等到第三天时,刘老师来到教室,发现教室已被打扫得干干净净,黑板上还写着一行字:"老师,我们知道自己错了,我们再也不乱喊别人的外号了,教室还是让我们打扫吧。"从那儿以后,乱给别人起外号的学生没有了,学习风气也变得更好了。

2. 1923年,约翰·卡尔文·柯立芝登上美国总统宝座。他以少言寡语出名,常被人称作"沉默的卡尔文"。柯立芝有一位漂亮的女秘书,长得不错,工作时却经常出错。一大早,秘书走进办公室,柯立芝说:"今天,你穿的这身衣服真漂亮,正适合你这样年轻漂亮的小姐。"这几句话出自柯立芝口中,简直让秘书受宠若惊。柯立芝说:"但是,你也不要骄傲,我相信,你的公文也能处理得和你一样漂亮。"从那天起,女秘书在工作中很少出错了。一位朋友知道了这件事,就问柯立芝:"这个方法很妙,你是怎么想出来的?"柯立芝得意扬扬地说:"这很简单,你看见过理发师给人刮胡子吗?他要先给人涂肥皂水,为什么呢?就是为了刮起来使人不痛。"

3. 被誉为"中国当代教育家"的霍懋征老师讲过这样的一件事:她在北京第二小学任教时,班上一个男生拿了同桌的钢笔。霍老师知道后没有责难,也没有声色俱厉地批评,而是自己掏钱买了一支钢笔送给这位学生,并说:"我知道你喜欢钢笔,这支钢笔就送给你。我也知道人家的东西你肯定不会要,趁别人不注意,你一定会还回去的。"几十年后,这位学生带着自己的孩子来看老师,一进门就跪在霍老师面前,对孩子说:"没有霍奶奶,就没有你爸爸的今天。"

4. 某寺庙一小和尚学艺多年,出山心切,赶去向师父辞行:"师父,我已经学够了,可以独闯天下了。""什么叫够了?"师父问。"就是满了,装不下了。"徒弟答。"那你去装一大碗石子来。"师父说徒弟照办。"满了吗?"师父问。"满了。"徒弟十分自信。师父抓起一把细沙,掺入石中,沙一点没溢出来。"满了吗?"师父又问。"这回满了。"徒弟面有愧色。师父又抓来一把石灰,轻轻洒下,还是没有溢出。"满了吗?"师父再问。"满了。"徒弟似有所悟。师父又倒了一盅水下去,仍然滴水没有溢出。"满了吗?"师父笑问,徒弟无言以对。

二、根据下列情境设计出恰当的批评语。

1. 几个学生站在楼上抛洒纸屑,纷纷扬扬的纸屑天女散花般地落得满地都是。作为教师看到这种现象,你会对学生说些什么?

2. 两位男生因打乒乓球抢占场地互不相让,大打出手。班主任了解情况后,找他们谈话,他们俩还是互相指责,骂骂咧咧,都不肯首先承认错误。请据此设计一段批评语使这两位学生和好。

3. 小蕊的父母重男轻女。每当与小3岁的弟弟闹矛盾时,就会受到训斥和责骂,小蕊感到很委屈。这天,弟弟撕毁了小蕊的作业本。一气之下小蕊就把弟弟推倒在地,弟弟磕破了头皮,血流不止。父母很生气,就以不让她吃饭作为惩罚。小蕊哭着来到学校,被张老师看到,问她怎么了。小蕊说:"老师,我想让弟弟死,否则我就离家出走。"请你为张老师设计一段教育口语,既制止小蕊的荒唐想法,又抚慰她受伤的心灵。

4. 一次期中考试,一个女生考了倒数第一,成绩公布后,她一天未到学校上课。第二天,她眼睛红肿地走进教室。作为班主任,你准备怎样对她进行批评?

5. 学校规定任何学生都不允许带手机。有学生干部反映班里的蔡雷经常偷偷带手机到学校,还在下课时间玩游戏,其他学生也想效仿。假如你是班主任,该怎样运用批评语制止这种现象呢?

第五节　表扬语

一、表扬语的定义

表扬语是指对学生优良的思想品质或言语行为给予肯定、赞许、褒扬的话语,是对学生进行正面教育的评价性讲话。

表扬学生是教师在教育活动中管理、教育学生必要和有效的手段。表扬能给学生以精神上的满足,增强其自信心并克服前进道路上的障碍,进一步发扬自身优点,奋发向上。恰当、适度的表扬,对激励先进、鞭策后进、激发士气、培养学生的良好行为,推动良好风气的形成,是一种积极有效的动力。

二、表扬语的要求

(一) 真实公正

教师对学生进行表扬,是对受表扬者的肯定和褒奖,也是为了树立一个学习的榜样。这就要求教师深入调查、全面了解、弄清事实,使表扬准确、恰当,符合实际。在教育中,公正是教师对学生进行评价时应有的基本立场。教师要关注全体学生的成长与进步,一视同仁地给予肯定和鼓励。

(二) 及时适度

表扬是一种激励,所有学生在取得成绩或做了好事后,都希望得到他人的肯定和认可。及时表扬能发挥最大的功效。同时,表扬要适度,要恰当。表扬中的溢美之词不能泛滥成灾,要热中有冷,即在热烈的情感表达中有冷静的理性分析。不恰当的表扬,不仅不会有激励作用,还会挫伤学生的积极性。

(三) 受众面广

表扬必须做到面向多数,即所要表彰的行为具有倡导性,符合先进性和代表性,能激发多数人的进步欲望,起到"一石激起千层浪"的作用。同时表扬的面要广,尽可能地发现每一个学生的闪光点,使每一个有进步的学生都得到肯定与赞赏。只有充分调动起大多数学生的积极性,教师工作才能得心应手。

三、表扬的类型

(一) 当众表扬

当众表扬是指在公开或正规场合当着众人的面所做的表扬。这是教师最常用的表扬形式。当众表扬因为受众多,影响大,更能使受表扬的学生产生一种荣誉感,特别当受表扬的是后进生时,更能帮助他们找回自尊,树立自信心。当众表扬也能为其他同学树立榜样,使表扬的激励作用得到充分发挥。对于一些具有积极意义的集体行为或具有普遍教育意义的好人好事,适宜采用当众表扬的方式。例如:

李伟同学因病住院一个月,出院返校的第一天就碰上自然课的小测验。他凭借平时的阅读积累,考了65分。任课老师非常看中这一成绩,在班级公开表扬了他:"李伟同学这次考了65分,成绩不是特别理想。但是,请大家注意,他是在休病假、连一节自然课都没上的情况下参加的考试,取得这样的成绩非常不简单。所以,应该给予表扬。大家说对不对?"教室里立刻响起了热烈的掌声。

教师对李伟同学进行当众表扬,使其产生荣誉感,树立自信心。之后,李伟同学对自然科学格外偏爱,学得兴趣盎然。多年之后,已成为国内享有盛名的学者的李伟,动情地回忆起当时受表扬时的情景,依然对老师和同学们的鼓励记忆犹新,并心怀感激。

(二) 个别表扬

个别表扬就是在非正式场合,或与学生个别交谈进行表扬时使用的语言。在教育活动中,为了更好地了解、帮助学生,老师常常要与学生单独相处,就学生的学习、生活等话题进行交流。这时若从表扬入手,会使学生心情愉悦,放松戒备,从而拉近学生与老师的心理距离,交流沟通也会更加顺畅。例如:

王海学习成绩一般,但体育方面特别好,在全校运动会中获得了长跑的冠军。比赛一结束,老师立即找他谈话,赞扬他说:"长跑可是要有很大的耐力的,要跑个第一名非常不容易,你真的很厉害!在其他方面,老师相信,只要你努力,将来肯定也会有出息的!"王海很开心,在后来的学习中,他专心听讲,认真完成作业,很快成绩就有了明显进步。

这位教师抓住学生擅于长跑的闪光点,不失时机地加以表扬和鼓励,增强学生学习的信心和动力,在教育中取得事半功倍的效果。

(三) 随时夸奖

教师在与学生的频繁接触中,会随时看到学生言行中的优点和进步,若及时通过表扬予以肯定和赞许,能够强化学生的意识,巩固这些好行为,培养学生形成良好的习惯,有利于学生的发展。不失时机地、多次地、简短地表扬,效果要比一次长篇大论的表扬好得多。例如:

看到学生把掉在地上的废纸捡起来,或离开教室时主动关闭电源,可以对他说:"你能严格要求自己,非常有公德心,真是好样的。"再比如,看到值日生把黑板和讲台擦得一尘不染时对他说:"谢谢啦,你真是个负责的好孩子!"如果值日生是一位平日学习较差的学生的话,可以就此借题发挥:"值日做得这么好,老师相信你在其他方面也一定能做好!"

教师的随时随地的夸奖,让学生感受到时刻在被关注和关心,可以增强学生的荣誉感,巩固学生的良好行为习惯,营造良好的教育环境。

四、表扬语的表达方式

(一) 美语激励

美语激励就是用诗化的语言来称赞、表扬美的行为与品质,以达到激励学生的效果。其特点是语言华丽,语调高昂,富于激情。其要求是赞美之词须恰到好处,切忌夸大其词。例如:

新学期,杨老师接手了全年级成绩最差的班级。这个班的学风不好,调皮的学生比较多。于是杨老师组织了一次"成果展示会",主题是"我,棒棒的!"。学生们把自己在各项活动中获得的奖状、荣誉证书都带来了,无论奖励级别高低,大家都喜笑颜开,特别兴奋和自豪。班会接近尾声时一向爱捣蛋的学生王旭拿着一张奖状走上讲台,他说:"现在我学习成绩不好,又喜欢打架,可我在二年级被评过三好学生呢。你们看,这是我得的第一张奖状。我一直好好保存着。"说着,他的脸红了,学生们用掌声把他送回了座位。这时,杨老师对学生们说:"王旭同学敢于当着大家的面承认自己的不足与缺点,这是好样的。这张奖状,证明了王旭同学有光荣的昨天,我相信,在咱们这个和谐友爱的大家庭里,他一定能创造一个更加灿烂的明天!"教室里又一次响起了热烈的掌声。从那儿以后,王旭再也不欺负其他同学,也能按时交作业了,这个班的班风也越来越好。

教师充分欣赏和信任学生,创造机会让他们充分展示自己的优势,重拾自信。教师发现后进生身上的闪光点,不失时机地给予肯定和赞美,并提出更高要求,激发学生的上进热情。

(二) 目标激励

学生的每一种表现,都有一种"诱因",大到人生理想的追求,小到某一行为的实现。运用目标激励,可以有效调动学生的心理潜能,促使学生为实现目标加倍努力。例如:

班主任齐老师新接手一个后进班,其中有个别学生还曾被公安机关收审过。新学期一开始,班里学生情绪很低落,说他们是"垃圾班""处理品"。面对这种情况,齐老师对学生们说道:"有人说我们班是'垃圾班''处理品',这是没有道理的。就拿体育锻炼来说,我们班同学个个都是好样的。同学们身体好,精力旺盛,在学习上也能像百米赛跑那样奋力追赶,取得优异的成绩。同学们如能认真学习,严肃纪律,我们班非但不是什么'垃圾班',而且将成为先进班;不但不是'处理品',而且可以争取成为'优等品'。"

听了这些话,学生们振奋起了精神。在齐老师的带动下,全班学生努力学习,严格遵守学校的规章制度,学生间展开了竞赛,全班的学习成绩越来越好,被学校评为先进集体。

教师先肯定长处,激励学生的信心和勇气。然后帮助学生确定今后的目标指向,并进行指导、评价,使学生体验到实现某一目标的喜悦,以保持较长的行为内驱力。

(三) 迂回夸奖

迂回夸奖就是不当面表扬,而是绕个弯子,通过他人之口传到被表扬者耳中的赞美形式。迂回夸奖运用得恰当往往更具有真实性和可信度,受表扬的学生会把教师的信任和对教师的感激转化为做好事的动力。例如:

一次音乐课上,一个平时唱歌不错的孩子,因为感冒嗓子发炎,歌唱跑调了,引得学生哄堂大笑。课后,老师对他的父母说:"孩子平时歌唱得很好,很投入,老师和学生都喜欢听他唱歌。这次音乐课他本可以因为感冒不唱,但他却不愿意放弃练习的机会,他的这种努力和不怕吃苦的精神,老师和学生都很佩服。只要他坚持下去,将来有可能成为歌唱家呢。"当这个孩子从他母亲口中听到老师的表扬后,十分感动,决心不辜负老师的期望。后来他不仅更加刻苦,还被同学们选为音乐课代表。

良言一句三冬暖。教师运用间接表扬,让学生深刻体会到老师的真正意图,拉近了师生之间的距离,使其更加信任喜爱自己的老师,从而主动接受老师的教育。

(四) 赠言暗示

赠言暗示是针对学生成长过程中的情况,选择启发暗示的名言、格言、警句,口头赠送给他。这是一种善意的提醒,委婉、含蓄,适于性格内向又敏感的学生。例如:

小华成绩优异,但比较内向自卑,不爱跟同学交往,也不愿参与班级事务。听说她一直帮助邻居小妹妹补习功课后,班主任在全班学生面前表扬了她,说:"你是个亦静亦动,很有爱心的女孩。你的勤勉努力、笃志进取让你在学习上能够不断收获新的进步。是的,黑夜如果不黑暗,美梦又何必向往?破晓会是坚持的人最后获得的奖赏!望你能够保持永不满足的紧迫感,永远心怀善意,并能积极参与到班级事务的管理中来。"此后,小华不仅慢慢变得开朗起来,而且学习更加努力,对公益活动也更加积极。

教师用诗化的语言来表扬学生,使学生如春风沐浴全身,如春雨滋润心田。一语赠言,明目启智。

自主训练与巩固

一、分析下列表扬语的类型,并指出其特点与好处。

1. 语文老师发现一位平时作文一般的同学进步很大,于是对他说:"你写得太棒了,构思奇妙,富有创造力,文笔也细腻清秀,我愿做你的第一位读者。相信继续努力下去,你以后一定是个文豪。希望在多年之后,老师可以自豪地对人们说:'我的学生是一位获得诺贝尔文学奖的大文学家。'加油!"

2. 手工课上,明明自己不好好制作,却喜欢偷偷拆卸其他小朋友的作品,拆卸的速度还非常快。一次,老师看见明明又要拆卸其他小朋友的作品,便暗暗观察他是怎么做的。只见明明拿起别人的作品,只细看了几眼,就迅速拆卸完毕。老师走过去,望着一堆部件对明明说:"破坏别人的作品是不对的,但老师没想到你观察得那么细致,反应那么快,要是你能把这劲头用到自己的作品上,老师相信,你的作品一定能参加作品展览。"正是这句充满包容赏识的话给明明自信和无比的激励,后来手工越做越好,还被选中展览给家长们看。

二、根据下列情境分别设计合适的表扬语。

1. 小胜是一个不起眼的学生,规规矩矩,有点内向,成绩一般。一次偶然机会,班主任得知小胜一直利用周末时间到福利院做义工,帮助了很多儿童。如果你是小胜的班主任,将会怎样表扬他呢?

2. 前天下午,赵康同学在上学的路上捡到一个文件包,里面装有手机、笔记本电脑、文件等贵重物品。赵康等了很久也没见有人来认领,只好把文件包送到了附近的派出所。由于耽搁了时间,赵康上学迟到了,受到老师的批评也没解释。直到今天民警打来电话说失主找到了,并要对赵康表示感谢,班主任才知道事情真相。假如你是班主任,请设计一段表扬语。

3. 小帅喜欢玩游戏,尤其是周末在家常常一个人关在房间里熬夜玩通宵,爸爸妈妈怎么劝说都不起作用。班主任刘老师感到这不是个例,就组织全班学生观看相关教育视频,并展开讨论,让大家认识到痴迷游戏的危害。过了两周,家长反馈说小帅玩游戏有节制了,学习成绩也有了明显的进步。作为班主任,该如何对小帅进行表扬呢?

4. 凯凯特别喜欢画画,到了痴迷的程度。上课时不认真听讲,要么打瞌睡,要么低头画画,而且不允许其他同学碰他的画,慢慢地同学们都不愿意跟他坐在一起。凯凯认为大家看不起他,就自暴自弃,集体活动也不参加。有一次,班里有位家境困难的同学遭遇车祸,住进了医院。凯凯听说后,就把自己的 200 元压岁钱捐给了这位同学,老师知道这件事后,在班上对凯凯进行了表扬。请你据此设计一段表扬语。

5. 小震学习很刻苦,但成绩总上不去。在一次表彰大会上,班上有两位同学被授予"三好学生"称号,小震对这两位同学很敬佩,向老师表示,以后也要争当一名三好学生。老师很高兴,对小震的这种想法加以肯定、鼓励,并给他指出了今后努力的方向。请你根据以上情景设计出一段表扬语。

三、阅读下面的案例,分析其中表扬语的不妥之处。

王源带病上课的事被班主任发现后,在班会上大加表扬:"同学们,看看王源同学是什么样的学习态度,而你们又是一个什么样的态度?有的同学有事没事随便请假,经常迟到早退,小病大养,无病呻吟。与他相比,你们是不是感到羞愧?我建议大家都向王源同学学习。"

第六节　说服语

一、说服语的定义

说服语是指教师在教育活动中,通过摆事实、讲道理等方式来影响、改变学生原来的观念和态度,使其行为趋向预期目标的一种语言。

说服语是教师对学生进行思想教育的方法之一,是教师做好思想教育工作的一种本领。适当有效的说服语能使学生在心情愉快轻松的状态下接受教师的观点,养成良好的学习习惯和行为方式。适当有效的说服语还可以为教师教育活动的顺利开展提供保障。

二、说服语的要求

说服语发挥教育作用的前提是要学生"服"。这个"服"是信服、折服、心悦诚服。要到达这样的境界,就必须符合以下要求。

(一)因人而异,有的放矢

在说服中,教师可以根据谈话对象的不同,针对个性特点、心理差异提出不同的要求。对同样的道理,由于认知水平的差异,会有不同的理解。因此,了解学生思想动态,摸清思想根源,把握思想脉络,找准问题症结所在,想出解决办法,是首先要做的事。

(二)营造情境,耐心诚恳

要想说服学生,需营造和谐、平等的谈话环境,消除学生的戒备心理和紧张情绪,以真情实感对待学生,形成感情共鸣。教师只有设身处地,换位思考,努力获得学生的信任和理解,双方心理相容,才能使学生接受自己的建议。

(三)就事论事,以理服人

在对学生实施说服教育的过程中,教师不能以偏概全,不能用强制、压服和简单粗暴的方式空洞说教,而应该摆事实、讲道理,就事论事,对他们的不当之处通过讲清事情的道理,耐心劝说、感化,帮助学生分清是非,最终服理,心悦诚服。

(四)把握时机,注重技巧

说服别人一定要注意观察、把握时机、以理服人。教师最好不要与学生发生正面冲突,以免出现不愉快的场面。说理的语言应该充满机智和技巧,语气富有亲和力,表达富有艺术感,切实做到言必有理,言必有物,潜移默化,润物无声。

三、说服语的类型

(一) 直接说服

直接说服,就是说服时正面摆事实、讲道理,不绕弯子。直接说服是说服语最基本的类型之一,它要求教师对所处理的事情摆事实、讲道理,指危害、提要求,使学生明白错误根源在哪里,以实际行动改正错误。例如:

符浩向老师请假,想与家人一起去云南旅游。老师问道:"告诉老师,家人为什么选这个时间旅游?有什么特殊意义吗?"符浩摇摇头,说"没有特殊意义。是姑姑和姑父休假要带着表弟去云南玩,我也想去。"老师问:"表弟不上学吗?"符浩回答:"他上幼儿园……就去玩几天,耽搁不了多长时间。"老师温和地说:"老师知道,和家人一起去旅游是特别愉快的事,能看美景、吃美食,而且小伙伴同行,肯定很开心。但是,你已经是小学生了,有学习任务。马上就期末了,明天几门主科老师都在赶新课,尤其是数学讲的是这学期最难的压轴题。你要是不来上学,那损失有多大呀!可以让姑姑、姑父多拍些照片和视频,也可以让他们带点特色美食回来。实在觉得好玩,再让爸爸妈妈假期陪你去,好吗?"学生站在老师面前,还是有些情绪。"这样吧,老师已帮你把请假的利弊分析了,决定权交给你,你今晚回家再好好考虑一下。"

在这个例子中,教师就学生请假事宜进行说服。首先开门见山向学生提问,让学生明白,上学期间随意请假去旅游没什么特殊意义。接着对学生想去旅游的心情表示理解,然后指出学生应以学习为重,并细数明天的学习任务。在摆清两方面事实的基础上,老师进一步通过假设分析了请假的后果:学习上有很大的损失,不划算,说明了不同意的道理;进而提出了解决方案。老师并没有强迫学生接受说服,而是给学生继续思考、自主选择的权利。

(二) 间接说服

间接说服就是通过借助其他话语委婉地说明事理,让学生自己感悟,或者教师在最后点明。例如:

有一个初中女生学习成绩不好,但特别爱打扮,经常描眉,涂口红。老师把她约到学校湖边,和她进行了谈话。

"你喜欢这满湖的荷花吗?"

"嗯!"

"它们这么美丽,是哪位天才的画家把它们画成这样的吗?"

"老师,你在说笑吧,当然不是,是它们生来就是这个样子的。"

"对呀,它们的美丽正因为它们浑然天成,没有精雕细琢,人为加工的痕迹。"

"是,我就是喜欢这个!"她忘情地叫了一句,然后痴痴地注视着千姿百态的荷花,并没有意识到老师与她谈话的动机。于是老师进一步启发道:"如果拿起画笔给每朵荷花再添一笔,你以为如何?"

"那肯定是多此一举,画蛇添足啦!"她脱口而出。

老师抓住时机,因势利导地说:"是啊,你们这般豆蔻年华,正如这朴素、自然的荷花。这种自然美是最高洁的美,如果硬给它们化妆粉饰,只会破坏了它们原本的美。"

"老师,明白了。"还没等老师说完她就扮了个鬼脸,又俯身掬起了一捧清水……

这个由景说事论理的例子就是运用了间接说服的方法。教师根据教育内容精心选择谈话地点,创设出一个非常合适的教育情境,说服教育的痕迹被淡化,学生毫无戒备心理,在教师的引导下,学生顺利地理解和认同教师的观点,因而当教师点破说服教育的主题"美在自然"时,学生接受教育就水到渠成了。

四、说服的表达方式

(一) 正面说理

正面说理就是用正确的理论对学生进行直接的陈述。陈述过程中,教师要态度明朗、观点鲜明、以理服人,坚持正面引导,坚持实事求是,帮助学生分清是非,使其心悦诚服。例如:

有一个中学生把头发染成了红色,显得特别刺眼。课外活动时间,班主任找他谈心:"头发是什么时候染的?"学生低着头不说话。李老师换了一个问法:"这个颜色是你自己选的?""不是,是我校外一些朋友选的。他们说染成这个颜色特别酷帅、威风。"于是,李老师从个人的社会身份与装扮的关系做疏导工作,说:"黑发是我们中华民族黄种人的自然色,虽然现在人们的审美观逐渐发生了改变,很多人把头发染成不同的颜色,但请你好好想想,如果你在路上看到一个把头发染成奇奇怪怪颜色的人,你会怎么看这个人,尤其是一个在校学生,装扮应该符合个人的身份,符合社会大众的审美标准。将来如果你是个企业家,也是这种装扮,也许没有人敢与你的企业打交道,因为这毕竟不是正经生意人的打扮。"通过谈心,这个男学生终于同意把头发染回黑色了。

教师的正面说理,首先要把握学生思想问题的关键所在,才能有的放矢。而且,"说理"不能只讲套话、空话,而是要因势利导才会令人信服。

(二) 比喻引导

比喻引导就是用相似的事物作比拟,引发学生的思考与领悟,使之从中接受教育。这种说服语既要叙事清晰、推理严密、实事求是、合乎情理,又要通俗易懂、鲜明生动、充满趣味。例如:

一位教师发现学生出现早恋现象时,巧妙地向学生讲起家乡果园的事情。他说:"我们村子周围有大片的果树园,寒来暑往,春华秋实。有一年秋末冬初,我突然惊奇地发现,有些就要落叶的果树枝上竟然开出了一簇簇小小的花朵。不久,花谢了,居然也结出了山楂般大小的果子。可惜没过几天,霜冻就来了,叶落尽了,小果实也烂掉了。小时候我每每捧着这些小果子发呆。后来,我才明白:不该开花的时候开花了,不该结果的时候结果了,是会受到自然规律惩罚的。今天,同学们中的一些事情又引起了我的思索。你们是否也从中得到了一些启迪呢?"同学们深有感触,早恋现象在这个班消失了。

这位教师以"失时的花果"为喻,巧设比喻,暗示早恋对身心发展以及学习不利,寓道理于故事,让学生愿意听,听得进,说服力、感染力强。

(三) 警句激发

警句激发就是用简练而含义深刻的语句激励学生,使之振奋。其特点是具有较强的刺激性,可用来及时制止、纠正学生的错误行为。例如:

一天晚自习下课后,学生们回到宿舍。突然,一个学生惊呼:"我夹在书里面的200元钱不见了!"宿舍里顿时炸开了锅。得知这件事情后,班主任周老师来到宿舍。在场学生中有人提议要立即"搜查"。周老师却恳切地对学生们说:"宿舍里丢了钱,这说明我班主任工作没有做好。但我要郑重地告诉大家:金钱是有价的,而一个人的人格和尊严是无价的。我希望每个同学都不能因为一时糊涂,让有价的金钱吞没了无价的人格!"

第二天晚上,学生们上完晚自习又回到宿舍。丢钱的那个学生又大声喊道:"我丢的200元钱又回来了!"听到这个消息,周老师又来到了宿舍,非常激动地说道:"尽管我不知道是哪位同学将钱送回来的,但我为你感到高兴!因为你送回的不只是200元钱,而是一个人的尊严!同学们,你们要记住'金钱有价,人格无价'!"从那儿以后,宿舍里再也没有发生过类似的事情。

这位教师从自我批评入题,说明问题的严重性;用"金钱有价,人格无价"的警句来告诫误入歧途的学生,振聋发聩,极具冲击力和教育性。

(四) 迂回诱导

迂回即目标在东而向西行,欲进先退,避其锋芒,曲折回旋。用感化人心的语言,通过说服教育,使正确的道理融入学生心灵深处,达到预期的教育目的。教师在处理学生事务过程中运用迂回诱导,同样能取得出人意料的效果。例如:

有天下午,杨阳在放学路上过马路时闯了红灯。班主任知道后,没有马上批评他,而是到第二天中午同杨阳一起回家时,问杨阳:"当你看到一名同学过马路闯红灯时,你该怎样教育他?"杨阳很聪明,一听就知道事情不妙,但还是强打精神说:"我会告诉他,这样做不对。再说,闯红灯也太危险了。""说得太好了,那你说那个同学懂得了闯红灯这个道理以后会怎样呢?"杨阳支吾不下去了,惭愧地说:"老师你别说了,那个学生就是我。我错了,今后一定改正。"

教师用的是迂回诱导的语言。对学生的不良行为,老师没有直接说服教育,而是通过聊天,不经意地提出相关话题,逐渐引导、过渡到中心话题上来,这种方式容易让孩子接受,又不伤他们的自尊心。

(五) 规劝引导

劝导语是教师在教育过程中采用劝说、引导的方式对学生进行说服教育的一种口头用语。用劝导的方法教育学生,使学生放弃原来坚持的某种看法或做法,克服心理障碍,是教师对学生进行教育的方法之一。例如:

李果同学多才多艺,思维敏捷,在英语竞赛中屡获殊荣,当地电视台曾几次报道过他的事情。在众人的赞赏声中李果慢慢滋生了骄傲自满情绪,学习成绩迅速下降,老师和家长都非常着急。一次英语课上,老师让他用 make of 和 make from 造句,并说明两个句子的区别,他说不出缘由,说老师是故意为难他,叫他在大庭广众下丢脸,与老师发生了不愉快。班主任郭老师了解了情况后,决定找李果同学谈谈。

郭老师说:"你的外语水平在全年级是数得着的,大家都为你高兴,老师也为有你这样的学生感到骄傲。一个人要想一直保持优异的成绩,受到别人的尊重,需要坚持不懈地努力。我听任课老师说,他很欣赏你的外语写作能力,总希望你再下下功夫,力争精益求精。但我也听说你的外语成绩最近下降很快,同学和老师的善意批评也听不进去,甚至出现与老师顶撞的现象。经过调查,我认为外语老师对你的批评是正确的,关键的问题是你的心理状态没有调整好。一个人一辈子不可能不犯错误,如果你认为得了奖不进一步学习也能保持上游水平,那就不对了。学习是要下大功夫的,只凭一时的聪明不脚踏实地学习,永远也不会有大出息。学习是一个不断提高的过程,常言说:'山外有山,天外有天。'我国众多的科学家们都是在不断攀登的道路上取得了令人瞩目的成就,希望你也能向科学家们学习,用自己的聪明才智为国家作出贡献。"

这位教师采用规劝引导的方式,从对该学生的现状描述和任课教师的期望入手,分析其存在的问题,指出学习需要脚踏实地下功夫,进而提出"山外有山,天外有天",为学生指明奋斗的目标,具有较强的针对性和说服力。

自主训练与巩固

一、分析下列说服语的类型,并指出其特点与好处。

1. 一次上课,老师讲了一则寓言故事:一天,一个人在海边散步,忽然听到一个声音:捡一些贝壳和石头放在你的口袋里吧。他下意识地捡了些。回到家里一看,那些石头和贝壳全都变成了光闪闪的金子。于是,他感到又高兴又后悔:高兴的是他毕竟捡了些,后悔的是他没有捡更多。学习何尝不是如此呢?如果我们能利用在校时的优越条件多学些东西,何愁将来不能立足于社会呢?"艺多不压身"啊!自此,学生们上课情况大有好转。

2. 期末考试时,有一名学生作弊被监考老师当场抓住。在与该生谈话时,他不仅认识不到自己的错误,反而气冲冲地说:"作弊的又不是我一个人,为什么只抓我?"显然该生存在着严重的对立情绪,若正面交锋,很可能不利于问题的解决。于是老师问:"别人作弊算不算错?""当然算。""该不该抓?""该抓。""那么,你作弊是不是就不算错,不该抓呢?"学生无言。教师趁机又说:"据我了解你是一个非常明理的学生,在对待这件事上,怎么不向不作弊的学生看齐,反而与作弊的学生相比?这是否有损自己的形象呢?"一席话,说得学生低下了头。

3. 高考临近,学生们的学习异常紧张,熄灯时间到了,常常还有不少学生躲到被窝里打着手电筒看书,学校的课外活动也很少有人参加。针对这种情况,班主任说了如下一段话:有些同学在高考复习阶段不讲究学习效率,任意延长学习时间,搞精神马拉松,打疲劳战,结果事与愿违,事倍功半,这实在是"8+1<8"呀!如果大家能运用科学的方法,参加些必要的

课外活动,注意劳逸结合,保证有充沛的精力投入学习,那么效果会明显不同,这不是"8+1>8"吗?

二、根据下列情境设计恰当的说服语。

1. 有位学生偷偷把手机带到了学校,说是方便查阅资料,结果上课时被老师发现在玩游戏,班主任该怎么说服他?

2. 近期,女生陶陶痴迷网络小说。一下课,她就拉着其他同学讲网络小说的故事情节,还尝试创作穿越小说,同学们都笑她魔怔了。有几科老师反映陶陶的作业完成得很不认真,学习成绩下滑得厉害。假如你是陶陶的班主任,该如何说服她呢?

3. 两个同学为了一点小事,由相互谩骂再到拳脚相加,在操场上扭成一团。其他同学强行将他们拉开。只见矮个的同学鼻孔流血,显然是吃亏了,同学们劝他不要再打了,可他火冒三丈,"你们都别管!死了大不了就是人头落地,我今天跟他没完!"说完弯腰捡起两块砖头准备再打。刘老师刚好路过,看到这一幕,该如何劝解说服?

4. 张宇家里十分困难,父亲得了重病,需要很多钱。妈妈是个残疾人,平时也照顾不了爸爸。张宇考虑一番后,准备辍学,在家里照顾父母。假如你是张宇的班主任,请就此设计一段说服语劝他继续上学。

5. 学校举行了一次文化艺术节活动,高三班胡磊的手工艺品获得了一等奖,大家都向他祝贺,并希望他在以后的竞赛中取得更好的成绩。可胡磊不但不听,反而认为同学们是在讽刺他、嫉妒他,对同学们不理不睬。假如你是胡磊的班主任,请对他进行说服教育。

6. 这学期,学校开设了计算机课,学生们学习电脑的热情很高。有一部分男生放学后常常到路边的网吧玩游戏,个别同学玩到深夜,有的还接触到一些不健康的内容。这些学生白天上课无精打采,作业不认真做,一门心思想着玩游戏,家长们都很担心这样下去会毁掉孩子们。假如你是校长,请设计一段说服语对学生们进行说服教育。

参考文献

[1] 国家语言文字工作委员会普通话水平测试中心编制,教育部语言文字应用管理司组织审定.普通话水平测试实施纲要.北京:商务印书馆,2004

[2] 张洁:教师口训练教程.上海:华东师范大学出版社,2013

[3] 藏晓娟、杨毅、崔玉萍:教师口语训练.北京:北京理工大学出版社,2017

[4] 李秀然:普通话口语训练教程(第2版).北京:中国传媒大学出版社,2017

[5] 刘丽静:教师口语表达技能实训教程.成都:西南交通大学出版社,2016

[6] 高林广:教师口语实训教程.北京:高等教育出版社,2016

[7] 张亚新:教师口语.北京:中国人民大学出版社,2011

[8] 程培元:教师口语教程(第3版).北京:高等教育出版社,2019

[9] 路玉才、张海燕:教师口语训练教程.天津:南开大学出版社,2013

[10] 王莉、赵玲、卜晓梅:普通话与教师口语训练教程.北京:北京师范大学出版集团,2019

[11] 吴立刚、张庆华、钟雯:教师口语训练教程.北京:人民邮电出版社,2019

[12] 刘伯奎:教师口语训练教程(第三版).北京:中国人民大学出版社,2017